JN298002

新版
博物館学講座
9

博物館展示法

編集

加藤 有次　鷹野 光行　西 源二郎
山田 英徳　米田 耕司

雄山閣出版

第9巻 博物館展示法 目次

I　展示の概念　　　　　　　　　　　　　　　青木　豊　*3*

　1　広義の展示 …………………………………………………… *3*

　　　自然界に見る展示　*3*／人間社会の展示行為　*6*

　2　博物館展示 …………………………………………………… *14*

　　　博物館機能と展示　*14*／博物館展示の命題　*15*／博物館展示の基本理念　*17*／博物館展示の目的理念　*25*

II　展示の分類と形態　　　　　　　　　　　　青木　豊　*31*

　1　分類基準と形態表 …………………………………………… *31*

　2　分類と形態―展示論史的考察 ……………………………… *33*

　　　資料の基本的性格による分類　*33*／展示の学術的視座による分類　*34*／見学者の展示への参加の有無による分類　*37*／展示の動感の有無による分類　*40*／資料の配列法による分類　*46*／資料の組み合わせによる分類　*50*／展示課題による分類　*55*／展示の多面・多重性による分類　*60*／見学者の知識レベルの差異による分類　*67*／展示場所による分類　*69*／展示期間による分類　*71*

III　展示設備（展示装置／展示備品など）　　　高橋　信裕　*75*

　1　展示ケース …………………………………………………… *75*

　2　造形物 ………………………………………………………… *80*

　　　模型　*80*／ジオラマ・パノラマ　*81*／レプリカ　*81*

　3　情報の提示装置 ……………………………………………… *82*

　　　解説サイン・パネル　*82*／視聴覚装置　*83*／参加体験装置　*84*

4 展示照明器具／演示具 ……………………………… 84
　　　照明　84／演示具　85

IV　新しい時代の展示 ────────────── 高橋　信裕　89

1 博物館展示の概観と近年の潮流 ……………………… 89
　　　概観　89／近年の潮流　90

2 今後の展示および展示装置の傾向 …………………… 96
　　　博物館展示に普及，浸透していく「マルチメディア」　97／
　　　博物館展示のバーチャル化　99

V　展示計画から完成まで ───────────── 山田　英徳　101

1 展示計画のための基本的な要素 ……………………… 101
　　　はじめに　101／基本的要素　103／計画の推進体制　108／
　　　参考事例―滋賀県立琵琶湖博物館　109

2 展示計画の手順 ………………………………………… 115
　　　調査段階　115／基本構想段階　118／基本計画段階　119／
　　　基本設計段階　126／実施設計段階　131

3 製作・施工の手順 ……………………………………… 138
　　　発注までの手順　138／製作・施工監理　140／完成までの手
　　　順　141

4 展示のリニューアル …………………………………… 144
　　　はじめに　144／展示のリニューアルの動機　144／リニュー
　　　アル実施の要点　145

5 展示評価 …………………………………………………………… *150*
展示評価の可能性と限界 *150*／各段階の展示評価 *151*

VI 館種別博物館の展示活動―――――――――――――*159*

自然史博物館 …………………………………… 布谷　知夫　*159*
自然史博物館とは　*159*／自然史博物館と人間の活動　*160*／環境展示の例　*162*／展示の配列　*163*／展示テーマの選択　*164*／おもしろい展示とは　*166*

理工系博物館 …………………………………… 山田　英徳　*168*
はじめに　*168*／理工系博物館の種類　*169*／最近の展示の動向　*170*／今後の課題　*177*

動物園 …………………………………………… 成島　悦雄　*181*
動物展示の流れ　*182*／展示の技法　*184*／環境エンリッチメントと展示　*186*

植物園 …………………………………………… 鳥居　恒夫　*187*
植物園の資料展示の特色　*187*／植物園の性格と展示の方法　*188*／利用者のための展示　*194*

水族館 …………………………………………… 長井　健生　*195*
水族館展示の特徴　*195*／水族館の展示計画　*195*／展示配列の基本　*196*／水槽形態　*197*／展示意図と水槽　*198*／展示システムと水槽　*201*／視覚障害者のために　*202*

歴史博物館 ………………………………………………………… *203*
歴史 …………………………………………… 八幡　義信　*203*
考古 …………………………………………… 鷹野　光行　*206*

民族・民俗…………………………………………加藤　有次　*213*

美術館………………………………………………………阿部　信雄　*218*
　　展示に要求される倫理性　218／展示と作品の保護　220／常
　　設展の役割　223／特別展の意義　224

総合博物館…………………………………………加藤　有次　*226*
　　展示の概念　226／総合博物館における展示　227／郷土学か
　　らの総合展示　234

野外博物館…………………………………………三輪　修三　*235*
　　はじめに　235／建造物の解体・移築・再建と維持管理　237
　　／景観の資料性　238／建築と資料展示とのバランス　238／
　　総論展示　239／企画展示およびイベント　240

子どもの博物館……………………………………染川　香澄　*242*
　　はじめに　242／基本構想から展示開発に向けて　243／エバ
　　リュエーションがたいせつ　245／ハンズ・オンの採用につ
　　いて　247／一般博物館での子ども対象の展示　247

学校博物館……………………………………………………………*248*
　　大学博物館………………………………………鷹野　光行　*248*
　　小学校の学校博物館……………………………塩川友弥子　*250*

編集者・執筆者紹介　255

博物館展示法

新版・博物館学講座
第9巻

I　展示の概念

1　広義の展示

　展示行為は，一人博物館展示に留まるものではない。それは人間社会における種々の活動の中に，過去においても現在においても見られるし，さらには自然界においてすら多見される基本的行為である。したがって，博物館展示はこれら自然界，人間社会に広く存在する広義の展示の種々の形態の一つに位置づけられるものであり，また展示の基本目的やその表現方法等々においては，それぞれの展示に共通的な基本要素が看取される。今日，展示といえば博物館展示に代表される感があるが，博物館展示が展示であるためには，広義の展示に共通する基本要素を，初源的展示，あるいは過去の展示としてとらえるのではなく，その基本要素こそが展示の根本的な要素であることを，再確認しておく必要がある。

A　自然界に見る展示
1　植物と展示
　展示が持つ基本要素である「目的のある標示」，「ある一定の意志に基づく情報の伝達を目的とする行為」は，掘り下げてゆけば生物界にまでも到達し，人間を含めた自然の節理の一つであることが窺い知られる。
　たとえば，野にある植物が四季折々の花を咲かせることも，自然界における植物が成す展示であるといえよう。本展示の目的は受粉であり，種の保存を直截に目的とするものであることはいうに及ばず，開花という展示行為はあくま

で昆虫を対象とした注意の喚起であり、この「注意の喚起」こそが展示全般に流れる展示の基本要素の一つであるととらえなければならない。野に咲く草花の色彩で黄色がもっとも多いのは、黄という色の波長は長く、遠くからでも目立つからであると考えられる。それも春の緑なす野山を背景とした中での黄であり、色彩対象による視覚効果が十二分に発揮されたものとなっている。秋の草花よりも、春の草花に黄・白が多いことも事実であろう。

また、花は多かれ少なかれ芳香を伴うが、それも注意の喚起を目的とする展示の一手段に他ならない。

以上のように、虫媒花植物は松や稲などの風媒花植物と比較して一般に花冠が大きく美しく、さらに芳香といった展示手段を、昆虫を対象者として実施しているのである。

ついで、展示の基本要素として、「見る者にとっての受益」を必要とすることがあげられる。つまり、花や芳香により昆虫の注意を喚起しても、昆虫にとっての実利がなければ昆虫の翅を休めることはできないし、また実利がなければ注意の喚起にもならないであろう。この場合の展示参加者である昆虫にとっての実利とは、蜜である。仮に蜜が存在しなければ展示は毛頭成立しえな

写真1 植物の展示

いことは，地味な花をつけ，香りもない風媒花植物を例にとれば明白であろう。

初源的ともいえる自然の展示であるがゆえに，蜜という生命維持のための直截的な実利であるが，展示の形態が変われば蜜は娯楽性であったり，美しいものの鑑賞や情報の獲得に変貌してゆくものである。と同時にいかなる展示においても，蜜に相当する見る者にとっての受益要素が不可欠であることを教えられるのである。

たとえば，冬期にナナカマド・ナンテン・マンリョウ等々が真赤に色づくのは，鳥の注意を喚起する展示行為であることは確認するまでもない。植物にとっての展示目的は，その実が鳥に啄まれることにより親木のもとを離脱し，広い勢力範囲の獲得と，鳥の消化器官を通過することにより発芽を抑制する皮膜の除去を目的とするものである。そして，展示に参加する鳥にとっての蜜は，わずかな果肉であることはいうまでもない。

この観点を博物館展示に置き換えれば，展示の前を通り過ぎようとする見学者の注意を喚起する具体的な方法が，構造展示・動態展示といった種々の展示の技法やグラフィック・模型等々の補助展示物であり，蜜に相当するものが博物館資料と当該資料が内蔵する情報である。したがって，見学者にとっての蜜はあるときは美的鑑賞に耐えうる資料でなければならないし，またあるときは見学者の知識欲を充足させるに十分な資料であったり，さらには稀少性や経済的な付加価値として高価である等々の資料価値を多分に有するものでなければならないのである。

2 動物の展示行為

植物界と同様に動物界においても，種々の展示行為が存在する。誰しもがまず頭に描くものとして，孔雀の示威行為があげられよう。孔雀の雄は威嚇や求愛を目的とし，一見尾羽のように見える雄のみが持つ特有の著しく長い上尾筒を扇状に展示する。美しい青色のハート形の斑文が，規則的に配列された扇のように見える。

このような孔雀に代表される示威・求愛を目的とする行為は，グンカンドリ・タンチョウヅル・ハト・ゾウアザラシ・エリマキトカゲ・コブラ等々をはじめ多くの動物に認められるもので，動物学では当該行為をディスプレイと呼んでいるところからも，自然界における展示の一形態と把握できるのである。つま

り，目的を持った意思の伝達であるコミュニケーションの一形態に他ならない。

同様なことは，魚類にも認めることができる。威嚇目的でふくらむフグやハリセンボン，求愛行為を行うイトヨ，婚姻色を表すサケ・マス科の魚類などがあげられ，中でも顕著な展示とみなせる現象として"追星"がある。追星（おいぼし）とは，アユ・フナ・キンギョ・タナゴ・オイカワ・モロコ・ウグイなどの主としてコイ科の魚類の雄に限って出現する体表の変化で，繁殖期になると鰓やひれに現れる小突起を指す。また追星は表皮細胞が肥厚したもので，表面は角質層におおわれ真珠のように白いので真珠器官，もしくは"たま星"とも呼称される。追星は，前述のように繁殖期の雄のみに限って一時的に出現するものであるところから，これも自然界における展示であるといえよう。

さらにまた，蛍の発光や発情期の猫の声，ガラガラヘビの発音等々もやはり広義の展示であるとみなせるのである。

以上のごとく，動植物は自体が持てるものを使用し展示を実施するのである。人間は言葉という意思伝達の方法を得たために，基本的に展示手段は持たないから展示行為に"物"を必要とするのである。

B 人間社会の展示行為

1 展示としての配石遺構

厳密には，身振り・手振り・ウインクなども人間が実施する展示であろうし，縄文時代に認められる抜糸や頭蓋変形・刺青などの身体変化も，人間が己の身体をもって実施する基本的な展示であるといえよう。また髪型や化粧もそれに追随し，さらに衣服や装身具といった"もの"が加わることにより，展示は一層の飛躍を遂げることとなる。

縄文時代における最大の展示は，ストーンサークル・配石遺構であろう。それは，葬祭未分化の中での縄文人の他界世界と神々の世界を，石という"もの"をもって具現化した展示に他ならないものと考えられる。そして，それは常設展示であり，縄文人の世界観を表現する総合展示であり，また石棒や種々の形態による石の配列は構造展示であるといえよう。さらにまた，男根を擬した石棒は拡大模型であると同時に，象徴展示でもあろう。

展示であるがゆえに，展示を実施する者と，またそれを見ることに専念する

1 広義の展示 7

者がいたに違いない。つまり，自然界における展示でもそうであるし，以後述べるところの広義の展示においても，展示は必ず展示する者と展示を見る者の二者が必要であって，いずれか一方を欠いても展示は成立しないのである。

2 展示としての古墳

　古墳時代を象徴する高塚墳は，油井隆が示唆するごとく[1]，古墳時代人が企てた明らかなる展示であるとみなせるのである。展示観念が薄れ，家族墓となった古墳時代終末期の群集墳はともかくとして，古墳時代前期から中期に築営された大型古墳は各所に展示要素が認められる。見晴らしの効く丘陵上や尾根の先端に造られたことは，生前に被葬者が治世した地域を他界後も見降ろす，いわゆる国見といった観念もそこには介在していようが，むしろ逆に，それは当該小国家の民が見上げることを目的とした集団の記念物としての展示であったと認識されるのである。前方後円という特異な形状，墓という観念をはるかに逸脱した規模，さらには葺石による装飾，埴輪列の配置など，いずれをとっても見せることを目的とした所産であることが窺い知られよう。中でも墳丘上に配列された埴輪は明らかな展示物であることは，主体部という死者のみが見ることができる空間に埋納された副葬品と比較すれば明白に理解できよう。かかる視座をもってすれば，秦の始皇帝の兵馬俑庫に代表される中国の兵馬俑庫

写真2　展示としての古墳（千葉県印旛郡栄町竜角寺古墳群第101号古墳埴輪群復原）

は被葬者のみのものであり，多くの見る者を対象としたわが国の埴輪列とは，展示という意味でも基本的に異る産物であろう。

　他国者への示威と集団の記念物としての展示目的を持った首長墓の築造は，直截には同族意識の確認，あるいは郷土意識の確認を展示意図とするものであり，初源展示の一形態と看取されるものである。中でも，形象埴輪の配列は，ある一定の展示意図に基づく配列とみなせるところからも，展示における配列様式の初源形態と把握できうるものである。

3　展示としての寺院

　明らかな展示意図に基づく展示として，仏教による展示があげられる。

　寺院の原型は，紀元前 5〜6 世紀のインド仏陀時代に，仏教僧が止住した精舎であるとされている。わが国へは欽明天皇 7 年（538），百済の聖明王からはじめて仏像と経論が伝えられ，この献上された仏像を，蘇我稲目が大和・向原の自邸に安置して寺としたものが，わが国の寺院の濫觴であるという。その後，大化 2 年（645）に発せられた大化の改新の詔をもって，寺院は国家統治の機関と定められ，国家目的に合致する寺院は保護された。天武天皇 9 年（681）に官大寺の制が定められ，大伽藍の発生をここに見ることになった。

　一般に七堂伽藍と呼称される寺院における建造物は，正門である南大門，伽藍の中心である本尊を安置する金堂，学問を講じ法会を営む講堂，仏舎利を納める塔，経巻を収納する経楼，寺宝を保管する正倉院，僧が居住する僧房・食堂などからなる。これら伽藍の配置も様式に則ったものであるところからも，展示行為の所産とも看取されるが，仏教における明確な展示は金堂内陣に見出すことができるのである。

　金堂に一歩入ると薄暗い内陣中央には，鮮やかな赤や緑に着彩された蓮台の上に，金色に輝くまばゆいばかりに鍍金あるいは金箔が施された本尊が安置されている。天井からは鍍金された多数の瓔珞を付置した天蓋や同じく鍍金された釣燈籠が懸垂し，長押には華鬘・幡のいずれもが金色に鍍金され，また幡の中でも玉幡は瑪瑙・瑠璃・玻璃・水晶などの光り輝く宝玉を連ねたものである。本尊の前には花瓶・燭台・香炉などの五具足が配置され，金糸を織り込んだ錦に覆われた護摩壇上には，各種の什器が備えられており，これらいずれもが鍍金された金銅製品である。高座をはじめ各所にはやはり鍍金された各種の飾り

写真3　展示としての寺院　金堂内陣（平泉金色堂）

金具が施され，高座のそばにはこれもまた光り輝く磬や鐃が配置されている。また，壁には，各種の荘厳具や極彩色の仏画が描かれている。さらには，日本人の記憶にない香をたき，楽器を奏でた。

　このように，日本仏教は民衆に対し種々の道具を媒体とし，贅と演出の限りを尽くして展示した。民衆は金堂へ一歩入ることにより，此岸から彼岸へ移行したかのような安堵を得たのである。

　すでに明確であるように，金堂内陣は教義の布教を目的とした意図に基づき，民衆を対象とする完成された展示であったといっても過言ではなかろう。さらに，本展示は説示型展示であり，構造展示であり，また明確な動態展示でもあったと考えられる。説示型展示，構造展示であることに関しては，もはや説明するまでもなく，動態展示である理由は次のごとくである。

　すなわち，内陣にしつらえられたすべての仏具や荘厳具がきらびやかに鍍金されていることである。この点はまた，仏の世界の豊かさを伝えることを目的とするものであろうが，それと相俟って薄暗い内陣の無風の中で，わずかに揺らぐ灯心より発する光明がすべての鍍金面にゆらゆらと反射することにより金

波をなし，静謐の中に生じた動きが展示効果を倍増させたものと考えられる。
　したがって，本展示こそが動態展示の濫觴と結論づけられるのである。

4　展示としての城郭

　城郭も，また広義の展示の一つであると考えられる。防御を目的とした堀や土塁，柵などが著しく発達した施設が城である。上代にはチャシや神護石などの遺構が築営されており，奈良時代から平安時代には中央では長安や洛陽の形式を取り入れた都城，地方庁には府城，西南地域には辺防築城，東北地方には柵がそれぞれ設営されてきた。鎌倉時代から室町時代には山城や野戦のための臨時築城が盛んになされたが，いずれも防御機能に専念したものであった。

　しかし，近世になると城は従来の防御目的のみから離脱し，山城から平城（ひらじろ）へと移行し，当該地域の政治・経済・文化の核としての機能を有するものへと変貌を遂げるに至った。同時に人工の石垣の発達，天守の壮大化，曲輪（くるわ）の発達といった優美性の追及がなされたことは，ひとえに見せるもの，展示物への変貌であったと把握できよう。この点は何も城に限ったことではなく，建築一般に通ずる展示要素であろうが，とくに城は当国を象徴する展示物であったことは否めない事実である。

写真4　展示としての城郭　丸亀城

1 広義の展示　11

5　小規模展示

　以上，前方後円墳や仏教伽藍・城に代表される象徴的意味合いを持つ，記念物的色合いの濃い今日に残る展示の遺構例を記したが，何も大形の展示に留まるものだけではなく，日本文化の中には精神的観念に基づく小規模展示が多数存在しているのである。

　具体的には，注連縄や床飾り・五月飾りに代表される日本文化が持つ飾りの文化は，それは即展示の文化と言い換えることができよう。

　　　七重八重　花は咲けども　山吹の　実の一つだに　なきぞ悲しき

　太田道灌が雨やどりのために武蔵野のあばら屋に立ち寄ったところ，家人が山吹の花をさし出して詠んだ歌であると，真偽はともかく伝えられている。この歌を詠むにあたって，山吹の花をさし出した行為が展示の初源そのものであると把握できる。この場合，山吹の花が展示品であり，歌は展示品が持つ情報の伝達であることは間違いなかろう。展示をする家人と展示を見る太田道灌の知識と感性がまったく同一であれば，山吹の花の提示のみで済んだかもしれないが，この場合歌による説示型展示となっている。

　かかる観点からすれば，人に積極的に見せようとする意味からも華道は明らかに展示であり，今日流行りのガーデニングも展示要素のきわめて強い行為であるといえよう。つまり，華道は人に積極的に見せようとする展示意識が横溢しており，展示物を通した季節感の伝達，展示者の感性の伝達，さらには見学者へのやすらぎを目的とした展示であり，提示型展示の基本となるものであろう。

6　絵馬堂・舞台—常設の展示施設

　常設の展示施設として，絵馬殿と舞台を忘れてはならない。絵馬殿は従来考えられているような絵馬の保存を唯一の目的とする施設ではなく，参詣者を主とした大衆を対象とする明らかなる展示施設であると考えられる。わが国の絵馬殿を代表する北野神社絵馬堂や金刀比羅宮絵馬堂など，いずれの建築構造をとって見ても四方吹放ちの構造である。通常の日本建築の構造上の基本である，建造物内の空間を限定する四囲を取りまく壁面がないのである。すなわち，誰でもが自由に出入りできることを目的とした建造物であるところから，とうてい保管施設としてはその任を果さず，逆に開放された展示施設とみなさざるをえない。ついで，金刀比羅宮の絵馬殿を例にとれば，円山応瑞・谷文晁・狩野

図1　山吹を示す女人と太田道灌（『江戸名所図絵』より）

写真5　展示要素の強いガーデニング

写真6　金刀比羅宮の絵馬堂—常設の展示施設

尚信・左甚五郎・森狙山などをはじめとする当代著名の絵師による作品が遺存していることからも，絵馬殿は絵師の作品公開の場であったことが窺い知られる。したがって，近世の絵馬殿は展示を唯一最大の目的とする展示施設であり，現代美術館の祖形態であるものと考えられる。

江戸時代には都市人口の集中に基づく展示空間が各所に出現し，各種の展示を生むこととなった。今日の秘仏展である出開帳・居開帳を核として，これに付帯する百花繚乱とも形容しうる各種の見せ物の発生を見た。見せ物のいずれもは，きわめて娯楽性の強い展示であったことは確認するまでもないが，当初は出開帳・居開帳の展示空間を借りたものであったのに対し，いつの間にか主客転倒するまでになり，見せ物は展示として一人歩きするまでとなった。娯楽性がいかに必要とされるものであるかを示唆するものであろう。

一方，江戸の知識人・好事家を対象とした物品会・書画会・曝涼（ばくりょう）などの展示形態も出現し，明治の展示を代表する博覧会の礎を形成したものであった。

現代社会においては，さまざまな商業展示が展開され，常設的展示としてはモデルハウス展示・中古車展示などが，一過性展示としては博覧会・モーターショーなどを代表とし，至る所で展示に遭遇する。まさに今日は展示の時代といっても過言ではなかろう。

〔青木　豊〕

2 博物館展示

A 博物館機能と展示

博物館における展示について,木場一夫は『新しい博物館』[2]の中で,次のように述べている。

> 博物館の中核的機能は展示であって,ある特別の場合,たとえば大学付属の腊葉館や学校に資料を貸し出す仕事を専門とする学校システム博物館などを除けば,いずれの博物館も展示とそれにつなげる仕事が博物館の重要な責務となっているといってよい。……(中略)……いま自然博物館を例にとれば,さきに述べた資料蒐集・研究・出版の三つの段階は,この展示の段階にとって予備的なもので,完成した標本の展示は,前の三段階で蓄積されたすべての知識の結合したものと考えてよい。博物館においては,これら四つの段階が,無理なくむすばれていることにおいて,ことに展示が教育における本質的な部面である事によって,大学や研究所と違った特別の使命と機能とを果たすことができるのである。

木場は,博物館における展示とは博物館諸機能の中核であり,したがって,展示機能こそが博物館を大学や他の教育機関と区別し,決定づける最大の機能分野であると断定し,さらに展示は博物館諸機能の集大成されたものであって,資料の収集・研究・出版は展示を形成するための予備的な機能であるとすら言い切り,博物館機能の中での展示の基本概念を明示した。

木場の博物館機能形態上における展示の基本概念は,大略として肯定できる。事実,今日わが国に存する博物館を観察した場合,館蔵資料や資料収集機能を持たない博物館や資料保管・保存機能を有さない博物館,さらには研究を伴わない博物館は多数存在しているにもかかわらず,博物館と称されるものでその内容はともかくとしていわゆる展示のない,展示施設のない博物館はさすがに存在しないところからも,展示とは対外的には博物館の顔であると断定できうる博物館最大の機能であり,博物館を決定づける要素であるといえる。

博物館を訪れる一般利用者が,博物館と直截に接することができるのは展示

のみであるといっても過言ではない。つまり，当該博物館がどんなに資料の収集に力を注ぎ，それらの資料の保存のためにいかに立派な収蔵施設を設置し，さらに資料保存分野の研究とその措置を講じていようとも，あるいは当該博物館が専門領域とする中でどんなに優秀な研究を行っていても，直接それらを一般利用者は目にすることは不可能であり，直接に目視しうるのは展示に限定されるのである。ゆえに，展示の善し悪しが直ちに博物館の優劣を決定する最大の要因ともなるものであり，「博物館」イコール「展示」といった公式は否定できるものではないと考えられる。

　かかる観点は一般の博物館利用者に留まるものではなく，博物館学研究者においても，物産会・見世物・内外博覧会等々の広義の展示を博物館史の前史に含め，その館史の大半が展示史であるところからも，展示と博物館は表裏一体のものであると指摘できよう。

　したがって，上記の概念に基づくと，展示施設（機能）を伴う施設・機関は博物館的色合いの強いものとなり，結果としてそこには内容的あるいは目的において種々のものが介在しているが，博物館類似施設・類似館なる分類呼称さえ発生してきたのである。

B　博物館展示の命題

　次に，博物館展示の命題に関して，前田不二三が記した「學の展覧会か物の展覧会か」の正鵠を射た名言が思い起こされる。これは1904（明治37）に人類学者坪井正五郎が中心となり，東京帝国大學人類學教室が主催した「人類學標本展示会」に関し，やはり人類学者であった前田不二三が『東京人類學會雜誌』[3]に記した論文タイトルである。

　広義の展示の中でも博物館展示のみに介在し，必求される基本要素であるところの博物館展示とは，「ものを見せる」のか「もので見せる」のか，あるいは「ものを語る」のか「もので語る」のか，といった博物館展示の根源に関する点に着眼した最初の論文である。

　この前田不二三にはじまる当該展示に関する命題は，博物館学成立から半世紀を経た今日に至るまで，数多の博物館学研究者により論議され続けている。

　前田不二三は，次のように記している。

學の展覽會か物の展覽會かといふ問は，言ひ換へれば學術の展覽會であるか，學術資料たる物そのものゝ展覽會であるかといふ事である。此事は問ふまでもなく知れきって居るやうであるが，更に一考して見ると少しわからなくなって来る。實際において，今回の展覽會の如きものは，人類學の展覽會であるのか，或は又，人類學といふものは此の如き材料から帰納的に研究するものである，而して其材料は此の如きものであると云って，材料そのものを世人に見せる爲めであるか，先生はじめ其他の関係の諸君には無論始めから一定の考へを有せられたに相違ないけれども，私は愚にも第2日目の午後になってからふと脳裡に此問題が沸いて来た，大変遅かった。既に表題が人類學展覽會となって居るから，無論學の展覽會であると斯う云はるる人があるかも知らぬが，由来此の如き事は其表題たる名称によって論ずる事は出来ないものであるから，表題は然うなって居っても，或は物の展覽會かも知らない。

　　　　（中　略）

　されば私は人類學の展覽會はどうしても學の展覽會でなけらばならぬ，と斯う信ずる。今回も第一室の如きものを設けておかれたのは，矢張學としての展覽會の方針であったからであらうと思ふ。配列があの様になって居ったのも矢張其の為であらうと思ふ。配列を横の何にする縦は何にすると云ふ事は最も學としての目的に適った事である。

　前田不二三は，東京帝国大學で開催された最初の，換言すればわが国で最初の人類学の特別展示に関し，展示の命題であるところの「ものを見せる」のか，「ものを見せる」のかという点，すなわち，博物館展示の命題にいち速く着眼した人物であり，そして前田自身が当該問題に関し逡巡する中で「情的展覽會」と「智的博覽會」なる呼称をもって展示を区別し，前田は情的展覽會であるところの美術資料の展示を除いては，学の展示でなければならないと決定づけている。

　つまり，「もので見せる」，「ものをして語らしめる」展示であらねばならないと，当展覧会の実践の中で結論づけているのである。

　前田の称する「学の展示」とは，言い換えればある一定の思想・史観に基づく展示の必要性を述べたものであり，博物館展示の命題といえるものである。

C 博物館展示の基本理念

次に，博物館展示の基本理念について，倉田公裕[4]は，

> 展示は単なる「もの」の陳列ではなく，「ひろげて示す」ことであり，そこには人に積極的に見せようとする意識があり，コミュニケーションの一つの形態である。つまり，意味があり，目的を持って，大衆に「見せる」ことである。言い換えると，……（中略）……不特定多数の観客に，ある目的を持って，教育的配慮の下に「見せる」ことである。

と述べ，展示はコミュニケーションの一形態であると，博物館展示の基本理念を定義している。

国際博物館会議（ICOM）の編纂による『博物館組織とその実際的アドバイス』[5]には，博物館展示について次のように述べられている。

> 展示そのものが，まず通り過ぎようとする人の目を捕え，注意を喚起し，より注意深く観察させるようにしなければならない。これにはその展示の立案者側に人間性と心理学についての若干の知識が必要であり，多種多様の資料を陳列する際，かなりの熟練さを必要とする。
>
> さて，展示するということは，見せること，陳列すること，目にふれるようにすることであるが，大部分の国語が示す「展示」という言葉は，ものを意図的に表示すること，目的ある陳列をすることを意味する。

さらに榊原聖文は，「展示品の形態の新しい提案」[6]と題する論文で，展示行為を「展示者がある意味内容を，列品を通じて，観客に伝達する，行為である。」と概念規定する。端的にいえば，「観客に，何かを，伝える」行為となり，極言すれば「展示は展示品と観客の間の通信である」となる。その手段がどうであれ，"展示品"である以上展示者は観客に読みとって貰うべき，特定できる意味内容（通信文）をその展示品に托していると考えるからである。

以上に見るように，展示とは意味と目的を持った配列を指し示し，積極的に見学者に見せる働きかけをする行為であり，展示資料を媒体とした視覚による展示意図，すなわち資料の有する学術情報の伝達を目的とする情報伝達（コミュニケーション）の一形態と定義づけられるのである。

博物館展示の基本は，意味と目的を持った配列であることは，先述の坪井正五郎も，すでに述べている。1889年東京帝国大学の助手時代，英国留学の途

中，パリ万国博覧会を見学し，その報文を「パリー通信」[7]と題して次のごとく記している。

　　　萬國博覽會人類學部物品陳列の評，棚の片隅に鉢植えの五葉松有り次に藥にて根を包みたる萬年青あり次に鉢植えのサボテン有り次に又鉢植えの五葉松有り其隣に石菖の水盤有り其下に石臺に植たる柘榴有り其隣にヘゴに着けたる忍草有り其隣に根こぎにしたる夏菊有り，一千八百八十九年パリー府開設萬國博覽會人類學部物品陳列の模様は之に似たる所無しと云ふ可からず，縁日商人の植木棚に似たる所無しと云ふ可からず嗚呼，パリーは人類學の中心とも言はるゝ地に非ずや，本年の萬國博覽會は規模廣大なるものに非ずや此會の中此專門の部にして物品陳列の法が理學的で無いとは如何なる譯であるか有名な人類學者の整理したものを私風情の者が彼此云ふのは實に蟷螂が鉄車に向ふ様に見たるでござりませう併し蟷螂にも眼があります，車輪の圓いかイビツかは見分け得る積でござります，大佛の坐像は取り除けとして評は止めても正面入り口の前に在る古墳内部の現物，各地掘出の古器物，ブッシマンの實大模形等は何の故に最初に出て来たのか譯が分からず正面入り口三所の中何れが第一だかも示して無いがトピナード先生の言に隨つて右から入つて見た所が人軆解剖と比較解剖との標品は此室にばかり集まつて居ると云ふでも無く中央室を飛び越して左室にも一部二階に上つて中央部にも一部有る事故好く見やうとするには此所彼所奔走しなければならず，石器も所々方々に一群一群に列べて有つて比較に不便だし銅器鉄器も其通り角や骨に細工した彫刻物ころは此所ばかりに集まつて居るのだらうと中央室のを熟視して後に中庭に出て見れば此所にも連れが澤山有る掘出品計りと心得て見て居ると現用品が混じて居たり現用品かと思つて見れば古代の物を想像して作つたので有つたり諸人種の頭骨諸人種の寫眞諸人種の模像がチリチリバラバラに置いて有つたり一番始に有つた古墳内部の現物二箱と並べて置くべき同様の物二箱が二階の片隅に置いて有つたり實に意外な事だらけ，專門家の為に作つたのなら取調べ上の不便言ふべからず專門家外の人の為めに作つたのなら斯學の主意を解する事難し何れにしても陳列法宜きを得たりとは決して言ふ能はず骨董會とか好事會とか云ふものなら深く咎めるにも及ばず一千八百八十九年パ

図2　1889年パリ万国博覧会会場（『図説万国博覧会史』より）

リー開設萬國博覧會人類學部としては實に不出来と言はざるを得ず，
　　　　（中略）
　三月の雛にも飾り方有り，五月の幟にも建て方有り繪の順が好ければ讀まなくとも草双紙の作意は大概推量出来るものなり千字文を截り離して投げ出しては讀み得る者幾人かある，
　　　　（中略）
　私は物品の好く集まつたのには感服します，列べ方の好く無いのは遺憾に思ひます，縁日商人の植木棚の草木の様で無く理學的の植物園の草木の様に是等の物品が順序好く列べて有つたならば人類學部設置の功は更に大でござりましたらうに如何なる哉，如何なる哉，然らば如何に列べるが宜きか，物品の列べ方は各部區々では宜からず，一主義を貫徹しなければ不都合なり，
　　　　（後略）

パリ万国博覧会人類学部物品陳列のお粗末さを，鋭く指摘したものであった。中でも「三月の雛にも飾り方有り，五月の幟にも建て方有り繪の順が好ければ讀まなくとも草双紙の作意は大概推量出来るものなり」と見事なまでの適格な

例をあげ，資料の配列の重要性を明示しているように，博物館展示には意味と目的のある資料配列が不可避であることは確認するまでもない。

ところが一方，博物館・展示者の意図・目的が介在してこそ展示であるという考え方に対し，長谷川栄[8]は，

> 展示品に内在する資料的価値になんら付加することなく，ニュートラルな状況で陳列品をみせるのが目的である。この展示の場合にはオーバーな演出によって資料の意義・内容の受け取りかたが歪められぬように注意することが必要である。

と述べ，博物館展示には意図・目的の介在は不必要であり，あくまで資料を「ニュートラル」なる表現でありのままで見せることが展示であると記している。この長谷川の「ものを見せる」に専従する考え方は，ロジャー・S・マイルズ（Roger S. Miles）の展示論[9]においても共通するものであり，マイルズは「博物館の本来の機能は収集品を公開して『もの』自身に語らせることにある」と述べている。これら両氏に代表される初源的展示論とも看取される「物をして語らしめよ」といった格言めいた文言は，今日の博物館界にもまだまだ根強く遺存している考えであるが，これは当該資料に対する知識が豊富なごく一部の利用者にのみ適応することであって，一般的利用者には必ずしも「もの」は自らは語ってくれないことを再度確認しなければならないのである。ここで決して忘れてはならないことは，博物館教育の，すなわち情報伝達の対象者のそれぞれの分野に対する知識と関心の度合が一様ではないことである。これが，学校教育と博物館教育が大きく異る点である。

この点について，佐々木朝登[10]が，

> 意図なきところに展示は成立しないのであり，また「展示資料＝もの」の確認・把握なきところに展示構想なしといえるのである。

と明言しているように，展示は意図の介在があってこそ展示であると考えるものである。意図あるゆえに展示のストーリーが発生し，それに沿った配列が自ずと生じるのである。

博物館資料配列の意味と目的は配列の法則と言い換えることができようが，その法則は誰が見ても見出だせる容易なものであることが，資料配列の法則上での鉄則であろう。

端的な例をあげれば，1.2.3.4.5.○.○.○といった数字の配列であれば，○印の箇所に6.7.8の数字がそれぞれ入ることは容易に推定できよう。また，2.○.6.8.○であれば，4.10がくることも容易に理解できるのは，数字の配列に意味・法則があり，その意味・法則を容易に看破できるからである。博物館展示の場合も同様であり，北，本，四，○といった場合の配列も一法則に基づいているのであり，北は北海道を，本は本州を，四は四国をそれぞれ指示するものであるから，○は九州であるところの九となるが，やや難解な法則による配列と思われるところから，展示の配列においては不向きなものであることは明白であろう。

また，坪井が例にあげた草双紙においても，草双紙の絵が大きく欠落していたり，あるいはごく残片であった場合はその作意が十分伝わらない，すなわち法則を見出だすことができないのと同様に，博物館資料も断片的な資料ではなく，情報を十分に伝達できうるだけの多種多様で豊富なコレクションが必要とされることは事実である。ゆえに博物館展示の礎を成すものは，あくまで優秀なコレクションであることである。コレクションなくして展示という博物館の最大機能が成立しないことは，他の教育機関・研究機関では認められない博物館独自の特異的な形態であるといえよう。

1950年，棚橋源太郎は『博物館学綱要』[11]の中で，

　　博物館で物品を陳列する目的は，第一は物品を観衆の眼に愉快に映ぜしめること，第二は知識伝達の方便として物品を利用すること，この二つ以外に出でない。

と博物館展示の基本理念を明確に記している。

また，この棚橋の展示理念に先立ち，1922年に考古学者濱田耕作はその著『通論考古學』[12]の中で，「陳列の方法」と題し次のごとく記している。

　　單なる考古學的資料と，美術品との間には，陳列の方法に多少相異なるものあり。前者は原則として地方的（topographical）分類を行ひ，同一地點にて發見の品物殊に同時に發掘せるものを，凡て一箇所に取纏め，一群（group）として陳列せざる可からず。是れ巳に屡々述べたるが如く，共存伴出の關係は，時代其他を知る可き鍵鑰たる可ければなり。次に一地方發見のものは，之を順序するに多く年代的（chronological）分類を以てし，

最後に同時代のものは之を物品の種類及資料によって分類するを主義とすべし。此の複式方法を以て考古學的博物館に於ける最良の陳列方法なりとす。また美術品は以上の分類の外，更に作品の鑑賞に適する環境を作り，壁面の色澤，臺座，額縁等の構造も亦た特に意を用ふ，調和を保たしむること必要なるも，余りに之に凝り過ぐる時は，却て作品其者に對する注意を弱くするの恐あるを以て注意を要す。特に重要なる作品は，他のものと分離し，充分なる空間を與へ，別室内に或は室内の重要位置に装置すべきなり。

巴里ルーヴル博物館内のミロのヴィナス像，羅馬バチカン彫刻館のラオコーン，アポロ等，また同テルメ博物館のキレネのヴィナス像の如き，みな一室中に分離して之を陳列し，静に此の美術の大作を鑑賞するに適せしむ。伯林博物館なるペルガモン祭壇彫刻，パレルモ博物館なるセリヌンテのメトープ彫刻の如きは，其の狀原を髣髴せしむる為め，原建築の一部を復舊しあり。ボストン博物館の日本彫刻の如きは，日本寺院建築に模したる環境中に之を安置せり。此等は皆な如何に其の陳列方法に意を用ゐたるかを示すものなり。

以上のごとく，濱田は博物館展示においては前述した分類による配列と，美術資料においては分類と配列の他に鑑賞に適する環境を加味することが必要であると指摘し，後者の鑑賞に適する環境は，棚橋の展示論の第一とする「観衆の眼に愉快に映ぜしめること」と共通する点であり，このことは，博物館展示に留まらずあらゆる展示に要求され貫き通される基本要件であって，展示の持つ宿命と把握せねばならないものであろう。また，本要件は，1951年に制定される棚橋の草案による博物館法の第2条（定義）「この法律において『博物館』とは，歴史，芸術，民俗，産業，自然科学等に関する資料を収集し，保管（育成を含む。以下同じ。）し，展示して，教育的配慮の下に一般公衆の利用に供し，その教養，調査研究，レクリエーション等に資するために必要な事業を行ない……」の中に認められる「レクリエーション等」なる表現で反映されたものと思われる。

さらには，木場は，展示資料の固有特性である「審美的資料と教授的資料」を区分した上で，具体的展示方法を示している。それは今日でいう鑑賞展示・

教育展示を示唆するものであろうが，その上で博物館展示は美術館と歴史博物館や科学館といった専門領域の差異に基づき，それぞれが鑑賞展示と教育展示に専従しなければならないものでは決してなく，博物館展示にはその両者が必要であると断定している。

資料の特質により，従来から審美的資料，教授的資料あるいは鑑賞展示，教育展示といった呼称で区別されていたものを，新井重三[13]は，

> 博物館における展示とは展示資料（もの）を用いて，ある意図のもとにその価値を提示（Presentation）するとともに展示企画者の考えや主張を表現・説示（Interpretation）することにより，広く一般市民に対して感動と理解・発見と探求の空間を構築する行為である。

と定義することにより，博物館展示の目的と意義を明確にし，コミュニケーションの概念規定をプレゼンテーション（Presentation・提示）とインタープリテーション（Interpretation・説示）の二分割に決定づけた。このプレゼンテーション（提示）とインタープリテーション（説示）の二面性こそが，従来より展示理念の中でくすぶり続けてきた博物館展示を形成する二大要素であると考えられ，どちらか一方を欠失した場合においては十分な展示は構成できないものと考えられる。

しかし，プレゼンテーション型展示は，必ずしも濱田・木場・棚橋などの先学の主張する一点豪華主義による審美的展示である必要性はないものと考えられる。つまり，意図的配列による収蔵展示形態こそがプレゼンテーション型展示の本筋であり，それにインタープリテーションを併用することにより展示室内においてデュアル・アレンジメント（二元展示）を形成させるものである。なお，本書で意味するデュアル・アレンジメントは，棚橋が称する収蔵庫と展示室においての一般見学者と研究者を対象に区分した二元性ではなく[14]，あくまで一般見学者を対象とするものであり，展示室のみにおいて実施するものである。この意図的配列による集団展示は分類展示とも解釈されようが，通常の分類展示よりも資料の数の上で凌駕するものであって，収蔵展示の名に相応しいものでなければならない。

なぜなら，博物館はその名が示すとおり当該博物館が専門領域とする中で数多くの資料が収蔵されていなければならないと同時に，一般利用者にとっても

博物館に対する基本的イメージは古いものや珍しいものが数多く存在する場所であって，単に通史的あるいは概説的展示を望んでいるわけではないことを常に念頭に置かねばならないからである。博物館のすべての展示において，利用者は必ずしもインタープリテーション（説示）を望み，必要とするわけではなく，利用者が博物館を一般的にイメージする収蔵展示を加えることにより，利用者の欲求に対する充足と多量の実物資料よりもたらされる満足感を与えることができるものと考えられるのである。

当然，本デュアル・アレンジメントの骨格を成すものは，優秀なコレクション以外にないことは申すまでもなかろう。今日わが国の博物館展示の傾向は，種々の展示技法による説示に比較して実物資料が余りに少ないために，見る者を感動に導くといった要素の欠如が生じているものと看取される。

また，博物館展示が保持せねばならない条件の一つとして，博物館の展示室で展示品の前を通り過ぎようとする見学者の足を止めさせる「注意の喚起」がある。この要点について林公義[15]は，

> 効率的な知覚伝達の手段として「見せる」技術が用いられる。通り過ぎようとする人の目を捉え，注意を喚起し，より深く観察させるような手段，平易さを意図した「ひと」と「もの」とのコミュニケーション手段，それが「展示」である。

と記しており，この考え方は正鵠を射たものであり基本的に賛同するが，博物館展示の必要要件の一つは，消極的な単なる注意の喚起に留まるものではなく，より積極的な「人寄せ効果」であると考えられる。植物が鮮やかな色彩の花と芳香による広義の展示を行い，注意を喚起した上で，さらには蜜を持って昆虫を呼び寄せるごとく，博物館展示においても注意の喚起に留まるものであっては不十分であり，以上の意味での人寄せ効果を必要とする。それには博物館展示の場合でも展示手法・技法として，花だけではなく蜜が必要となることは必定である。それでは博物館展示における蜜とは何か。すなわちそれは，「月の石」に代表されるように優秀な実物資料であると断定できる。ただいずれの専門領域においても，「月の石」・「ツタンカーメンのミイラ」クラスの人寄せ効果のある大量の蜜を有する資料が，そうそう多数存在するはずがないことも事実であるが，蜜の少ない資料であっても上述した収蔵展示を実施すれば数が集

まり，その分蜜の量が増加すると同様に，人寄せ効果は増大するものと考えられる。そして，蜜へのプロローグとして注意を喚起する花として，当該資料が内蔵する学術情報に相応する種々の展示技法を駆使しなければならないものと考える。もっとも，展示技法のみに終始し，蜜が不在であるために結実しない展示もまま見受けられるが，これは植物界における徒花(あだばな)にたとえられるものであろう。

D 博物館展示の目的理念

次に展示の目的理念であるが，まず直接的な目的理念ではなく目的にかかわる基本理念を述べた者に鶴田総一郎がおり，『博物館学入門』[16]の中で，

> 従来の書物が展示(陳列)という言葉をつかい，或いは陳列という言葉と並列して「教育活動」「教育上利用」というような言葉を使用しているのは，前者は主たる目的を表わしているが，全目的を包括していないという意味で，後者は展示と教育普及を同格に扱っているという点で賛成できない。なぜならば，なるほど展示は物の面から，教育活動は働きの面からみているという違いはあるにしても，「もの」を媒介として教育普及するという博物館の建前から云うと，切り離して考えるのは片手落ちにすぎると思う。つまりこの両者をひっくるめて「教育普及」するのであり，展示はそれを達成するための方法のうちの一つにすぎないのである。もちろん展示が方法的には欠くことのできないものであり，重点をおかねばならぬということは論ずるまでもないことである。

と記し，展示を教育普及法の第一項に設定し，展示は博物館における教育普及の中の一分野であると明示した。

この鶴田の展示教育活動論を受け，倉田公裕・加藤有次[17]は，

> ひとくちに博物館といってもその機能と性格は広い分野にわたって異なったものがあるから，展示活動もまた一様の性格では済まされない。しかしながら展示活動はすべての博物館に共通する行為であって，一般大衆を対象としたものにしろ特殊な専門家を対象としたものにしろ，博物館の教育活動の中枢をなすものである。

と述べ，鶴田理論を支持すると同時に，教育活動法の中でも展示は中枢をなす

ものであると定義づけ，展示の目的は教育であることを再度明示している。その上で加藤有次[18]は，

> 室内における展示とは，博物館である目的によってなされた資料について，(研究)―調査―収集―整理―学術的研究―展示といった過程を経て実施される。
>
> 専門的学術研究の成果は年度ごとの累積によって進歩発展するものであるから，その発表機関の一つの方法として博物館には展示活動が存在するのである。このような研究発表の形成は，他の機関には見られないものであり，博物館の特色ともいえるものである。

と述べ，従来の教育を主体とする展示論に対し，研究と展示の一貫性の観点より学芸員の研究の場，あるいは研究成果の発表の場として展示の目的を位置づけた点は注目されるものであった。

加藤のこの論点は，「研究は研究，博物館展示は一般大衆に置け」といった考え方が今日でも根強く存在する中において，博物館の研究活動と展示教育活動の一貫性を明示したものに留まらず，博物館展示は学芸員の研究発表の場であると展示の目的を明示したもので，正鵠を射た理念と評価できるものであった。

国立民族学博物館館長であった梅棹忠夫も，『民博誕生』[19]の中で，「展示は館員の研究発表の場であり，研究者の研究業績である」と述べ，加藤の展示目的理念と同一の考え方を示している。

さらに，北川芳男は展示目的理念を強調し，その著『博物館とともに』[20]の中で，

> 当然のことであるが，研究活動の成果は，館の研究紀要，関係学会誌，その他，短冊の研究報告書を通して，公表することはいうまでもない。同時に，そういった研究論文を一般にわかりやすく解説した普及書，その他新聞，パンフレットなどにまとめることも必要である。しかし，それにもまして，博物館の研究成果の具体的な発表は，展示を通して行わなければならない。展示こそ，大学でも研究所でも，ほとんど考えられない発表の手段である。繰り返していう。展示こそ，博物館がもっている独特の発表形態である。

と記し,博物館展示は唯一研究発表の場としての目的のみに専従するとも理解される考え方を示している。

かかる観点は肯定されるべき理論である。確かに,学芸員にとって展示は成果物であると考えねばならない。展示の構成は,論文や作品と同様に当人の業績と考えるべきものである。

したがって,優秀な展示は十分に評価される必要もあろうし,逆に稚拙な展示は批判されることにより改良されてゆかねばならないものであろう。この点は嶋村元宏[21]も「博物館の展示も,学問的批判にさらされる時期に来ているのではないだろうか」と述べている。

以上のごとく,展示の目的は,個々の資料が内蔵する学術情報を研究することにより導き出し,その成果を伝え教育することにあり,それはまた同時に学芸員の研究の成果を世に問う場でもなければならないのである。したがって,研究に供する収蔵資料を持たず,さらに研究というステップを介在していない博物館の展示は博物館展示ではないといっても過言ではなかろう。

博物館展示は料理にたとえることができる。両者はきわめて近似した関係にあることは,料理そのものが広義の展示であるからであろう。

展示には意図による配列,ストーリーがあると同様に,料理においても前菜にはじまりデザートで終わるといった配列がある。また鯛が食材であった場合でも,刺身,焼く,煮る,揚げる,すり身にするなど種々の調理法があり,これは展示のいわゆる切り方に相当する。つまり,展示の主旨である。次に,盛り付けは展示の手法に相当する。まず盛り付けを行う皿や椀の形や色・絵柄の選択は,ケースの形状や演示具の形状および色彩の選択に匹敵するであろうし,またたとえば刺身の場合であれば,つま・青紫蘇・蓼・菊花・柚等々は,核となる実物資料の内蔵する情報を引き立たせるパネルであったり,トライビジョン,映像,比較模型等々に相当するものである。

この場合でも明確であるように,当該食材に見合った美しい容器を使用し,つまや青紫蘇でどんなに豪華に盛り付けても,肝心要の食材が古いものであったり,刺身がわずか一切れしかなかった場合は,十分な満足感を得ることができないように,博物館展示においても同じことがいえる。料理の基本には優秀な食材が必要であると同様に,博物館展示には優秀な資料が必要であることを

忘れてはならないのである。天然の尾頭つきの鯛の塩焼きであれば添え物はさして必要のないように，きわめて優秀な資料であれば提示だけで人を十分魅了することができるのである。

　さらにまた，調味料は照明計画であろうし，基本理念に立ち返れば，料理は人の目を楽しませることにより食欲の増進を企てることを目的とするものと看取されると同一に，博物館展示も見る者にとって楽しく情報伝達の増進，すなわち博物館教育を目指すものであろう。また，博物館展示は研究成果の結晶であり，研究成果の発表の場であるように，料理も料理人の日頃の鍛練の成果であり，また発表の場でもあることに違いなかろう。

　ただ，これだけ近似する中にあって両者の大きな相違点は，料理は一過性であるのに対し，展示は最低10年あるいはそれ以上継続させねばならないことである。

　以上のごとくの観点に立脚し，博物館展示とは何かを再度要約すると，まず概念的には，博物館展示とは博物館が博物館であるための最大の機能である。したがって，展示は対外的には博物館の顔を成すものである。博物館展示の基本理念は資料を媒体とした情報の伝達であり，それはまた，とりも直さず博物館教育活動の主翼を形成するものでなければならない。

　そのためには，博物館展示の骨格，いや基本的には博物館の骨格である優秀な資料が必要とされる。優秀なコレクションなくして博物館展示の基本理念をまっとうしうる博物館展示は成立しえないのである。

　そして，博物館展示の目的は，研究機関である博物館の研究成果の披瀝であることを忘れてはならないのである。

〈引用・参考文献〉
1) 油井　隆 1986『展示学』(株)電通
2) 木場一夫 1949『新しい博物館』日本教育出版社
3) 前田不二三 1904「學の展覧会か物の展覧会か」『東京人類學會雜誌』第19巻第219号
4) 倉田公裕 1979『博物館学』東京堂出版
5) ICOM編 1973『博物館組織とその実際的アドバイス』国際博物館会議日本委

　　　　　員会
6)　榊原聖文 1982「展示品の形態の新しい提案」『博物館学雑誌』第7巻第2号
7)　坪井正五郎 1889「パリー通信」『東京人類學會雜誌』第5巻第6号
8)　長谷川栄 1981『美術館・美術館学』至文堂
9)　R. S. Miles, 1982 : *The Design of Educational Exhibits*, GEORGE ALLEN & UNWIN
10)　佐々木朝登 1990「展示」『博物館ハンドブック』雄山閣
11)　棚橋源太郎 1950『博物館学綱要』理想社
12)　濱田耕作 1922『通論考古學』大證閣
13)　新井重三 1981『博物館学講座7 展示と展示法』雄山閣
14)　注 11) と同じ。
15)　林　公義（共著）1978『博物館概論』学苑社
16)　日本博物館協会編 1956『博物館学入門』理想社
17)　倉田公裕・加藤有次 1971『展示―その理論と方法―』博物館学研究会
18)　加藤有次 1977『博物館学序論』雄山閣
　　　加藤有次 1996『博物館学総論』雄山閣
19)　梅棹忠夫編 1978『民博誕生』中公新書 519　中央公論社
20)　北川芳男 1986『博物館とともに』北川芳男氏退官記念誌刊行会
21)　嶋村元宏 1994『神奈川県立博物館だより』Vol. 27, No. 3

〔青木　豊〕

II 展示の分類と形態

1 分類基準と形態表

　広義の自然界における展示にすら種々の形態が存在することはⅠ章で述べたとおりであり，ましてや人間社会で展開される展示には錯綜感すら覚える多数の展示が存在している。多数の展示とは，その形態上の差異であることはいうまでもない。また，そこには一形態で成立している展示もあれば，二形態・三形態の展示形態が重複することにより成立している展示もある。さらに，博物館展示では専門領域である学術内容を原因とするものもあれば，当該資料の性格・内容，規模などに起因して展示の形態が決定付けられる場合もある。

　たとえば，動植物や移設古民家などに代表される規模の大きな資料は，必然的に当該資料が有する性格・内容・規模により展示形態は屋外展示となろうし，遺跡や現地保存の古民家・植物群落などは野外展示に配架されよう。

　教育を基本目的とする情報の伝達を促すことを基本理念とする博物館展示においては，人間の心理にまで及ぶ展示要素が必要とされるところから，さらにその展示形態は錯綜する結果となっている。これらの博物館展示を，ある一定の分類基準に基づき分類しえた展示の形態は，表1のごとくである。

　なお，便宜上，「展示意図の有無による分類」として「羅列／展示」を表の冒頭にあげているが，「羅列」は本来は，展示の分類・形態には含まない。「意図なきところに展示は成立しない」と佐々木朝登が明言しているように[1]，博物館展示においては当然として，前述した自然界で種々織りなされる展示においても，自然の節理・本能と読み替えることのできる意図が必ず介在

表1　博物館展示の分類と形態

展 示 分 類 基 準	展　　示　　の　　形　　態
展示意図の有無による分類	羅列／展示
資料の基本的性格による分類	提示型展示（Presentation）／説示型展示（Interpretation）
展示の学術的視座による分類	単一学域展示／複合学域展示／総合（学域）展示
見学者の展示への参加の有無による分類	受動態展示／能動態展示（体験展示・参加型展示）
展示の動感の有無による分類	静止展示／動態展示／映像展示／演（実演展示・実験展示）
資料の配列法による分類	象徴展示／単体展示／集合展示／時間軸展示
資料の組み合わせによる分類	単体展示／集合展示／構造展示 組み合わせ展示（パネル・模型・映像との組み合わせ） 三連展示
展示課題による分類	ジオラマ展示／部分パノラマ展示／建造物復元展示／室内復元展示／歴史展示／科学展示／比較展示
展示の多面・多重性による分類	二元展示／二重展示／三重展示
見学者の知識レベルの差異による分類	概説展示／収蔵展示
展示場所による分類	屋内展示／屋外展示／野外展示／移動展示／巡回展示
展示期間による分類	常設展示／企画展示／特別展示／新着展示

しているのである。意図なき行為は，広義の展示としても成立しえない。それは展示と区別して羅列と呼称する。いわゆる獺祭（だっさい・かわうそのまつり）である。獺祭とは，カワウソがその習性上捕獲した魚を川原に並べる（あるいは広義の展示意図があるかもしれないが明らかにされていない）ところから転じて，書斎の机上に文献を広げて散在した様をいう。つまり，意図なき配列なのである。

　上記の意味合いで展示と区別する言葉として"陳列"なる用語が倉田公裕により定義されているが[2]，字義からは当該用語には展示意図が含まれているように思える。斯界においては"展示"が一般的に使用されるに至った現在でも，まだまだ"陳列"が同義語として使用されていることも事実である。

　以上の観点より，意図なき展示は羅列と呼称し，展示機関ともいえる博物館にあってはならないことである。わが国の博物館にあって，展示に至らぬ羅列がいまだに存在していることも事実であろう。この点は広義の展示の中でも，展示専門機関ともいえる博物館のみに，意図のない羅列が残存している点は皮肉なことである。

2 分類と形態―展示論史的考察―

A 資料の基本的性格による分類

本分類は，従来展示資料の性質・展示の目的・展示の意図といった分類基準により，鑑賞展示・教育展示と呼称され二大別されていた展示形態である。先学の本分類に関する代表的推移を追ってみると表2のごとくである。

まず，明治37年（1904）に前田不二三が使用した情的展覧・知的展覧なる展示区分を意図する用語が，それぞれ提示（鑑賞展示）・説示（教育展示）に読み替えられるところから，本分類の嚆矢をなすものと看取されよう。

ついで，木場一夫は審美的・教授的なる用語を用い分類しているが，当該用語は棚橋源太郎も展示の分類としてこそ使用していないものの，その著書中[10]に多見されるところから，20世紀前半頃は一般的用語であったことが窺い知られる。

表2 資料の基本的性格による分類に関する諸説の推移

分類者 著書・論文名	発表年	分 類 基 準	展 示 の 形 態
前田不二三 「學の展覧会か物の展覧会か」[3]	1904	意図（？）あるいは資料の性格による分類	情的展覧 知的展覧
木場一夫 『新しい博物館』[4]	1949	資料の性質とその展示の目的による分類	審美的 教授的
鶴田総一郎 『博物館入門』[5]	1956	展示の目的による分類	鑑賞展示 教育展示
林 公義 「展示」[6]	1978	展示の目的による分類	鑑賞展示 教育展示
富士川金二 『改訂・増補 博物館学』[7]	1980	展示目的による種別	鑑賞展示 教育的展示 綜合展示・その他
新井重三 「展示の形態と分類」[8]	1981	展示意図による分類	提示型展示（Presentation） 説示型展示（Interpretation） 教育展示
佐々木朝登 「展示」[9]	1990	展示意図による分類	提示型展示（鑑賞展示） 説示型展示（学術還元展示） 教育型展示（体験学習展示，子ども向展示など含む）

そして、1956年に鶴田総一郎が「展示の目的」という基準で鑑賞展示・教育展示に二大別し、呼称したところから現在までもその展示名称は、1981年に新井重三が同観点の分類基準により命名した提示・説示型展示と併用して使用されている。

本分類の基準は、鶴田・林・富士川らは「展示の目的」としたのに対し、新井・佐々木は「展示意図」による分類とその基準を明記している。翻って、本分類の先駆である前田は、その文意からはやや不明確であるが、「展示の意図・あるいは資料の性格」と記し、続く木場も「資料の性質とその展示目的」に基準を置いている。

本分類の基準は、展示の目的や意図ではなく、煎じつめてゆけば前田や木場が一部記しているように、資料の基本的性格の差違に置かねばならないものと考えられる。

すなわち、美術資料であるか否かの一点に集約されるものと考えられる。美術・工芸資料は、製作目的が第三者に見せる点に重点が置かれた資料であるところから、自ずと展示要素を内蔵しているものであるゆえに、自らが展示物なのである。したがって、美術・工芸資料は一般的には提示型展示が好ましく、他の学術資料は当該資料が内蔵する学術情報を見学者に伝達する説示型展示が不可避となるのである。

以上のように、博物館展示の基本となる展示形態は、資料の基本的性格に基づき提示型展示と説示型展示に区分されるのである。

なお、新井は本分類の中で子ども博物館を例に取り教育展示を掲げているが、博物館展示は博物館における教育活動の主翼をなすものであるところからも明白であるように、博物館と分類される教育機関においては展示は換言すれば教育であり、すべての展示形態の中にもその要素がなければ、それは博物館展示ではなく広義の展示となるところからも、教育展示なる形態呼称は、本分類では不適切であると考えられる。

B 展示の学術的視座による分類

従来、本分類で意図する展示形態は、鶴田・林・富士川らは資料の配列様式による分類とし、新井・佐々木は展示課題による分類の中で位置付けてきたも

写真1　提示型展示（メキシコ人類博物館）

写真2　説示型展示（若狭歴史民俗博物館）

のである。前者の配列様式による分類では、分類・系統的展示、時間・発達史的展示、課題展示、綜合展示の四展示形態があげられているが、分類・系統的展示、時間・発達史的展示は配列様式に比定されて当然であるが、課題展示・綜合展示は配列様式による分類とはみなせない異質の展示形態であることは明白である。端的には、課題展示・綜（総）合展示の両展示形態においては、分類・系統的展示、時間・発達史的展示も場合によっては介在するところからも明確であろう。

　また、後者の展示課題による分類では、総合展示・構造展示・生態展示・歴史展示・比較展示などに分類されているが、この分類も生態展示・歴史展示は展示課題による分類であることは納得できるが、総合展示・構造展示・比較展示はやはり異質の展示形態なのである。総合展示の中には歴史展示も生態展示も構造展示・比較展示もそれぞれが、あるいはすべてが同時にでも介在しうるのである。ゆえに、これらを展示課題の分類をもってくくるのは不適切なのである。

　前者は総合展示を集合展示としてとらえたために、分類基準として配列様式が登場したものと推定され、後者は確かに総合展示は課題展示であるところから、その分類基準に課題が使用されたものと看取されるが、前述したように同じ課題に基づく総合展示であっても、歴史展示・生態展示とは次元の異る展示形態なのである。それでは何が基本的に異るかと考えた場合、それは学術的視座以外の何ものでもないのである。

　つまり、同じ課題展示であっても当該展示に関与する学術上の専門性の多少に起因するものと考えられよう。総合展示は、学域の総合性に基づく総合学域展示なのである。

　したがって、本論での「学術的視座による分類」に基づき配架される展示形態は、単一学域展示・複合学域展示・総合（学域）展示である。

単一学域展示

　わが国の博物館で認められる一般的な展示法で、当該資料が基本的に帰属する、あるいは種々の状況により属する学問分野に準じた単一の専門領域の範疇内での情報抽出に基づき展示が実施されるものである。

たとえば，貝塚から出土した鯨骨であれば，考古学という一学問分野の中で類例・比較などの研究がなされ，その考古学のみにより得られた知見をもって展示を行うものである。

複合学域展示

一方，複合学域展示では，単一の学問分野による研究ではなく，複数の学問分野で当該資料を研究の結果，その研究成果を複合して展示を実施するものである。前例の鯨骨であれば，考古学はもとより，大型海獣の捕獲例の多い北方民族に重点を当て，民族学・人類学の視点からも当該貝塚出土鯨骨を媒体として鯨に関する考古学・民族学・人類学的情報を展示するものである。すなわち，単一学問分野による情報でもなく，次に述べる総合学域でもなく，二・三の複数の学問分野による展示を意図するものである。

総合（学域）展示

総合（学域）展示は，学問分野における縦割ともいえる垣根をすべて取り払い，あらゆる学域から総合的に当該資料が内蔵する情報を展示するものである。同じく出土鯨骨を例にとれば，本資料が基本的に帰属する動物学，遺跡出土であるゆえに考古学，さらに民族学・人類学，鯨と日本人という観点から歴史学・民俗学・海洋学・絵画・工芸史に至る諸学を総合して，鯨に関する展示を実施するものである。

本総合展示の特徴は，第1に，展示を眼にすれば，当該資料に関し断片ではなくあらゆる角度からの情報が得られる点である。したがって，見る者の興味を刺激し，理論的理解を促す点である。

第2の特徴は，同一傾向にあるわが国の博物館展示に，博物館自体の個性の確立が可能となる点である。

C 見学者の展示への参加の有無による分類

受動態展示と能動態展示

博物館展示は，広義の展示形態の多くがそうであるのと同様に，一般に見学者にとって受動態であることを常とする。ただ厳密には，展示を視覚により見

る行為自体は見学者にとっては能動態ともいえようが，展示は前述したごとく展示とそれを見る者の両方によって初めて成立するものであって，基本的に，見る者は形成された展示を一方的に受け止める受動態に始終する関係にある。

この展示における両者の関係は，商業展示やテーマパーク・遊園地には介在しない要素であるが，逆にいえば能動態である本要素こそが，人間の持つ本能に沿った娯楽性を発生させる基本的要因であるものと看取されよう。

通常，能動的要素を伴わず常に受動態である博物館展示は，見る者にとって基本的な娯楽性を欠いた展示形態である。ここでいう娯楽性とは，常に受け身であることに起因する抑圧感に対し，解き放たれた解放感とある程度の自由意思に基づき展示に参加できるという双方向性を指す。能動態である双方向性こそが，テーマパーク・遊園地とは異る意味での博物館展示における娯楽性の基盤を成すものであると考えられる。

また，見る者が展示室において感じる疲労感の大半は，受動態であるがために鬱積する精神的疲労に起因するものであることはいうまでもなく，逆に能動態であれば展示への傾注が可能となり，精神的疲労はもとより肉体的疲労をも忘れる結果となるであろう。

体験展示と参加型展示

能動態展示の具体的展示方法としては，体験展示と参加型展示があげられよう。体験展示と参加型展示は，両者とも同義的意味合いを持つ用語とも思えるが，体験展示について，新井重三は次のように定義している。[11]

「博物館というところは観覧者の手足を縛って眼だけで物を見せようとする。」と言った人がいるが，利用者は，決してガラス超しで見る展示には満足していないのである。一寸さわってみたくなるというのは，その心理的背景に触覚によって見たい衝動の現れである。物の持つ情報は視覚だけによって伝達されるものではない。身体全体でとらえること，すなわち体験を通して感受したり理解して貰う展示が必要になってくる。このような趣旨・目的のために開発されたものを体験展示とよぶことにする。

視覚によって得られる情報は物に関する限り，位置・大きさ・形態・色彩等であるが，体験（触覚・聴覚）を通すことによって手ざわりによる質

写真3 弥生時代の竪穴住居の構造展示と付随する参加型展示（上・下）
（指宿市　COCCO はしむれ）

感・硬さ・重さ・音質・温度・味覚等はるかに多くの情報を得ることができる。

つまり，体験展示とは体験（触覚・聴覚）を通して身体全体で感受する展示であると定義している。この体験展示に対し，ここでいう参加型展示は，体験展示を細分し知的参加に限定した展示形態を指すものとする。

体験展示に包含されるものとしては，磨石や石臼によるドングリ・トチなどの堅果類や穀粒などの粉砕，高機による機織り，シミュレーション映像，さらには従来動力展示に比定されている人力作用による発電などの科学原理に関する展示，氷点下を体験させる展示等々である。

以上の触覚・聴覚などの体感に訴えることを目的とする体験展示に対し，参加型展示には，知的参加を目的としたクイズ形式の展示や，ミュージアム・ワークシート，ミュージアム・ショップなどがあげられよう。

なお，ミュージアム・ショップは博物館展示の延長でなければならないことは別項（本講座12巻「Ⅷ　ミュージアム・サービス」）で記したとおりであり，それも博物館展示を代表する参加型展示でなければならないのである。

一方，ミュージアム・ワークシートの展示効果に関しては，わが国ではまだまだ希薄であると同時に，博物館展示とは別個の教育活動に位置付けているのが現状であろう。しかし，ミュージアム・ワークシートは展示効果を支援する側面展示であり，受動態である展示に見学者の知的欲求に基づく参加性を促し，受動態展示を双方向性のある能動態展示に変貌せしめる技法であるところから，ミュージアム・ワークシートは博物館展示の一技法に位置づけられるものと考えられる。

ゆえに，展示構想段階において，ミュージアム・ワークシートに供する設問を考慮に入れた展示展開が必要なのであり，これを怠り完成された展示から後天的に設問を作成しても，現状として認められるちぐはぐな問題となるばかりではなく，基本的には展示と見学者の双方向性は望めないものとなるであろう。

D　展示の動感の有無による分類

博物館展示は，一般に「時間を止めている」と揶揄されるごとく，静止状態であるのが常である。広義の展示要素の中に常に介在する展示対象者への注意

の喚起を想起するならば,動きあるいは動感は博物館展示における見学者に対する注意の喚起要素の一つであることは肯定されよう。

　本分類は,鶴田・林は資料の形態にその分類基準をすえ,新井は展示手法に基準を置いているものである。展示手法といっても展示技法が介在する限り,すべてが本分類での対象となる訳である。両者の分類した展示形態を見ると,新井は静止展開,映像展示,演示,動力展示,飼育・栽培展示,体験展示をあげているところからも,"静と動"を意図した分類であることが窺い知られる。一方,鶴田は固定展示・動態展示・生態展示を展示形態として記し,さらに林は概観展示(パノラマ)を追加している。これは資料の形態を基準とした分類であり,雑駁であり不適切な分類と思えるが,1956年という時を考えれば,無理もないことである。

　以上からも明白であるように本分類の要点は,展示の手法における動感に執着するものであるから,直截に「展示の動感の有無による分類」とその基準を定めたものである。

静止展示

　静止展示は,展示の中でももっとも基本的な展示形態であり,同時にもっとも普及している一般的展示形態である。本展示の最大の特徴は静止状態であるがゆえに,見る者にとって当該資料の法量・形状・色調・木質感などが心ゆくまで熟覧できる点に尽きるものである。本静止展示には,固定・固着展示も含まれる。

　しかし,動物の生態や行動や成育過程,製作工程,芸能や神事に代表される一連の経過を伴う展示には,あくまで静止であるために時間の経過を具体的に介入させることが不可能であることも事実である。また,静謐の中での資料鑑賞には適しているが,その反面見学者の注意を喚起する要素は持ち合わせていない。

　たとえば,写真であれ文字であれ,通常のパネルは静止展示であり,固着展示である。これに動態が加味されればトライビジョンやスライドビジョンなどとなり,工程や変遷の明示に適合した展示形態となると同時に,動きによる注意の喚起が発生するものとなる。

なお,端的に1枚のパネルとトライビジョンを比較すると,後者の伝達情報量は,前者の約3倍になることが知られている。

動態展示

静止展示に対し,可動あるいは動感を持つ展示を指す。また,斯界で展示形態として従来より分類呼称されている動力展示も同義語,あるいはより広義の動態展示に含まれているものと解釈されるが,用語統一を目的として動力展示を動態展示と呼称することを提唱したい。動きを呈出させるのは動力だけではないことは,I章で述べたように,わが国最初の動態展示ともいえる,仏教伽藍の本堂内陣における灯明のわずかな明かりにより生ずる動感からも明確であろう。また,直截に電力・風力・水力等々のいわゆる動力であるのであって,結果としては動態なのである。そもそも,動力展示の呼称名の基になったと看取される記載は,1930年に棚橋源太郎がその著『眼に訴へる教育機関』[12]の中で「動力応用陳列」と記し,次いで1950年刊行の同じく棚橋による『博物館学綱要』[13]の中では,「展観に動力の応用」と表記されているものを濫觴とする。『博物館学綱要』には,次のようにある。

　　展観に動力の應用　陳列品の展示に動力を應用するに至ったことは,博物館陳列方法上の一大進歩である。この新展観法は,パリからロンドン,ミュンヘンへと次第に広がって往ったものである。ドイツ科学技術博物館では世界発明史上最も有名な彼のワットの蒸気機関の如きも,傍のボイラーの内に入れてある電気モートルで運転するやうになってゐる。このワットの蒸気機関(Watt's first sun and planet engine)の本物は,ロンドンのサイエンス・ミュージアムに陳列されてゐる。この種,陳列機械を動かすには,電力や圧搾空気ばかりでなく観覧者の手でハンドルを廻はす方式もある。その他水力,風力で回転させて示して置くのもある。

　　　　　　　(中　略)

　　陳列上へ動力を利用することは,単に機械模型の運転や理化学的実験のみに止らない。電動力應用の回転装置で,ヂオラマの景観の昼夜の変化を示したり,豆電燈の点滅装置で,起伏地図上の特殊の物件に添加して目立って見えるやうにしたり,或は回転装置の上へ更に真空管などを應用し

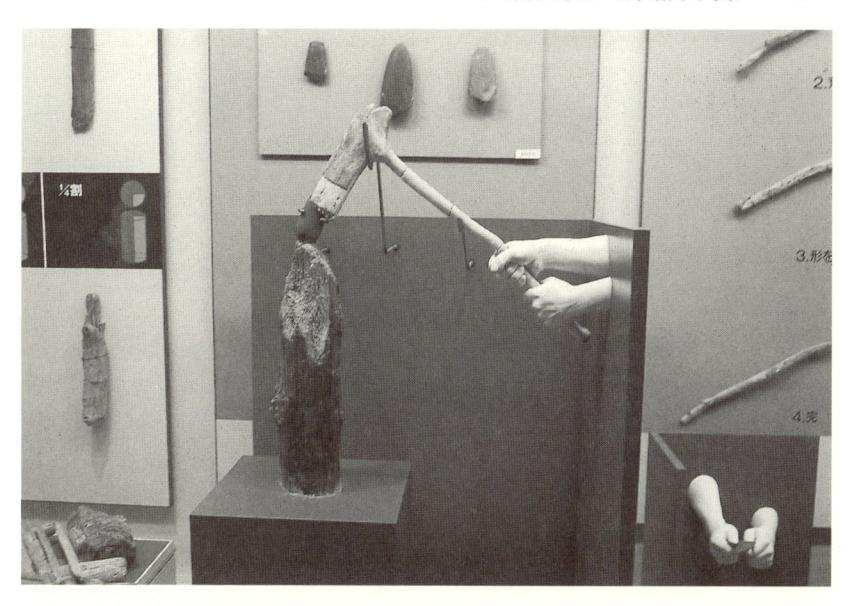

2 分類と形態—展示論史的考察— 43

写真4 動感のある展示（上・下 若狭歴史民俗博物館）

て，統計のグラフを鮮明にして見せたりすることも出来る。また陳列に應用されたスライドフィルムが回転するのも，蓄音機に依るグラマホンガイドの如きものも，皆その應用の一つである。尚又美術館などでも台の上へ，彫塑像などを取附け，ボタン一つ押せばそれが回転して，表側と裏側とがよく見られるやうにしてあるのもある。

　以上からも明確であるように，棚橋は展示の動力の応用としてワットの蒸気機関やオートスライド，回転展示台を紹介しているのであって，動力展示とは一言もいっていないのである。

　動態展示の展示効果としての特質は，前述したように"静"の中の"動"という意味での注意の喚起と，静謐の状態より発生する重圧に対する"息抜き効果"と，動により増幅される臨場感があげられよう。

　なお，必ずしも動きではなく動感を呈するものも動態展示であることは述べたとおりである。たとえば，古民家の囲炉裏を含む居間の構造展示の場合，囲炉裏内の熾（おき）に電飾を施し，真赤におこった様を創出するだけで構造展示全体に動感が生まれ，臨場感は増幅される。この場合の電飾による熾は，動きはなくとも動感を呈出する原因となる。また，同様に戦前期の茶の間の構造展示において，簞笥の上に置かれたラジオからニュースが流れているだけで，展示全体に動感が生ずることにより臨場感はいやが上にも高揚する。この場合の原因は音声である。

映像展示

　映像展示は，静止画と動画に大別される。したがって，動態は動画が専有する特質であることは確認するまでもないが，静止画といえどもコミカルな動きを伴うマルチスライドはやはり動態展示である。

　映像展示の主たる特質については，以前『博物館映像展示論』[14]で明記したように，おおむね次の5点があげられる。

1) 継続する動きを伴うものであるため，従来の静止展示では展示不可能であったものが可能となる。
2) 動きが容易に組み込める。
3) 見ることにより容易に理解が深められる。

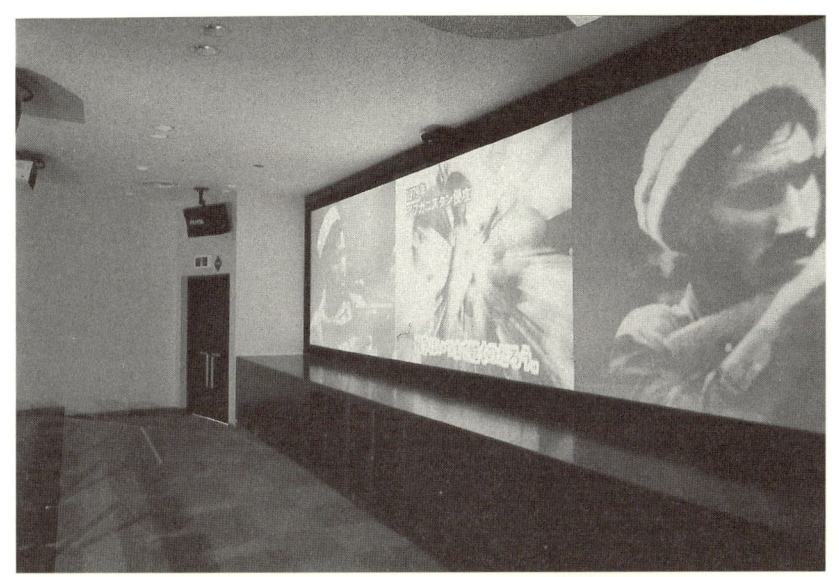

2 分類と形態―展示論史的考察― 45

写真5 映像展示 マルチスクリーン（川崎市平和資料館）

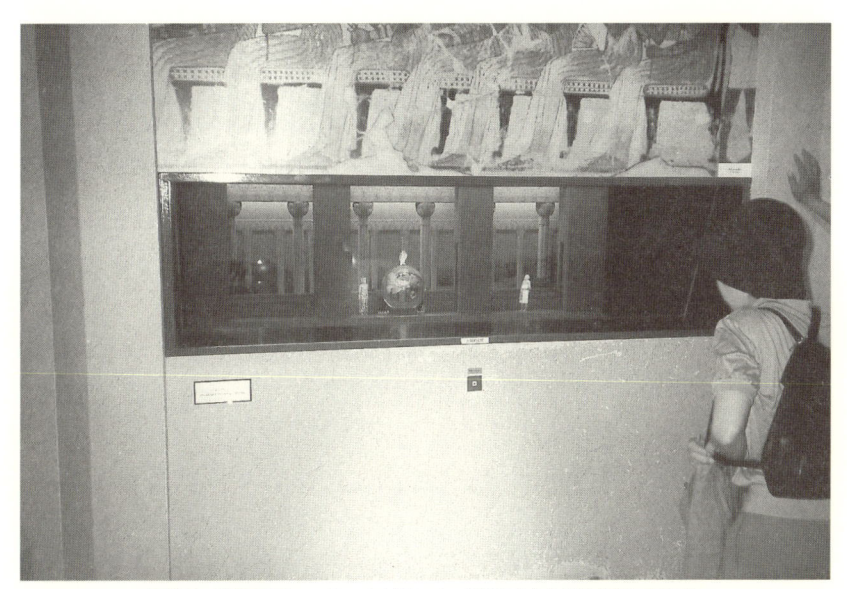

写真6 映像展示 マジックビジョン（草津市水生植物園みずの森）

4）多量の情報伝達が可能である。
5）参加型展示が容易で，種々の形態が可能である。

　上記の特質の根底に共通することは，おもしろさといった博物館展示への興味の増進であり，それが博物館のおもしろさ，すなわち博物館のアミューズメント性の一翼を担うものとして期待されるのである。これが映像展示の最大のメリットであり，ひいては博物館の集客力の加増に直結するものであるとも考えられる。

　動態展示としての映像展示の種類は，IMAX，OMNIMAX，サーキノビジョンなどに代表される大型映像をはじめ，8mm・16mm・35mm・70mm によるフィルム映像，マルチスクリーン，加えて電子系映像であるビデオ映像をはじめ，マルチビジョン，シミュレーション映像，マジックビジョン，インタラクティブ映像，バーチャル・リアリティなどが存在する。

演示（実演展示・実験展示）

　人間が展示の中に介在することにより，静止状態を打破し，同時に二次元世界である映像展示（ディービジョン・デルビジョン・ホログラフィーなどの立体映像は除く）の弱点を埋めて，四次元構築の展示を特徴とする展示である。歴史的な見世物に共通する意味合いからしても，その展示効果は大きいことはいうまでもない。

　ただ，問題は，博物館展示の抜本的要件である常設でありうるか否かであろう。同時に，いくら人間そのものを見せるのではなく実験や製作法・使用法が主対象であっても，一般の展示室においては違和感が発生するようにも見える。確かに，スカンセンに代表される野外博物館におけるコスチューム・スタッフは演示であり，違和感なく展示効果は完遂されているものと看取されるが，通常の展示室とはその背景が基本的に異るのである。

E　資料の配列法による分類

　展示には，ある一定の意図が必要であることは述べたとおりである。ついで，意図あるゆえに自ずと配列が生ずることも前述のとおりである。つまり，配列は意図に基づくストーリーを形成するものである。展示上の資料配列の重要性

に関しては，古くは明治22年（1889）に人類学者坪井正五郎が著した「パリー通信」[15]が想起される（18頁参照）。

象徴展示

象徴展示とは，当該博物館や当該展示コーナーを象徴する展示を指す。展示の中でも顔となる展示であるゆえに，それらの設置場所は，前者は博物館のエントランスホール，後者は各展示コーナーの起点に設置されるのが常である。

象徴展示は，その名称が明示するごとくシンボル展示であり，当該館の特性を強調することを最大の目的とするものである。この結果，展示全体に大きな抑揚がつくことを特徴とするものであり，この象徴展示のいかんにより博物館に対するイメージも決定される，といっても過言ではなかろう。したがって，その必要要件は，まず第1に当該博物館の専門領域を明示するものであったり，当該地域の風土を象徴するものでなければならない。第2に，規模の上である程度の大型資料でなければならない。第3に，その内容においても，鑑賞性や稀少性といった諸要素も必要とされるであろう。

なお，象徴展示と成りうる資料の種類は，何も実物資料に限定される訳ではない。たとえば釧路市立博物館でのマンモスの全身化石のレプリカや，岩手県立博物館における大型ジオラマをはじめ，今日各地の博物館で認められるマルチビジョンなどによる映像展示も，象徴展示と成りうるのである。

単体展示

単体，すなわち独立体で展示する一般的な展示形態で，個体展示と同義語である。象徴展示の多くも単体展示であろうし，美術館に代表される提示型展示も基本的に単体展示であるところからも明確であるように，一資料に対し熟覧しやすい状況の展示であるといえよう。

集合展示

単体展示に対し，同一もしくは同種同類資料を多数集合させて展示するものである。中でも人文系資料においては，同一種類資料といえども瓜二つといった資料は稀であろうから，比較展示とは意味を異にするものであるけれども資

48　Ⅱ　展示の分類と形態

写真7　象徴展示
（広島平和資料館）

写真8　集合展示（苫小牧市立博物館）

料間の比較要素は発生することと,なによりも数で見せる点を優先するものである。単体では見栄えのしない資料を,数で圧倒することを目的とする。

たとえば,中世備蓄銭の展示の場合など,銭種別に一枚一枚明示すると同時に,その何万枚かも知れぬ出土銭すべて山積みに展示することにより,見学者にインパクトを与えることとなる。

本展示形態は,展示全体の中で一般に陥りやすいワンパターン化を脱する展示形態であるとも看取される。

時間軸展示

時間軸展示なる用語は,1981年新井重三が提唱した展示形態の呼称名である[16]。本展示形態名とほぼ同義語として使用されていたものとして,鶴田総一郎[17]による「歴史的・発達史的展示」や林公義[18]が使用した「時間・発達史的展示」があり,さらに一般に使用されている「時代順展示」・「変遷(史)展示」などがあげられる。これらはいずれの呼称名も,新井が記すごとく人間の歴史のみに限定した展示形態を指すものである。したがって,当然そこには,歴史系を意図した上記の展示形態名称に対し,自然系ともいえる「過程」・「行程」展示なる用語も使用された。

これに対し新井は,歴史系,自然系の両者を合併した形で「時間軸展示」を提唱し,次のように定義している。

　　時間軸にすべての事物・事象を位置づけて展示する方法を総称して時間軸展示とよぶことを提唱する。時間の流れを除いては成立しない内容,時間の流れを重視した展示構成であるが歴史展示と同義語としては扱えない。その理由は,歴史記述以外の事象も含まれる,たとえば商品の生産行程,生物の発生学的内容,雲の形の時間的変化等,時間単位の秒刻みのものから100万年単位で計算される地質現象までも含まれることである。

以上のごとく,あらゆる学問域での事物・事象の推移を展示する展示形態が,時間軸展示であるとしている。本呼称名は正鵠を射た呼称名であると評価できよう。したがって,再度確認すると時間軸展示の中には,従来称されてきた発達史展示や変遷史展示・行程展示・過程展示・系統的展示が枝葉になっているのである。

F 資料の組み合わせによる分類

本分類は,まさに資料の組み合わせを基準としたきわめて直截な分類である。当然ながら,ジオラマ・情景復元展示・比較展示も決して単体では完成されることのない複数の資料の組み合わせによる組み合わせ展示であり,本分類に該当する展示形態でもあるわけだが,これらは次項の課題による分類に,その内容からして含めるものとする。

単体展示

単体展示は,前項でも記したとおり,何らの資料の組み合わせを持たない展示形態である。

集合展示

前項の「資料の配列法による分類」でもあげたように,集合展示は同種の資料を多量に集合という形の組み合わせを行うことにより,量感をもって見学者の注意の喚起と満足感を呈出することを基本目的とする展示である。

構造展示

構造展示なる展示形態名称は,佐々木朝登・梅棹忠夫[19]の両氏により提唱されたものである。構造展示は,ともに一次資料である資料と資料の組み合わせによる資料の相互関係の中から,自然と発生する情報を得ることを基本目的とする展示形態である。すなわち,発生する情報とは,主として当該一次資料の使用方法や存在状況といった資料の基本的情報である。展示における種々の情報伝達の中でも基本情報であるこの資料は何か,何に使用されたかを資料の組み合わせにより理解を促すものである。単体であった場合,用途は不明であっても関係する資料が2点,3点と並列ではなく組み合わされることにより,使用状況が発生するのである。

たとえば,擂鉢(すりばち)。擂鉢の使用方法を知らない者はいないと思うが,近頃の家庭では擂鉢が台所にないところも多いと耳にするし,今日の子どもは具体的な使用方法と何であるかを知らないかもしれない。そうした場合,擂鉢を1点展示しても,当該資料が何で,何に使用されたものかはわからないであろうが,

2 分類と形態―展示論史的考察― 51

擂鉢の中に擂粉木が入れられており，さらに擂鉢の底には半砕された胡麻や大豆が入っておれば，誰の眼にも擂鉢と擂粉木の使用法が，博物館展示の基本である見ることによって容易に理解できるのである。擂鉢，擂粉木，胡麻・大豆が並列の展示であったならその展示効果は乏しく，本来の状況に組み合わせることが重要なのである。また，本来の組み合わせにより臨場感も創出されることはいうまでもない。これが，擂鉢の場合最小単位の構造展示であり，さらにテーブル上への設置や種々の台所用品の加入により，構造展示は大型化すると同時に臨場感は増幅されることになる。といって，擂鉢の背景である台所全体の構造展示を実施した場合，確かに臨場感は極に達するであろうが，擂鉢自体の展示資料としての主体性は当然のごとく稀薄となることは確認するまでもない。何事も程度が問題なのである。

また，台所全体の構造展示でも明白であるように，ジオラマ・室内復元展示（時代部屋）なども基本的には構造展示であるのだが，これらはまた一方別途の課題に基づき構成される展示形態であるところから，「展示課題による分類」に配架するものである。

以上の観点からも理解しうるごとく，構造展示は博物館展示の基本を形成する展示であるといっても過言ではなかろう。とくに道具・用具類の展示においてはもっとも効果を発揮する展示形態であることは，網針と網・テグスなどや木挽鋸と丸太・板などの組み合わせからも明白であろう。

なお，構造物である移設・復元による建造物自体は，構造展示ではない。

組み合わせ展示

本展示形態を構造展示と区画する基本的要因は，構造展示が一次資料と一次資料の組み合わせであったのに対し，本展示は一次資料と二次資料の組み合わせによる点にある。

つまり，一次資料と模式図（復元図・想像図），写真，模型，映像など[20]との組み合わせによるもっとも一般的ともいえる展示形態である。実物資料による組み合わせが困難であったり，現実的に不可能な場合や二次資料のほうが展示効果が求められるといった場合，他方を二次資料に置換するものである。

たとえば，縄文時代の貝塚出土の骨角製回転式離頭銛の場合，他の実物資料

との構造展示は不可能とも思えるし，仮にトド・セイウチなどの大型海獣の剝製に離頭銛を突き立ててみても，回転式離頭銛の効用上での理論が見学者に伝達される訳では決してない。本情報を伝達するには，着装に関しては模型を適用するとしても，回転式離頭銛が海獣の皮を突き破り体内に挿入されると同時に，その衝撃により海獣が暴れることで柄は離脱する。回転式離頭銛の形態が片燕尾であり，その一端に固定されたロープの張力により，銛は90度体内で横転して怪獣の皮といわば平行になり，通常の銛やヤスと異り二度と抜去することはない。狩猟者は銛に結束された何十ｍものロープを，海獣がどんなに深海に潜ろうと疲れるまで引いていれば良いのである。といった情報の伝達を，文字パネルではなく実施するには模式図（イラスト）との組み合わせ以外にはなかろう。

なお，本展示に，江戸期のやはり離頭する"アシカ銛"や捕鯨船の捕鯨砲を組み入れた場合，それは比較展示であり，回転式離頭銛や捕鯨砲の機構と作用は歴史資料を主題としたものであっても科学展示である。

三連展示

本稿で記す三連展示は，やはり資料の組み合わせによる展示形態である。構造展示はすべてが一次資料の組み合わせによるものであり，組み合わせ展示は一次資料と二次資料の組み合わせをそれぞれ原則とするのに対し，三連展示は一次資料と情景模型に，さらに一次映像を加えた三要素により構成される展示であり，すでに筆者が提唱した[21]展示形態である。

多数の形状，用途の異る実物資料，それも何らかの製作・製造上などの一連の作業工程の中で，それぞれに伴う複数の道具や機材などを展示する場合は，それぞれの道具や機材の用途や使用方法について複数であるがゆえと，さらに工程の中でも解説の錯綜する点から，全体的視野からの展示は行いがたいものであった。

この問題点を解決する一手段が，全体的工程を鳥瞰できるタイプの縮小の情景復元模型を製作展示することにより，全体の流れ，あるいは全体像の把握を容易なものとし，さらなる詳細情報は一次映像により伝達するという三段構えの展示法である。

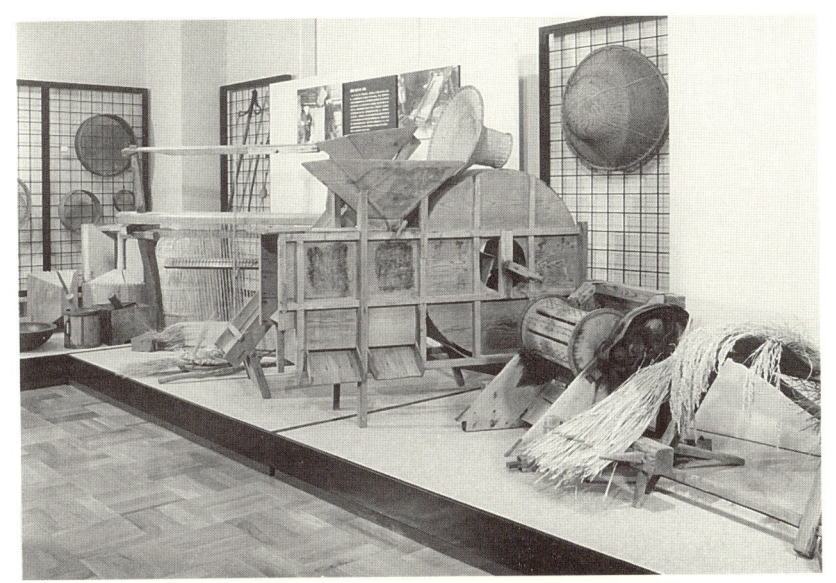

写真9　民俗資料の一般的な展示状態（長野県梓川村郷土資料館）

写真10　民俗資料に映像・情景模型を加えた三連展示（横浜市青葉区田奈　まちづくり館）

具体的には，民俗資料などの明示に適する新しい展示方法と考えるものである。

　一般的にもっともわが国で数の多い，歴史・民俗資料館タイプの博物館において展示されている民俗資料の中でも，漁業・農業・林業などの生産民具類は日常生活用具類と比較して，展示に至っていない傾向が強いと見受けられる。

　たとえば，養蚕に関する民具類が多数展示されていても，何をどういうふうに，何の目的でどういうふうに使用したかといった基本的な情報すら，いくらこれを熟覧していても，一向に伝達されてこないのが現状の博物館展示であろう。米作農業にしても炭焼きにしても同様である。

　そこでより理解を増進させるために，たとえば，米作農業であれば，稲の刈り入れから脱穀・籾摺（もみすり）に至る，米作りの中でももっとも工程が錯綜し，かつ，そこには今日では民俗資料となった数多くの道具類が介在するものであり，その工程を展示するとすれば，まず第1に当該工程で使用された民具類を工程順序に添って展示し，さらにこれらの道具類を使用する様子を，20分の1程度の縮小模型で作製する。

　なお，この模型は，個々の道具の使用を一つずつ模型化するのではなく，集合としてとらえた情報再現模型でなければならない。たとえば情景としては，前庭を有する農家とそれに続く水田が何枚かあり，1枚の水田には稲が頭をたれて実っており，次の水田は今まさに稲刈りが行われている。また，となりの水田では稲刈りが終了し，ハゼに稲が干されている。さらにまた，そこには子どもたちが田螺（たにし）取りに興じている様を表現することも，博物館的アミューズメントとして必要である。

　そして，農家の庭には千歯（せんば）こぎによる脱穀や唐箕（とうみ）による籾とゴミのふき分けや，筵（むしろ）にエブリを使用した籾の乾燥等々，やや離れたところでは乾燥が終了した殻取りである籾摺をはじめ，穀粒の選別作業や俵詰めにいたる様子を模型化する。

　これは，あくまで模型であって道具使用の模式とするものであるから，厳密性は必要ない。また，ジオラマ化するべきものでもなく，鳥瞰を必要とし，360°すべての角度からの見学が可能であることが好ましい。

　そして，さらに本展示の周辺でなければならないが，一次映像による映像展

示を行うことにより，一次資料である民具類の内蔵する学術情報の伝達が，従来の民具のみの展示よりもはるかに確実になるものと確信する。

G 展示課題による分類

ジオラマ

見せ物興行としてのジオラマは，明治7—8年（1874〜75）頃わが国へ舶載され，正式なジオラマ館として浅草公園に建設されたのは明治22年（1889）である。続いて24年には神田錦町にオープンしたパノラマ館の中に，四コマのジオラマが併設されることにより，広く日本人の知るところとなった展示物であった。一方，博物館展示としての生態ジオラマに着目，理論を展開したのは明治32年（1899）の箕作佳吉[22]を濫觴とし，ついで黒坂勝美[23]や谷津直秀[24]であった。こうしたジオラマ展示論が熟したともいえる大正元年（1912）に，通俗教育館においてわが国初の博物館展示としての生態ジオラマが登場した。当該ジオラマの具現者は，当時通俗教育館の主事であった棚橋源太郎その人であった。

棚橋は，昭和5年（1930）に著した『眼に訴へる教育機関』[25]で，ジオラマを「組み合わせ陳列」なる用語を使用し，「ヂ（ジ）オラマ式陳列」と同義語にあてている。ついで，昭和25年（1950）刊行の『博物館学綱要』[26]では，「集団陳列（Group Exhibition）」・「原地集団陳列（Habitat Group Exhibition）」なる用語を用い，集団陳列法の中でもっとも進歩したものをジオラマ式陳列に比定している。

次に，ジオラマ展示の博物館展示上の特質については，ジオラマ展示論の嚆矢である箕作は次のように記している。

　　例ヘバ鳥ノ如キ剝製ノモノヲ棚上ニ置クヲ以テ足レリトセズ其自然ニ生活スルノ状態ヲ示シ海岸ニ住ム者ハ景色ヲ造リ出シテ（シカモ美術的ニ）鳥ノ標品ヲ或ハ舞ハシメ或ハ岩上ニ止マラシメ或ハ巣ヲ営ムノ模様ヲ示シ而ノ雛鳥ノ標品ヲ活キタル如クニ造リテ其内ニ納メ又鴨ノ如キモノナレバ水邊ノ景色ヲ造リテ遊泳ノ状ヲ示シきつつきノ如キモノナレバ樹木ノ幹共ニ之ヲ陳列シテ其樹皮ノ下ニセザル可ラズ此等ノ如キハ唯僅々二三ノ例ニシテ各學科ノ標品ニ付キ普通ノ人ノ見テ以テ快楽ヲ感ジ知ラズ識ラズノ間

写真11 ジオラマ（たばこと塩の博物館）

ニ其標品ノ教ユ可キ智識ヲ吸収スル様ニ意匠ヲ凝シテ造リ出サザル可ラズ
…

つまり，箕作はジオラマ展示の展示効果については，楽しみながら容易に展示による情報が理解できるものであると記しているのである。

その後今日に至るまで多くの研究者が，ジオラマ展示の特質については，「楽しみながら容易に理解でき，多量の情報を伝達し得る展示形態である」と異口同音に述べているとおり，まさにジオラマ展示の特徴はこの点に尽きるものであったことは確かなのである。

しかし，1971年からの映像展示の出現により，ジオラマが本来有した特徴は影を潜めてきていることも事実である。具体的にはマジックビジョンが出現するに至り，ジオラマが本来有した展示上の特質は凌駕されたといっても過言ではなかろう。

部分パノラマ展示

パノラマは本来360°の風景画を背景に有し，手前に事物を配した鳥瞰スタ

イルを呈するものであるが、全周ではなくジオラマ状に一部のみを取り出したものを部分パノラマと呼称することを提唱するものである。

今日、これらの多くはジオラマと混同され、実際にジオラマと呼称されていることも事実である。ジオラマとパノラマの相違は次の点に要約される。両者の決定的な違いは視点である。一視点により遠近法が形成されているものがジオラマであり、広角性ゆえに多視点からなるものはパノラマである。一視点からの遠近法を形成しうるには、原則的には開口部を直径とする半円の背景を有さねばならず、この点がジオラマの形状の上での最大の特徴となる。一方、パノラマは、背景は大きなアーチもしくは直線的であることを特徴とし、両者は区別されねばならない。

建造物復元（移築）展示

建造物復元（移築）展示は、単独あるいは集合によって、それぞれ単独建物復元（移築）展示と町並復元展示の二大別からなる展示形態名称として、提唱するものである。

写真12　建造物復元（移築）展示（滋賀県立琵琶湖博物館）

本展示形態の概念は，まず実寸大であることを基本とし，建造物の外観を重視した展示である。この意味で次項で述べる室内復元（移設）展示（時代部屋）とは異にする。また，建造物復元（移設）展示と命名したが，単に建造物自体を直截に指すものではなく，外観を伴う建造物に諸々の資料が組み合わされている構造展示であることを基本とするものである。つまり，農家が一見復元もしくは移設されていたとする。それだけでは，大型の一資料の展示物に他ならない。本展示の場合は，当該復元（移築）農家の入口付近には鍬や鎌が懸けられ，その下には背負子や籠類・筵などが置かれ，勝手口には水甕や焼酎甕などが，さらに四周のそこここには薪がうず高く積まれ，斧や鉈・鋸が纏めて置かれていたり，梯子が外壁に固定され，その上部には大八車の車輪が収納されているなどの，いわゆる情景展示が介在することを最大の要素とするものである。

かかる観点で，建物が単体ではなく集合体の場合を町並復元展示と呼称するものである。実例としては，広島県立歴史博物館における草戸千軒の復元展示や川越市立博物館の商家の町並展示，さらには江東区深川江戸資料館・台東区立下町風俗資料館等々の建築物の外観とそれに伴う情景を有する展示があげられる。

室内復元（移設）展示（時代部屋）

前項の建造物復元（移築）展示は，建築物の外観にウェイトをおく展示形態であるのに対し，本室内復元（移設）展示はあくまでも室内を展示空間と限定し，種々の資料の構造展示による情景を再現した展示形態で，従来より呼称されてきた時代部屋と同義語である。呼称の変更を試みた理由は，展示の意図は同一なのであるが，近年において博物館が大型化するに従い室内の呈出のみに留まらず，前述した建造物の外観も加わった展示が出現したり，「時代部屋」なる呼称の範疇を逸脱したため，内と外の区画をもって改称を試みたものである。

そもそも，時代部屋なる呼称の祖形は，棚橋源太郎が集団展示を「原地集団陳列」と「時代陳列室」に二分し，前者を自然史系，後者を人文系の展示に当てはめ呼称した[27]ことにはじまる。

写真13　室内復元展示（時代部屋）（滋賀県立琵琶湖博物館）

歴史展示

　歴史展示は，一般に歴史系博物館における展示であるといえようが，必ずしも歴史系博物館のすべてが歴史展示ではない。また，歴史思想や歴史観に基づく展示を直接的に意図するものであるから，自然系博物館や理工館においても展開しうる展示形態なのである。

　たとえば，内藤記念くすり博物館は，薬学に関する博物館であり理系の分野に属するものであるが，薬・薬学の歴史をも含むものであり，本歴史展示の形態とも看取されるものである。

科学展示

　本展示は，人文科学以外の諸科学的思想に基づく展示形態を指す。歴史展示の場合と同様に，自然系・理工系の博物館に限定される展示形式ではない。「組み合わせ展示」の項で例としてあげた回転式離頭銛自体は，縄文時代の所産で縄文人が関与した歴史資料であることは明白であるが，機能を明示する目的意図を持った展示を実施した場合，それは科学展示となる。また，歴史資料

であり美術資料でもある日本刀を展示する場合においても、種々の展示意図、すなわち展示の切り方がある。形状の特性や変遷・刀工の特性などを主眼とした展示であれば、歴史資料を媒体とした歴史展示である。しかし、鍛造技術や玉鋼の組成に目的が置かれた場合は、科学展示となろう。周知のごとく旧ドイツ帝国が日本刀の組成研究よりモリブデン鋼を生み出し、タイガー戦車を生産しえたことは、日本刀という歴史資料の歴史的研究ではなく、明らかに科学的研究に負うものであったのと同様であるといえよう。

比較展示

比較、分類はおよそ学問における基本的研究方法である。とくに"もの"を媒体とする博物館において、比較は通常的研究方法であると同様に、博物館展示にも共通するものである。多様性を有する資料を比較することにより、共通性や特性を見出だすにはきわめて合理的方法であるといえよう。

同様に、見る者にとっても比較はもっとも視覚により理解しやすい形態であり、博物館展示の基本形態ともいえよう。

H 展示の多面・多重性による分類

二元展示 (Dual arrangement)

二元展示は、厳密には「資料の二元的配置」であり、本展示の名称は1950年に棚橋源太郎がその著書『博物館学綱要』[28]の中で初めて使用し、ついで1953年の『博物館教育』[29]においても展開されているものである。

　　　　資料の二元的配置　博物館が目指す事業に、教育と研究との二大分野の存在する以上、これが目的達成のため全蒐集資料を、学者専門家の研究に資する研究資料と、児童生徒や一般大衆の観覧に供するための陳列資料との、二つに分離しなければならないのは当然である。而して研究資料はこれを貯蔵室に収容し、陳列資料はこれを陳列館に展示すべきである。この資料の二元的配置 (Dual arrangement) は、独り大規模の博物館ばかりでなく、小規模の博物館と雖も必ず実施しなければならない。

　　　　博物館に於ける研究設備の王座を占めるのは、何といっても研究資料の貯蔵室である。この問題に就いては前にも触れて置いたが、このやうな研

2　分類と形態―展示論史的考察―　61

写真14　比較展示
（上　滋賀県立琵琶湖博物館）
（下　鹿児島県立博物館）

究資料は自然其の品数や分量の増大を来し，これを束ねて仕舞込んで置く訳にはゆかないのであるから，出来るだけ場席を取らぬやうにこれを保存する方法を講じ，必要に応じて直に取出すことが出来るやうにしなければならぬ。殊に形の小さいものは曳出に入れるか，又は箱や缶の内へ容れ，或は棚を吊って排列するやうにし，又絵画，写真，図表の類は適当に表装し，戸棚に縦又は横に仕切を設けるか，或は浅い曳出を造って出し入れに便利な場所に保管し，表装のない薄いものは，帙，畳紙等の内に保存するやうにすべきである。貯蔵品中，形の大きいものは一般に陳列館に陳列すべきであるから，貯蔵室としては，問題にするに及ばない。(『博物館学綱要』)

　資料の二元的排置　同博物館（サウスケンシングトンの博物学博物館）にはいろいろな優れた点があるが，その特色の一つは資料の二元的排置（Dual arrangement）を逸早く実施したことである。二元的排置は米国ハーバード大学の比較動物学博物館の創設者で，且つ館長であった有名な生物学者アガシス博士がすでに1860年代に提唱したもので，博物館の資料は専門の研究者学生のための研究資料と，大衆の観覧のための陳列資料との二部に分つべきであると強調されたのである。この意見を実地に行ったのは，サウスケンシングトンの博物学博物館である。同博物館の建築は1873年に着手されたものであるが，二元的排置のため中途で模様替をして，陳列室に予定されていた若干の室を研究者のための貯蔵室研究室などに振替えたものである。同館はこの二元的排置によって，収集品の大部分を資料の貯蔵室へ廻し，陳列館には精選された少数代表的なものだけを，十分の余地を残して興味のあるよう陳列することが出来たので，観衆をして徒らに倦怠を覚えしめるようなことがない。美術館で二元的排置を，比較的早く実施したのはボストンの美術館である。この排置は科学や美術の博物館ばかりでなく，歴史の博物館にもまた等しく必要な施設である。なお研究室研究資料貯蔵室の設備については，後章さらに述べるところがあろう。
(『博物館教育』)

棚橋のいう二元的配（排）置は，従来の展示室における展示のみではなく，それに収蔵室を展示に供するとする，二つの場所での展示を二元展示であると

する考え方である。

　ここで重要なことは，展示場所の違いが見学者の知識レベルの差異に直結している点である。棚橋が明記するように，学者や専門家の研究に資するための資料と，生徒や一般大衆の観覧に供するための資料との分離による展示，つまり，博物館展示に望まれる基本要件の一つを解決しようと試みたものであったと評価できよう。

　また，収蔵展示の併存は見学者の潜在意識と合致するものである。つまり，見学者が，博物館に対し抱いている基本的なイメージは，幕末期にミュージアムの対訳として使用された"百物館"・"博物館"の訳語からも窺い知られるごとく，珍奇なものや古いものが所狭しと収蔵されているイメージである。すなわち，実物資料が数多くあることが博物館の決定的要素であるともいえるのである。ゆえに，今日の新設館の多くは，種々の展示技法を駆使し確かにきれいではあるが，何かもの足りない，見学後も何も残らぬといった奥行きのない展示が横行している傾向が感じられることとなる。この点は，実物資料展示の乏しさの一言に尽きるであろう。この点が充実されない限り，利用者側の心理としては何かもの足りなく，頻度が増加すれば，不満を通り越し，詐欺だといった被害者意識すら生じて来るといっても過言ではなかろう。またこのことは，広義の自然界の展示においても必要とされる要件であり，博物館展示においても忘れてはならない点である。すなわち，植物が色とりどりの花を咲かせるといった広義の展示行為は，昆虫に対しての注意の喚起に他ならない。しかし，どんなに美しい花で昆虫を呼び止めても，それだけでは受粉には至らないのである。つまり，昆虫が真に欲する蜜が必要であり，博物館展示における見学者にとっての蜜は実物資料であることは，前述したとおりである。それも，蜜は多ければ多いほど良いのである。

　かかる観点より，収蔵展示の併存は必要とされる展示形態であると考えられる。ただ，棚橋のいう収蔵庫との二元展示ではなく，展示室において実施されることが好ましい。

二重展示（Double arrangement）
　この棚橋の提唱する見学者の知識レベルの差異を考慮に入れた二元的配列に

対し、新井重三は1958年に二重展示法（Double arrangement）[30]を提唱し、1963年には愛知県鳳来寺山自然科学博物館においてその理論を実践した[31]。

博物館の展示については前述した7つの重要な問題点が、その対立した、あるいは矛盾した立場をとって存在している。従来、夫々の博物館に於いては、これらの問題点については十分認識していながらも、個々の問題が起きるたびに適当に処理していた感がある。ために展示室には色々な形態、目的、内容のものが雑居しており、展示の統一は乱れがちであり、博物館の管理、指導の上からも、また利用者の便の上からも、多分に支障があったものと推察される。

筆者は既に、Double arrangement（二重配列）について述べたことがあるが、前述した問題を解決する方法の一つとして、ここで再びDouble arrangement（二重配列）を提唱したい。それが、どういうものであるかについては詳述を避けて、具体的に表示して説明する。博物館資料、なかんづく、標本のおかれている場所によって、図示すれば、Double arrangementの位置は次のようになる。

　　　研究室
　　　標本保管室

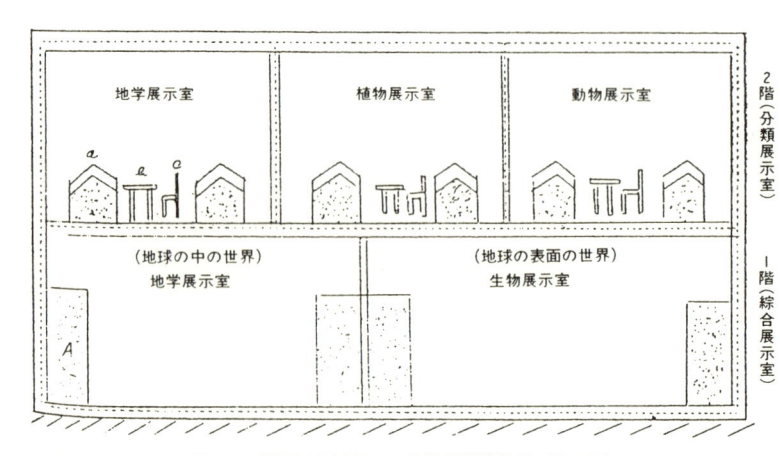

図1　二重配列を採用した自然科学博物館（断面図）
（新井1958「博物館における展示の基本的な7つの問題点とその解決策」『博物館研究』Vol. 31, No. 3）

分類展示室
総合展示室
Double arrangement

　つまり，棚橋のいう二元展示は標本保管室と展示室においての二か所の展示という意味での二元展示であったのに対し，新井は標本保管室ではなく，あくまで二つの展示室での展示であり，そしてそれらは分類展示室と綜合展示室によって構成されるという二重展示であった。

三重展示（Triple arrangement）
　この新井による二重展示は，効果的展示方法として各地で実践されていく中にあって，1977年加藤有次[32]は新井の二重展示に，テーマ展示をさらに加味した三重展示（Triple arrangement）を提唱した。その理念は次のごとくである。
　　展示活動の基盤となるものは，その博物館の研究体制およびその内容によることは前述のごとくである。したがって，博物館の展示部門の構成は，その機構を内からみた場合，研究部門がその中核となり，その成果が各専門分野の基礎的な展示として分類展示部門，つぎにその学術専門分野（人文科学系・自然科学系）別，あるいは学問の交差する領域の研究成果が一つのテーマとして展示する部門，さらに諸学術部門からの総合的な研究テーマより郷土地域と人間を理解するための総合展示部門の，三つの部門をもって構成される。このように展示は，博物館の研究発表の場であり，あくまでも研究から教育への体制を必要とし，この三部門には互に相関性をもたさねばならない。
　　……
　　博物館の利用者の側である外からみた場合になると，展示内容（たとえば教育普及性から専門性への段階）は，その程度の次元を異にすることになる。したがって，これに段階をつけると，総合展示部門は第一次展示，テーマ展示は第二次展示，分類展示は第三次展示ということになる。これを展示におけるTriple arrangementという。（229頁の図1，230頁の図2を参照）
　加藤のいう第二次展示であるところのテーマ展示とは特別展を指すものであり，期間的にも短期間の展示を指すものであった。

新しい二元展示の提唱

　二元展示・二重展示・三重展示に関する概要と経緯は以上のごとくであるが，二元展示・二重展示においても，その基本目的は博物館教育の最大の難点とも称せられる，見学者のそれぞれの分野に対する知識が一定でないために，一つの展示では基本的に無理がある点を，少なくとも内容の異る二つの展示で上述の点をカバーしようとするものであろうと考える。棚橋の二元展示でいうところの，展示室での展示と保管室での展示，新井の二重展示で明示するとともに展示室内での綜合展示と分類展示といった2種の展示は，基本的には二つの展示という同一理念による所産とみなせよう。

　筆者も，実は二元展示という展示形態を以前より使用している[33]。ここで称する二元展示は基本的には棚橋の提唱する二元展示と同様であるが，保管室・収蔵室での展示ではなく，新井と同様に展示室における二つの展示であり，ある意味では新井の提唱する二重展示に近いかもしれない。二重展示は，綜合展示と分類展示の両翼により形成されているが，筆者の意図する二元展示は概説展示と収蔵展示とで構成される。収蔵庫ではないが収蔵状態を見せるのである。

　この収蔵展示の目的は，前述のように，一般に博物館に対して抱いている基本的な一つのイメージは，「博物館」なるその名称が示すごとく，博物館にはたくさんの古いものや珍奇なものが所狭しと羅列されているといったイメージである。しかし，収蔵庫は資料保存の観点より見学者の入庫による観覧に供することはできないことも事実であるから，収蔵庫を彷彿させる収蔵展示を同一展示室において併存させようとするものである。ここで肝要な点は，収蔵庫といえども分類がなされて配架されている訳であるから，収蔵展示にも当然分類がなされているという点である。

　しかし，新井が定義するダブルアレンジメントの一翼を形成する説示型の分類展示であってはいけない。繰り返すが，あくまで資料がたくさんあるといった博物館らしさを必要とすることと，当該分野に対する有識者を基本的に対象とする展示であるから，あくまで提示型の収蔵展示でなくてはならないのである。

　換言すれば，概説展示と収蔵展示の両翼から形成される二元展示は，一方で概説展示は説示型，収蔵展示は提示型であるべきであると考える。さらにまた，

概説展示は総合展示であることが望まれよう。

I　見学者の知識レベルの差異による分類

　博物館展示の根本的な難しさの一つは，見学者の知識レベルが一定ではない点である。通常の概説展示では，当該事象に対し専門的知識を有する見学者にとっては不満足であることは否めない事実であろうし，また逆に，当該事象については余り知識を持たぬ見学者にとっては，専門的展示は難解過ぎることにもなろう。

　このジレンマを解決すべく考案されたのが，前項で記した棚橋が指摘した二元展示であり，新井による二重展示論であった。二重展示は，総合展示と分類展示の二展示により形成されるものと定義しているのに対し，筆者のいう新しい二元展示は概説展示と収蔵展示であることは前述のとおりである。

概説展示

　概説展示とは換言すればあくまで入門展示であり，説示型展示を基本とし，総合展示も単一学域展示・複合学域展示もあるのである。さらには，能動態展示・動態展示・映像展示・時間軸展示・構造展示・ジオラマ展示・室内復元（移設）展示・歴史展示・比較展示等々が介在するのである。

　つまり，趣旨より希求されるものは総合展示ではなく，入門的な概説展示なのである。なお，概説展示が総合展示であることは好ましい。

収蔵展示

　有知識者に対しては，提示型展示そのものである収蔵展示であることに尽きる。収蔵展示はもちろん分類がなされた結果であるから，新井のいう分類展示と同義とも看取されるが，分類により抽出された資料の展示ではなく，原則的には分類されたすべての収蔵資料を展示するのである。見る者にとっては，もっとも難易度の高い展示であることは確認するまでもない。同時に不親切という意見もあるかもしれないが，不親切と感ずる見学者には概説展示が用意されているのである。しかし，それを希求する有知識者は多いことも忘れてはならない。また，頻繁に博物館を訪れる利用者の多くは，本形態の展示を望んで

68　Ⅱ　展示の分類と形態

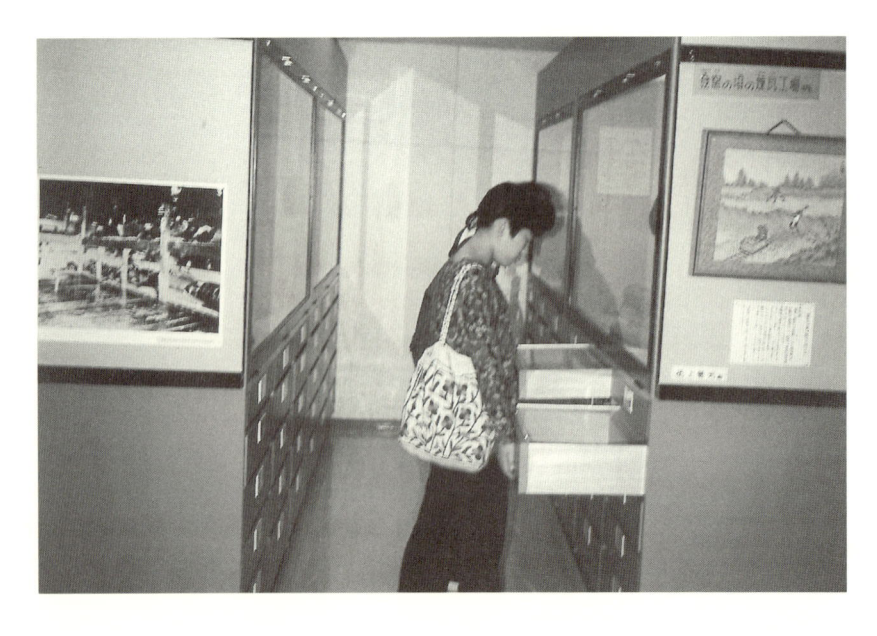

写真15　収蔵展示
（上下　北海道開拓記念館）

いることも明白である。
　かかる観点に立脚した場合，収蔵品の優劣が博物館の良否を決定づける要となることは確認するまでもない。博物館の骨格は収蔵品であることを忘れてはならないのである。

J　展示場所による分類
屋内展示
　建造物の屋内にしつらえられた展示室を主とし，場合によってはエントランスホールや廊下，階段の壁面および踊り場などに展示される形態を指す。わが国ではもっとも多い一般的な展示形態であり，箱（建物）を建てることが博物館を建設することであると誤解されている所以でもある。

屋外展示
　屋内に対し，屋外に展示される形態を直截に指す。屋外展示に供される原因は，屋内より屋外の方が展示環境上適している場合や，資料の法量が大き過ぎ屋内に持ち込めないことである。
　したがって，資料の保存上での性格は，直射日光・風雪・温度などが損壊原因とならない資料に限定されることは確認するまでもなかろう。
　利点としては，屋外であるゆえに自然光下で視認できる点である。わが国の多くの博物館展示室の場合，一様といっても良いほど窓がなく外光を遮断しているため，人工照明に委ねられているのが現状である。それも複数の光源による照明であるため，自然光のごとく一方向からの影ではなく，錯綜した不自然な影を生む結果となり，資料形状の視認が困難となるのである。とくに微細部分に至っては，場合によっては肉視しえない場合も多かろう。自然光による観察には，味わいがあるのである。同一資料であっても，季節・時間・天候によって表情が異るのである。

野外展示
　上記の屋外展示は，核となる屋内展示があり，それに諸々の事情により屋外に展示が実施されるのが基本形態であるのに対し，当初から野外を展示空間と

II 展示の分類と形態

写真16 屋外展示（鹿児島県立博物館）

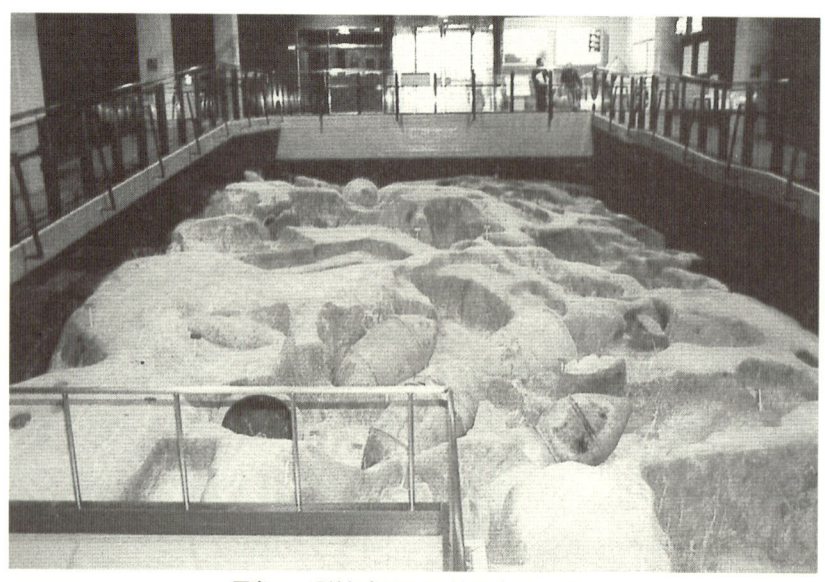

写真17 現地保存型展示（金隈遺跡資料館）

定めた展示形態であり、野外博物館と呼称される博物館が特有する展示である。

野外展示は、現地集団型と移設収集型に大別される。前者は遺跡や町並・集落、植物群落などが所在する現位置において保存し、博物館意識を介入させるものである。したがって、現地保存型野外博物館においては、現代博物館を決定づける四大機能の中の収集機能が基本として存在しないことも一つの特徴である。

一方、移設収集型野外博物館は、呼称が示すとおり建造物や遺構などを現位置より離脱させ、一か所に纏めて博物館機能を持たせる形態である。

わが国においては、野外展示を有する野外博物館はきわめて少なく、またそのほとんどが民家と遺跡に代表される。

移動展示

端的に表現するならば、博物館の出前である。

博物館が、所在する当該地域内の公民館や市民会館といった生涯学習施設と協力して、一定期間の単位で展示を実施するものである。

巡回展示

本展示は、上記の一定会場における一定期間とは異り、バスなどの大型車両を改造し展示車両として学校・老人ホーム等々を順次巡る形態である。ただ今日では、企画されたある展示について、博物館やその他の生涯学習施設を巡回していく形態について、当該呼称が使用されているのも事実である。

K 展示期間による分類

常設展示

博覧会と博物館が区別される最大の理由は、展示の常設性があるか否かであるところからも明確であるように、博物館を決定づける最大の要因は恒久性のある展示、すなわち常設展示に他ならない。

特別展示・企画展示

恒久的な展示ではなく、一定の期間を設定して実施される展示であり、両者

には明確な区別がなされるものではない。おおむね開催期間が長く予算計上の多い方を特別展示，その逆が企画展示と呼称されることが多いように見受けられるが，実際は実施する博物館によって使い分けられているのが現状である。

新着展示

新収蔵品展などと呼称されることの多い展示形態であり，当該年度に収集された資料を公開する意味で実施されるものである。

〈注〉
1) 佐々木朝登 1990「展示」『博物館ハンドブック』雄山閣
2) 倉田公裕 1979『博物館学』東京堂出版
　倉田公裕・矢島國雄 1997『新版　博物館学』東京堂出版
3) 前田不二三 1904「學の展覧會か物の展覽會か」『東京人類學会雑誌』第19巻第219号
4) 木場一夫 1949『新しい博物館』日本教育出版社
5) 鶴田総一郎 1956『博物館入門』理想社
6) 林　公義 1978「展示」『博物館概論』学苑社
7) 富士川金二 1980『改訂・増補　博物館学』成文堂
8) 新井重三 1981「展示の形態と分類」『博物館学講座』第7巻　雄山閣
9) 注1) と同じ。
10) 棚橋源太郎 1930『眼に訴へる教育機関』寶文館
　　〃　　　 1950『博物館学綱要』理想社
11) 注8) と同じ。
12) 棚橋源太郎 1930『眼に訴へる教育機関』寶文館
13) 棚橋源太郎 1950『博物館学綱要』理想社
14) 青木　豊 1997『博物館映像展示論』雄山閣
15) 坪井正五郎 1889「パリー通信」『東京人類學會雑誌』第5巻第6号
16) 注8) と同じ。
17) 注5) と同じ。
18) 注6) と同じ。
19) 梅棹忠夫編 1980『博物館の世界』中公新書567
20) 筆者は，映像を一次映像と二次映像に区分し，それぞれ一次資料と二次資料に相当させている。したがって，一次映像であるところの一次資料も含まれる。

21) 青木　豊 1996「博物館に於ける映像展示の研究」『國學院大學博物館学紀要』第 20 輯
22) 箕作佳吉 1899「博物館に就キテ」『東洋学芸雑誌』第 215 号
23) 黒坂勝美 1911『西遊二年　欧米文明記』分會堂書店
24) 谷津直秀 1912「活気ある博物館を設立すべし」『新日本』2-2
25) 注 12) と同じ。
26) 注 13) と同じ。
27) 注 13) と同じ。
28) 注 13) と同じ。
29) 棚橋源太郎 1953『博物館教育』創元社
30) 新井重三 1958「博物館資料の展示法とその形態について」『博物館研究』第 31 巻第 10 号
31) 新井重三 1963「Double Arrangement System の採用―鳳来寺山自然科学博物館の完成―」『博物館研究』第 36 巻第 2・3 号
32) 加藤有次 1977『博物館学序論』雄山閣
33) 青木　豊 1994「集客力のある博物館の基本要素」『ミュージアム（テーマ館・展示館）施設化計画と事業運営資料集』綜合ユニコム

〔青木　豊〕

III 展示設備（展示装置・展示備品など）

はじめに

博物館の展示は，調査，収集，蓄積し，研究してきた資料や事象などを学術的な科学性と教育的な配慮のもとに情報化し，これらを一般に公開することで利用者や社会のニーズに応じるものである。

今日の展示には，これらの資料，事象などを分かりやすく情報化し伝えるとともに合理的，効果的に情報を装置化（メディア化）することが求められる。展示メディアには，視覚や聴覚，触覚，臭覚など五感に訴える特性を備え持ったものや，参加性，保存性，鑑賞性などといった観点から効果を発揮するものなど，それぞれに特色や持ち味があり，メディアの特性に見合った採用，導入が望まれる。すなわち，この内容でこのシーンなら，このメディアといったような選別と仕分けが展示計画の過程で，また全体的な観点からなされる必要がある。

さらに，ランニング時における運営予算の規模・編成，人員配置の態勢などを配慮し，メンテナンスにかかわる装置・備品の修理，保守点検，情報の更新，交換などが，博物館内部でまかなえるものとするか，展示制作会社へ委託するのかなどの検討，判断も事前に行っていることが望ましい。

1 展示ケース

博物館の展示ケースは，資料を保存し同時に公開するという，いわば二律相反する課題を背負わされている。しかも，その仕様や機能によっては，他館か

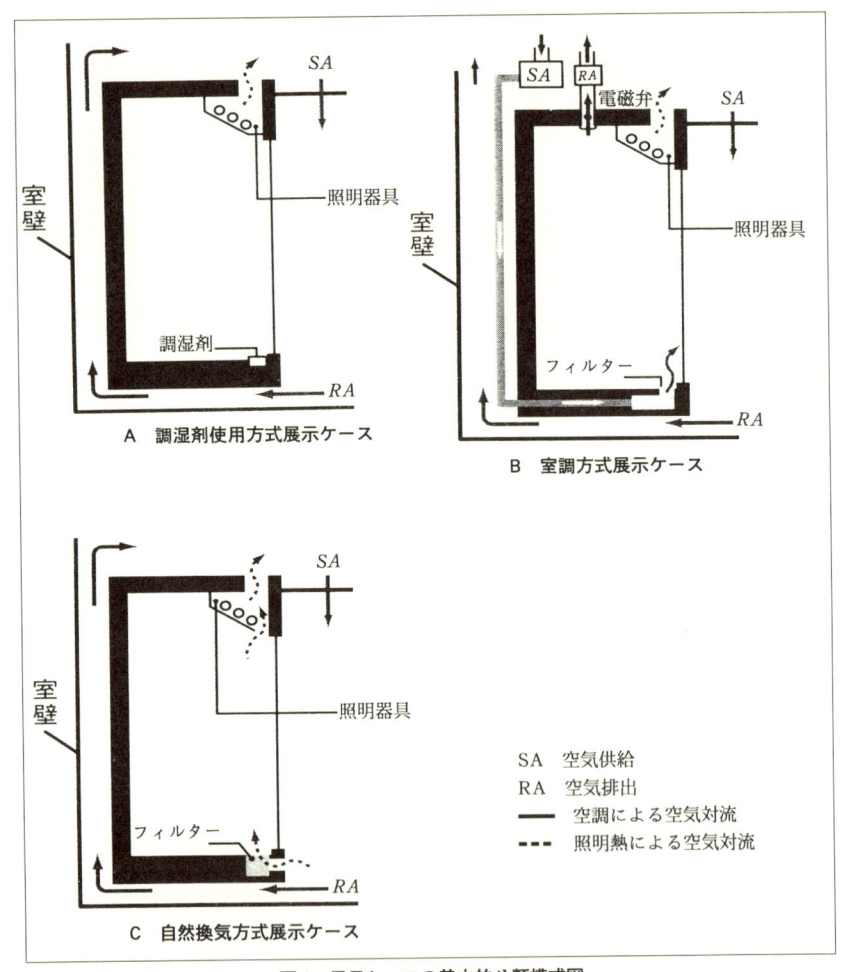

図1 展示ケースの基本的分類模式図

　らの借入れ資料や国宝・重要文化財クラスの展示が認められないといった，大きな障害を招くことになる。
　いかに資料保存という基本的な機能をまっとうし，優れた鑑賞環境を創出できうるか。建築計画を含めた取組が必要となるが，ここでは，展示ケースの仕様と方式に視点を絞り，文化庁の「文化財公開施設の計画に関する指針」（平成7年8月）に基づいて，展示ケースのあり方を述べ，その事例について触れる。

「文化財公開施設の計画に関する指針」におけるケースの分類は，近年の展示ケースの技術的な動向を反映して，その方式を以下の3タイプに分類・整理している（図1）。

　A　**調湿剤使用方式**
　　密閉度の高いケースを用い，調湿剤で湿度を一定に保つ方式である。
　　調湿剤の管理を適切に行う必要がある。

　B　**空調方式**
　　空調によってケース内の温湿度を一定に保つ方式である。
　　吹き出し口からの風が直接文化財に当たらないように考慮し，かつ恒常的に空調を行う必要がある。

　C　**自然換気方式**
　　自然換気により，展示室内の空気をケース内に導入する方式である。
　　展示室内を恒常的に空調して温湿度を一定に保ち，かつ室内の空気の汚れがケース内に直接流入しないように，フィルターの交換を適切に行う必要がある。

「調湿剤使用方式」は，いわゆる"エアタイトケース"（高精度の機密性を備えた展示ケース）といわれるもので，ケース外の気体流入を遮断することで，ケース外からの温湿度の影響をなくし，そのもとで調湿剤を加減・調整し，良好な保存環境を一定に保とうとするものである。

　この方式の事例として，「東京都江戸東京博物館」の展示ケースを紹介しておく（図2）。

　江戸東京博物館の展示ケースは，エアタイトの特性以外にも，照明器具の取り替えの方法（ケース内に入ることなく外側，前面から取り替えられる仕様）に工夫が施されており，またフロントガラス（ケース正面のガラス）にも飛散防止フィルムを施した高透過ガラスが用いられ，破損したガラス片がケース内の資料を破損したり，観覧者を傷つける危険性を排除したものとなっている。

　「空調方式」は，最適な保存環境をコンピュータ制御などで保つことから，もっとも理想とされるものだが，その反面，機械に異常が発生した場合の方策，24時間空調による金銭的負担などもあわせて講じておく必要がある。機械制

III 展示設備（展示装置・展示備品など）

〈特　徴〉
① 照明器具の前面からのメンテナンス化により展示作業が容易となる。
② 飛散防止ガラスの採用，展示ケースの床固定による防災性能の向上。
③ ケース床面の低床化，手摺の設置による身障者，高齢者などへの配慮・ガラス目地を透明材仕様とし，鑑賞性を向上。

　　高　さ（3,550mm）×
　　間　口（任　意）×
　　奥行き（1,650）

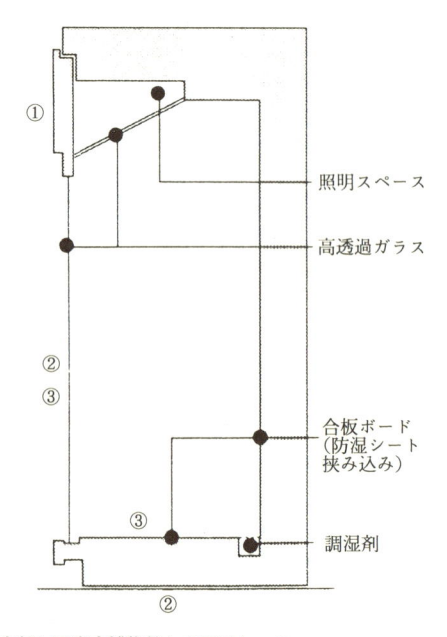

照明スペース
高透過ガラス
合板ボード
（防湿シート
挟み込み）
調湿剤

図2　「東京都江戸東京博物館」の展示ケース

1　展示ケース　79

〈特　徴〉
①30mのロングケースでさまざまな資料の展示が可能。
ガラスの自動開閉によりどこからでも展示が容易。
②空調方式プラスエアタイト方式により展示品の劣化を防止。
空調を止めても湿度の安定が保たれ，急激な温湿度の変化を起こさない。

高　さ（4,480mm）×
間　口（30,000）×
奥行き（1,600）

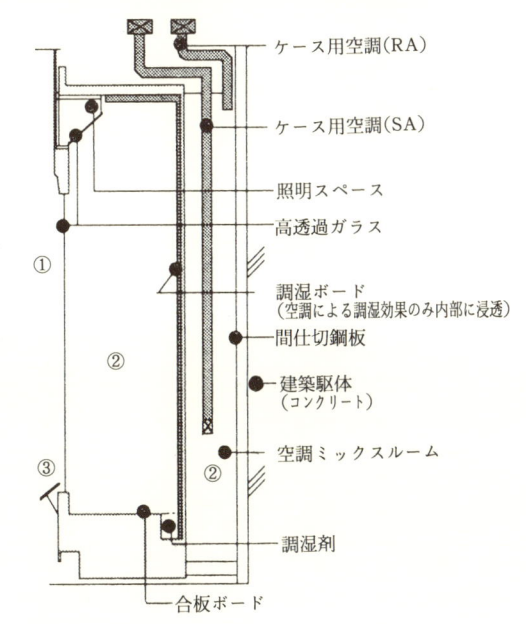

ケース用空調（RA）
ケース用空調（SA）
照明スペース
高透過ガラス
調湿ボード
（空調による調湿効果のみ内部に浸透）
間仕切鋼板
建築駆体
（コンクリート）
空調ミックスルーム
調湿剤
合板ボード

図3　「和歌山県立博物館」の展示ケース

御が機能しなくなった場合や，維持管理費の抑制という経済的理由から，ある一定の時間帯，機械制御から調湿剤による調整という期間をとる併用方式を採用している館も多い。

そういった配慮のもとに「間接的空調方式」を採用した「和歌山県立博物館」の事例を紹介する（図3）。

この事例は，気体を循環させ調整する"ミックスルーム"と呼ばれる気室をケース後背部に設け，展示資料が置かれるケース内前面部とこの気室との隔壁に，調湿機能を備えた壁材（調湿ボード）を設けるもので，空調された気室の気体がこの調湿ボードを通して間接的に展示ケースに影響を与える方式をとっている。この方式を採用することによって，機械空調による気体が展示環境に急激な変化をもたらすことを回避するとともに，機械空調を一時停止した時間帯にも機能が損なわれることなく，また機械の故障などによって生じる非常時にも調湿剤によるエアタイトケースとして対応できるという利点が取り入れられている。　　　　　　　　　　　　　　　　　　　　　　　〔高橋信裕〕

2　造形物

博物館の展示を構成するメディア（装置など）の中で，3次元の世界を構成しうる造形物は，モノ（実物資料）や事件・出来事などの持つ情報を模式的，かつリアルに表現でき，来館者に理解しやすい状況を構築することができることから，博物館誕生当初からの人気のメディアであった。

造形物としては，模型，ジオラマ，パノラマ，レプリカなどがその代表としてあげられる。

A　模型

模型という用語については，複製物（レプリカ）という意味を持たせる場合もあるが，展示の手法では「背景（パースペクティブな描画など）を持たない独立した構造物」であり，かつ「作りもの」として定義されることが一般的であ

る。考古・歴史系博物館においての"竪穴式住居","五重の塔","城郭",民俗系博物館における"民家",自然史系博物館での"恐竜の骨格"などが典型的な事例としてあげられる。対象物が大きいため,縮尺サイズで復元される場合も多いが,建造物では外観だけでなく,軸組みや内部の構造などの詳細が理解されるように工夫を凝らす手法がとられる。背景を持たないことから,四方向から見ることができ,シンボルとしてのアイランド展示(島展示)に取り入れられることが多い。

B　ジオラマ・パノラマ

遠近法を利用した絵画的手法と造形的手法などを組み合わせ,かつ照明効果などを駆使して仮想現実的な,あるシーンを再構成する手法をいう。ジオラマがパノラマと異る点は,あるシーンの一部分を切り取った構図から構成されたものをジオラマといい,鳥瞰的で全景的な構図をとり,シーン全体で一つのまとまりと意味を持つものをパノラマとして,一応の区分けをしている。ジオラマでは,再構成したシーンの中に実物資料や標本などを配置し,時代様式や地域特性,自然生態などを具体的,直接的に表現する方法が多くとられてきている。近年では,博物館の展示空間が容積的にも大規模になってきており,ジオラマといえば,実寸大のものが一般的になってきている。ジオラマ・パノラマともに背景を背負う点に共通項があるが,パノラマについては,背景を背負わない都市模型なども含まれるようになり,いわゆる模型との混同が見られる。

C　レプリカ

実物の複製物をいう。立体複製と平面複製に分けられる。立体複製には,化石や石造物,土器,青銅器などがあげられる。なかでも,対象となる実物資料(元資料)から型取りできるものについては,金属の箔とシリコンゴムなどで型取りし,繊維強化樹脂(FRPなど)で成形後,手彩色を施す。平面複製については,古文書や古地図,巻子本,障壁画などがあげられ,目的や想定するグレードにそって,それぞれコロタイプ,オフセット,シルクスクリーン,カラーコピーなどの印刷技術が用いられる。自館で所蔵している資料についても,実物保存・保護の見地からレプリカを製作し,展示にあてる博物館も見られる。

レプリカの素材や製作技法は，その目的やレベルによってそれぞれ違いがでてくる。外観や形態を重視したレプリカの場合は，前述したように素材や技法は実物のそれにはこだわらず，他の素材（FRPなど）や技法（シリコンゴムや石膏などによる型取りなど）で代用する。資料によっては，学芸員自身で制作できるものもある。製作期間も短期ですむとともに，費用の面でも負担が少なくてすむ。一方，素材・技法とも実物と同じように行う場合，とくに歴史系博物館での資料の場合（甲冑など）などは，専門技術者の確保と余裕をみた工程の設定，十分な予算確保などが課題となる。　　　　　　　　　　〔高橋信裕〕

3　情報の提示装置

A　解説サイン・パネル

　博物館展示における情報の提示は，視聴覚機器が普及した今日であっても，その基本ベースは，解説サイン・パネルが担う。視聴覚機器は，多様なニーズに対応するための情報のストック，選択肢として導入，配置されることが一般的で，情報構成の骨格はパネルワークによって構成される。そこでは，情報の体系化がはかられており，たとえば，コーナー全体のまとめ役を担う大項目情報，コーナーの一分野，一領域を受け持つ中項目情報，その分野，領域の中の個々の資料や事象の解説を担う小項目情報といったように情報がツリー構造化され，整理されている。

　ペーパーやクロス，ボード，金属板などに直接印刷し表現する一般の手法に加えて，内照式（いわゆるアンドン式）のものや発光ダイオードやテクナメーション装置，駆動メカ装置などを組み込み，ボタン操作などによって情報に接する，参加性を加味した装置パネルも見られる。

　近年ではパーソナルコンピュータやプリンターなどの導入によって比較的容易に，デザイン，レイアウト，印刷が可能となってきたことから，博物館職員や学芸員自身の手によるサインやパネル，ポスターなども博物館に見られるようになってきている。解説計画全体の中で，博物館サイドが担う領域（たとえ

ば，ネームプレートなどの取り替えが頻繁に予想されるものなど）を計画段階から，"博物館サイドの装備で対応できるレベルのものとする"などと取り決めておけば，運営の段階でメンテナンスや展示替えがスムーズにはかどる。

また点字や触知板など，ハンディキャップを持つ人々に対する配慮も，解説計画の中で検討されなければならない重要な課題である。

B 視聴覚装置

今日，博物館展示の中で，情報発信の主流を担うメディアといえば，視聴覚装置といえよう。それほど，視聴覚装置は普及し，多用されている。博物館が展示を通して，あるメッセージを伝え，それが利用者に進んで受け入れられるには，メディアそのものも時代性を反映した大衆的なものが望まれる。その意味でも視聴覚装置は，パネルや模型などのメディアを凌ぐ時代性とポピュラー

表1 視聴覚装置のタイプと分類

タイプ	分類	事例
展示室型（「装置の系譜」に入る）	一般展示映像	映像解説装置（展示物の解説，テーマの解説）など
	環境映像	イメージ動画による環境演出
	特殊展示映像	ファンタビュー（マジックビジョン／動画とジオラマ・パノラマなどとの複合演出），デルビジョン（飛びだしたように見える映像装置）など
	映像・音声利用の参加体験装置	パソコンゲーム，シミュレータ装置，インタラクティブ・マルチメディア装置，バーチャルリアリティ装置など
	携帯端末	音声ガイド装置，パーソナル・デジタル・アシスタント（PDA）装置など
シアター型（「ドラマの系譜」に入る）	大型映像	大型平面映像，全天周映像，360°全周映像など
	マルチ映像	マルチスクリーン，マルチビジョンなど
	立体映像	バーチャル3D映像など
	双方向型アトラクション映像	Q＆Aシアターなど
	シミュレーション映像	座席駆動型，カプセル型，ライド（乗り物）型など
	複合演出映像	展劇（展示＋演劇の造語）シアターなど
ライブラリ型	映像ソフト	ソフト検索式ビデオライブラリなど
	所蔵資料データベースソフト	インタラクティブ・マルチメディア装置など
	ネットワークによる利用	インターネット，パソコン通信など

性を持っている。

　また，視聴覚装置と他のメディアとを組み合わせた装置—たとえば視聴覚装置と模型，ジオラマなどの造形物とを組み合わせた装置，視聴覚装置とロボットとを組み合わせた演劇的展開など—も博物館ならではの展示メディアとして開発，導入されている。

　現在，博物館で取り入れられている視聴覚装置のタイプと分類を一覧表としてまとめると，表1のようになる。

C　参加体験装置

　従来は，スイッチボタンを押したり，操作レバーを動かすことで，その展示装置が稼働し，あらかじめプログラムされ，情報化された原理や現象が知識として提示されるタイプの装置が多かったが，近年では，五感や四肢を使って，展示装置に取り組み，その参加度や習熟度の度合いによって，発見や驚き，得た知識の成果が，参加者相互で比較，検討しあえる体験共有重視型の装置が人気を博している。好奇心とチャレンジ精神に訴えかけるこの種の装置は，科学系の博物館に数多く採用されている。装置を媒介に五感を通して，遊びながら科学の知識が得られるプログラムの設定の仕方，姿勢に特色があり，専門の解説員やボランティアなどとのヒューマンな交流を通じての発見・感動との出会いにショー的な展開を加味し，演出する博物館も多くなってきている。これら一連の動きは，展示と普及事業，市民参加活動とをリンクさせる，博物館の新たな試みとして評価されつつある。　　　　　　　　　　　〔高橋信裕〕

4　展示照明器具／演示具

A　照明

　博物館建築では，資料保存の見地から無窓式建築様式が一般的にとられている。そのため，資料を効果的に見せる役割を人工照明が担うことになる。

　人工照明の光源は，大きく二つに分けられる。一つは，"白熱電球"や"ハ

ロゲン電球"に代表される「白熱灯」,一つは"蛍光灯"に代表される「放電灯」である。

「放電灯」は資料に悪影響をもたらす紫外線などを発するため,それらをカット加工した美術・博物館用蛍光灯（ガラス管内面に紫外線吸収膜を塗布したものなど）が要求される。また照明内蔵型の展示ケースにおいては,光源や安定器が発する放射熱が,展示資料に悪影響を及ぼさないよう,照明器具取り付け部分と展示スペース部分とを隔離し,仕切る必要があると同時に,照明器具取り付け部分では光源,安定器などからの発熱を逃がす配慮が求められる。最近では,紫外線や放射熱が光源のもとの部分でカット加工され,照明部の位置を自由に変えられ,一つの光源から多くの照明ポイントが確保できるなどの利点を備えた光ファイバーをケース内照明に採用する事例も見られるようになり,注目を浴びている。

展示資料保存の見地からは,照度の問題もあり,資料の素材や保存状態に見合った明るさの設定が必要とされる（たとえば,国立文化財研究所の推奨基準をあげれば,油彩画は300ルックス,日本画・水彩画は150ルックス,染織,版画は100ルックスなど）。

またその一方で,展示効果を考えた場合,資料にふさわしい光色（色温度）,演色性などを備えた光源の選択も求められる。

B 演示具

以上のほかに,展示のフィニッシュワークに不可欠な「演示具」があげられる。展示資料を固定したり,同じ種類の展示物を比較検討できるようにマス（量）で展示できるよう特製のフレームを用いたり,銘のある壺底の部分を鏡面付きの支持架で示したり,保存・保護と同時に展示資料そのものの鑑賞,見やすさ,イメージなどを演出する重要なツールである。演示具の設計にあたっては,展示資料それぞれについて形態や寸法,素材などが異ることから,一点一点注意深く資料にあたることが必要とされる。

1995年（平成7）の阪神淡路大震災で,この演示具の重要性が再認識されたことは記憶に新しい。

ここで,資料の転倒防止について,演示具を使用しての事例と,近年重要な

文化財展示に対して導入されつつある「免震展示台」について紹介しておく。
 1 振動や衝撃に対して不安定で転倒しやすい形状を持つ展示資料の演示具例

　上部にかかる揺れを押さえるとともに，床面での接触面積を広く確保し，転倒しにくい構造とする。背が高く重心が上方にある大型の陶磁器などの場合，ゴム製の台座で資料を固定した上で，テグスやステンレスワイヤーなどで緊結し，かつ資料を展示台と連結固定させ，重心をより低くした状態で展示する。また，支持架による資料の固定も底面積が小さく，倒れやすい構造の資料には有効である。

 2 免震展示台の機構例

　テグスやワイヤーなどで資料を固定し，鑑賞環境を防げる方法よりも，資料の鑑賞環境を優先させ，かつ非常時の転倒などの事故防止にも配慮した展示方

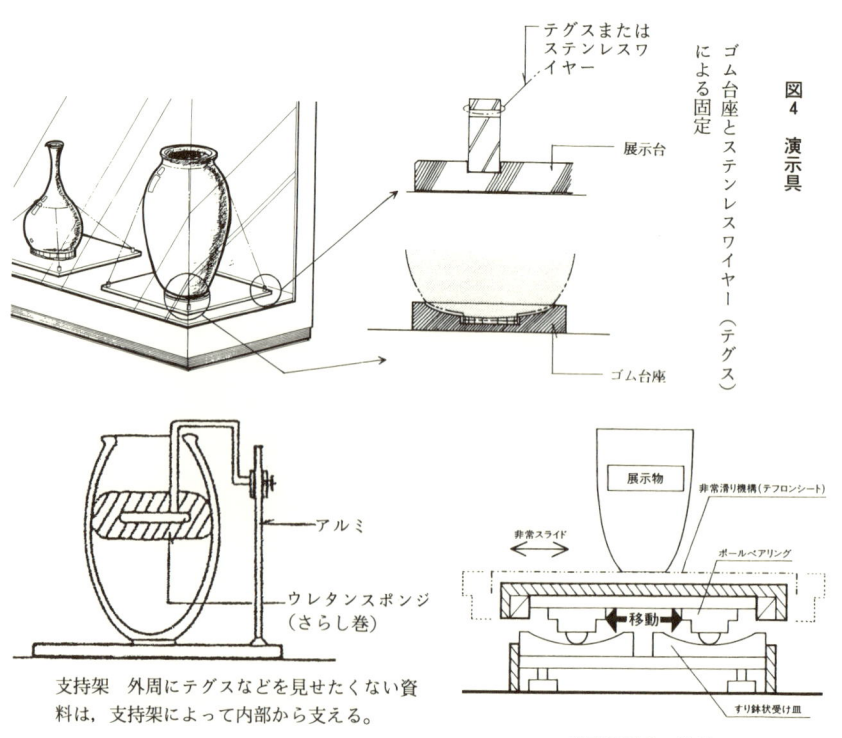

図4　演示具

ゴム台座とステンレスワイヤー（テグス）による固定

支持架　外周にテグスなどを見せたくない資料は，支持架によって内部から支える。

免震展示台の仕組み

法の一つが、この免震展示台の開発である。展示台（ステージ）そのものにメカニックな装置を内蔵させ、ボールベアリングなどの回転移動で振動を吸収し、展示資料にかかる負荷を軽減する機構となっている。

〈参考文献〉
　高橋信裕・森美樹 1995「震災と美術館・博物館の展示」『文環研レポート』6号　文化環境研究所
　田中政彦・亀山裕市 1997「ミュージアムと展示（1）展示ケース」『文環研レポート』10号　文化環境研究所
　日本展示学会「展示学事典」編集委員会編 1996『展示学事典』ぎょうせい

〔高橋信裕〕

Ⅳ 新しい時代の展示

1 博物館展示の概観と近年の潮流

A 概観

　博物館展示の変遷を概観すると，収集，所蔵コレクションの公開という「実物資料・標本などを中心とした展示」を起点に，それらの資料・標本などがどのような社会環境や時代様式，自然生態環境のもとで機能，役割を発揮してきたかを一目のもとに知らせる「環境再現を重視した展示」（いわゆる"時代室展示""生態展示"といわれるもの）へと移行し，ついで展示情報が，より詳細で多様，そしてマス（集団）対応もでき，パーソナル（個人）対応もでき，かつ他のメディアとの組み合わせもできるという幅広い機能を持つ「視聴覚装置を取り入れた展示」が，大きな潮流を形成するようになる。
　さらに博物館の展示が，機械装置による知識・情報の一方的な伝達，提供にその存在意義を求めるのではなく，知識や情報を得ようとする行為そのものに重きを置き，そこでの人間的な交流，触れ合いを通じた共感やコラボレーションの情動こそが博物館展示のあるべき姿ではないか，との考え方のもとに「参加体験と交流を基本に置いた展示」が，とくに子ども科学館系の博物館で取り入れられるようになった。"参加体験型展示"，"ワークショップ"，"ハンズ・オン"などと呼ばれるもので，展示と普及活動との連動，市民の博物館活動への自主的な参加と取り組みに博物館の新しい姿を見ることができよう。
　このほか，展示手法ではないが，「地域の景観や環境を保存・活用する展示」が"エコミュージアム"，"街角博物館"，"グリーンツーリズム"，"エコツーリ

ズム"などとの関連のもとに博物館の概念に新たな地平を拓こうとしている。

B　近年の潮流

　ここで，もう少し詳しくわが国の博物館展示の変遷について目を向けてみよう。

　今日のわが国の博物館の展示デザインのルーツは，大きく二つのタイプに分けられる。一つは，1971年（昭和46）にオープンした「北海道開拓記念館」であり，一つは，1977年（昭和52）に開館した「国立民族学博物館」である。この2館が，その後に新設された博物館の展示に大きな影響を与えてきた。「北海道開拓記念館」の展示は，"総合展示"と呼ばれる考え方にそって構成されたものであり，一方の「国立民族学博物館」は，"構造展示"と呼ばれる展示理念で構成されている。

　ここ約20年の博物館展示は，これら"総合展示"と"構造展示"の間を行き来しながら，それぞれの独自性を発揮してきた。

　"総合展示"の特色は，展示がテーマ（課題）を持つことにある。そして従来の実物鑑賞至上主義から，伝えようとする情報を意図的に編集，構成し，物語りとして来館者に提示する点にある。そのため，テーマを伝える伝達メディアが前面に現れやすいという特色を持ち，実物資料さえもテーマを伝える一素材としてパネルや視聴覚装置，模型，ジオラマなどとほぼ同等に位置づけられる。したがって，"総合展示"は，実物を含む種々の展示メディアの組み合わせとその配置，デザインに展示の個性が発揮されることになる。

　"構造展示"の特色は，展示がテーマを持つことについては，"総合展示"と同じであるが，そこに形態としての一種のスタイルを確立している点に違いがある。すなわちテーマを物語る実物資料があり，そこにそのモノが置かれていた背景が写真などで加わり，さらに，その回りに関連事象が配される。モノ―背景―関連事象というセットでテーマを浮き彫りにしようという考え方である。また，その一方で"構造展示"は，グリッド（格子）システムといわれる単位空間を備え，展示の増殖および縮小がこの単位を基準にはかられる。いわば，展示を構成する"場"や"空間"のイメージを予見し規定する考えを持ち合わせていた。つまり，"構造展示"は，情報の構成，空間の分割，展示装置の配

1 博物館展示の概観と近年の潮流　91

▲写真1　"総合展示"の原型を示す北海道開拓記念館の展示
◀写真2　"構造展示"の原型を示す国立民族学博物館の展示

92　IV　新しい時代の展示

博物館展
―'70年代か

空間の系譜の概念図

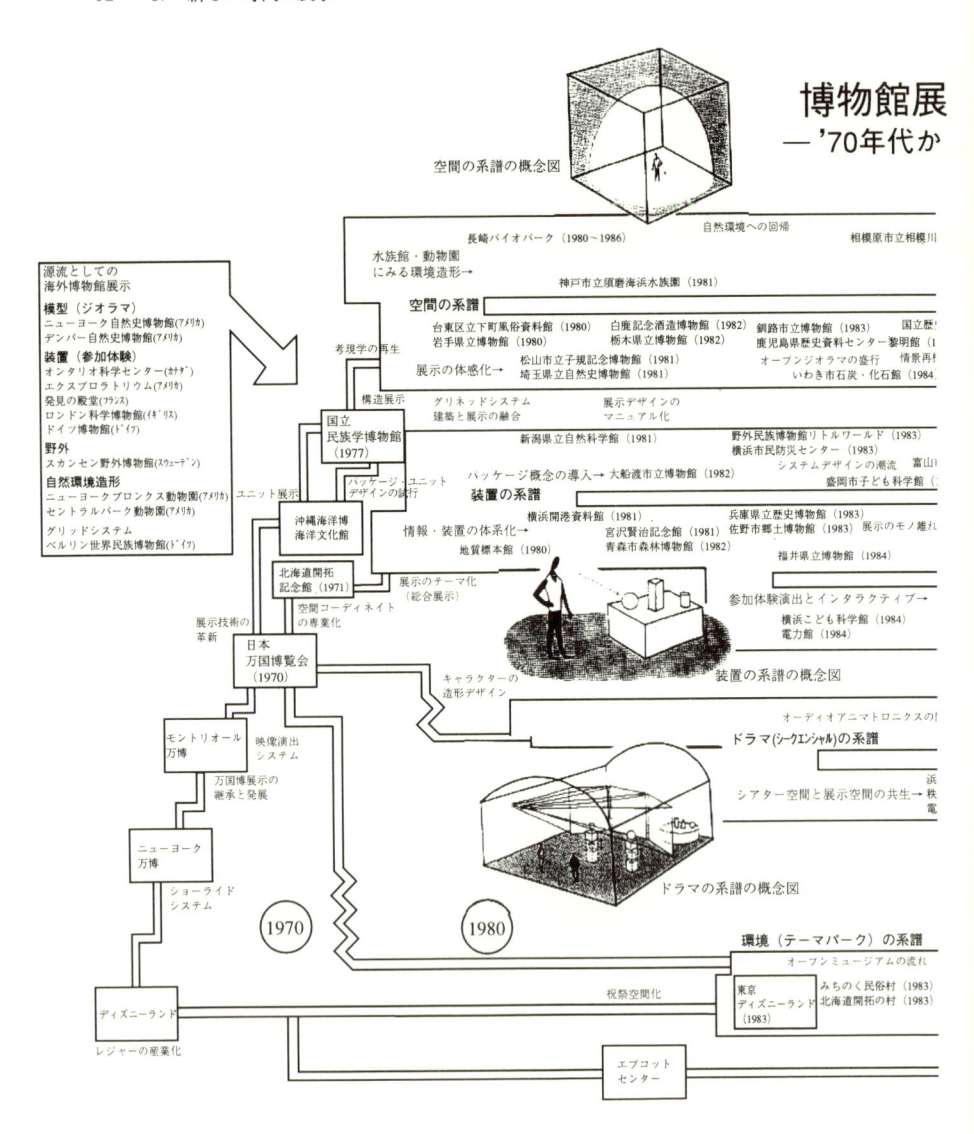

源流としての
海外博物館展示
模型（ジオラマ）
ニューヨーク自然史博物館(アメリカ)
デンバー自然史博物館(アメリカ)
装置（参加体験）
オンタリオ科学センター(カナダ)
エクスプロラトリウム(アメリカ)
発見の殿堂(フランス)
ロンドン科学博物館(イギリス)
ドイツ博物館(ドイツ)
野外
スカンセン野外博物館(スウェーデン)
自然環境造形
ニューヨークブロンクス動物園(アメリカ)
セントラルパーク動物園(アメリカ)
グリッドシステム
ベルリン世界民族博物館(ドイツ)

長崎バイオパーク（1980〜1986）　　自然環境への回帰　　相模原市立相模川
水族館・動物園
にみる環境造形→　神戸市立須磨海浜水族館（1981）
空間の系譜
考古学の再生　　台東区立下町風俗資料館（1980）　白鹿記念酒造博物館（1982）　釧路市立博物館（1983）　国立歴
　　　　　　　　岩手県立博物館（1980）　　栃木県立博物館（1982）　鹿児島県歴史資料センター黎明館（1
展示の体感化→　松山市立子規記念博物館（1981）　　　　オープンジオラマの盛行　情景再
　　　　　　　　埼玉県立自然史博物館（1981）　　　　　　　　　　　　いわき市石炭・化石館（1984）
構造展示　　　グリネッドシステム　　展示デザインの
　　　　　　　建築と展示の融合　　マニュアル化
国立
民族学博物館　　　　　　新潟県立自然科学館（1981）　野外民族博物館リトルワールド（1983）
（1977）　　　　　　　　　　　　　　　　　　　　　横浜市民防災センター（1983）
パッケージ・ユニット　　パッケージ概念の導入→大船渡市立博物館（1982）　システムデザインの潮流
　　　デザインの試行　　　　　　　　　　　　　　　　　　　盛岡市子ども科学館（
装置の系譜
沖縄海洋博　　　　情報・装置の体系化→横浜開港資料館（1981）　兵庫県立歴史博物館（1983）
海洋文化館　　　　　地質標本館（1980）　宮沢賢治記念館（1981）　佐野市郷土博物館（1983）　展示のモノ離れ
（1975）　　　　　　　　　　　　　　　青森県森林博物館（1982）
北海道開拓　　　　展示のテーマ化　　　　　　　　　　　　　　福井県立博物館（1984）
記念館（1971）　　（総合展示）
　　　　　　　　空間コーディネイト　　　　　　　　　　　　　　参加体験演出とインタラクティブ→
　　　　　　　　の専業化　　　　　　　　　　　　　　　　　　横浜こども科学館（1984）
日本　　　　　　　　　　　　　　　　　　　　　　　　　　　　電力館（1984）
万国博覧会
（1970）　　　　　　　　　キャラクターの
　　　　　　　　　　　　造形デザイン　　　　　装置の系譜の概念図

　　　　　　　　　　　　　　　　　　　　　　　オーディオアニマトロニクスの
モントリオール　　　　　　　　　　　　　　　　**ドラマ（シークエンシャル）の系譜**
万博　　　　　映像演出　　　　　　　　　　　　　　　　　　　　　浜
　　　　　　　システム　　　　　　　　　　シアター空間と展示空間の共生→株
　　　　　万国博展示の　　　　　　　　　　　　　　　　　　　　電
　　　　　継承と発展

ニューヨーク
万博
　　　　　ショーライド
　　　　　システム
　　　　　　（1970）　　（1980）　　　ドラマの系譜の概念図

　　　　　　　　　　　　　　　　　　　　　　環境（テーマパーク）の系譜
　　　　　　　　　　　　　　　　　　　　　　　オープンミュージアムの流れ
　　　　　　　　　　　　　祝祭空間化　　　東京　　　みちのく民俗村（1983）
　　　　　　　　　　　　　　　　　　　　ディズニーランド　北海道開拓の村（1983）
ディズニーランド　　　　　　　　　　　　　　（1983）
レジャーの産業化
　　　　　　　　　　　　　　　　　　エプコット
　　　　　　　　　　　　　　　　　　センター

図1　博物館展示の系譜　―'70年代から現在まで―

1　博物館展示の概観と近年の潮流　93

示の系譜
ら現在まで—

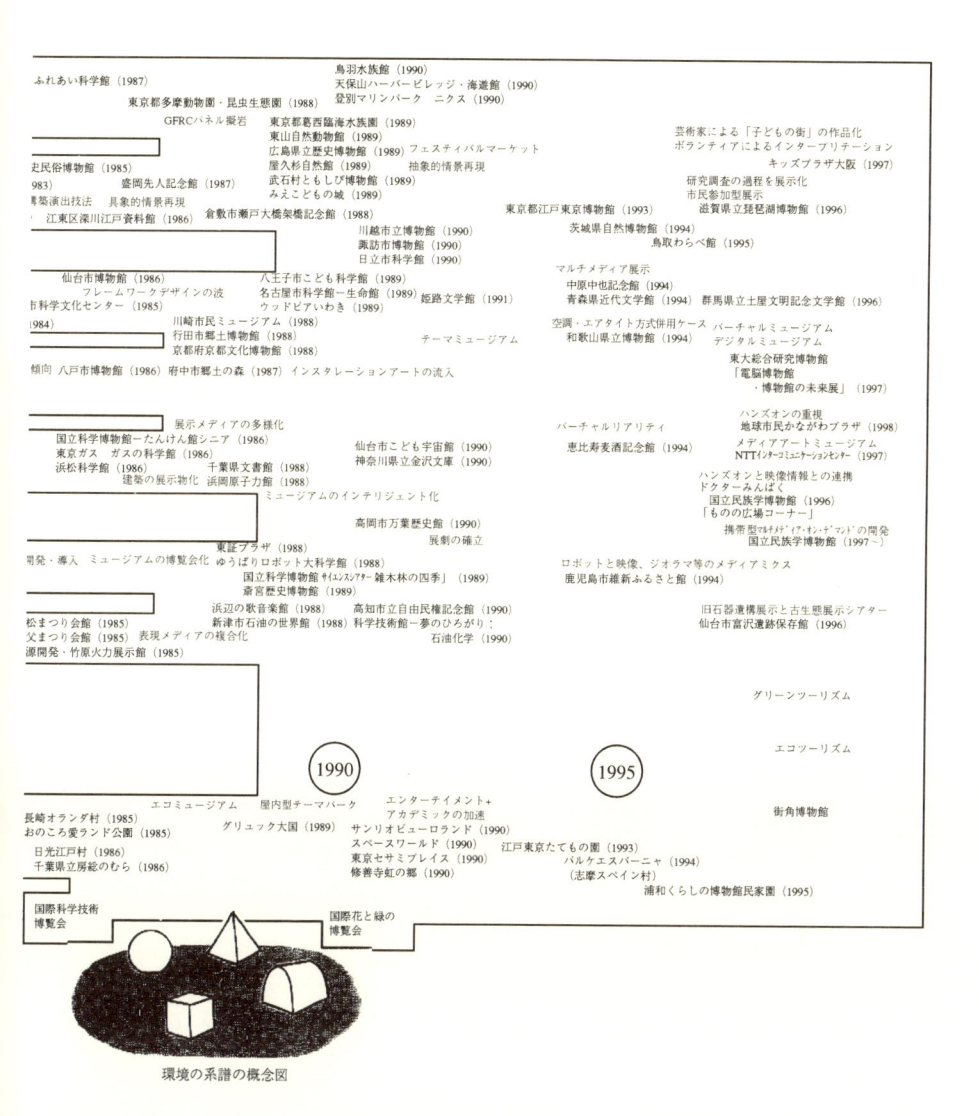

ふれあい科学館（1987）	鳥羽水族館（1990）				
東京都多摩動物園・昆虫生態園（1988）	天保山ハーバービレッジ・海遊館（1990）				
GFRCパネル擬岩	登別マリンパーク　ニクス（1990）				
	東京都葛西臨海水族園（1989）		芸術家による「子どもの街」の作品化		
起民俗博物館（1985）	東山自然動物館（1989）		ボランティアによるインタープリテーション		
983）	広島県立歴史博物館（1989）	フェスティバルマーケット	キッズプラザ大阪（1997）		
盛岡先人記念館（1987）	屋久島自然館（1989）	抽象的情景再現	研究調査の過程を展示化		
舞台演出技法　具象的情景再現	武石としもしび博物館（1989）		市民参加型展示		
江東区深川江戸資料館（1986）	みえこどもの城（1989）		東京都江戸東京博物館（1993）	滋賀県立琵琶湖博物館（1996）	
	倉敷市瀬戸大橋架橋記念館（1988）				
	川越市立博物館（1990）		茨城県自然博物館（1994）		
	諏訪市博物館（1990）		鳥取わらべ館（1995）		
仙台市博物館（1986）	日立市科学館（1990）				
フレームワークデザインの波	八王子市こども科学館（1989）		マルチメディア展示		
科学文化センター（1985）	名古屋市科学館・生命館（1989） 姫路文学館（1991）		中原中也記念館（1994）		
1984）	ウッドピアいわき（1989）		青森県近代文学館（1994）	群馬県立土屋文明記念文学館（1996）	
	川崎市民ミュージアム（1988）		空調・エアタイト方式併用ケース	バーチャルミュージアム	
	行田市郷土博物館（1988）	テーマミュージアム	和歌山市立博物館（1994）	デジタルミュージアム	
	京都府京都文化博物館（1988）			東大総合研究博物館	
傾向 八戸市博物館（1986）府中市郷土の森（1987）インスタレーションアートの流入				「電脳博物館	
				・博物館の未来展」（1997）	
	展示メディアの多様化		バーチャルリアリティ	ハンズオンの重視	
国立科学博物館—たんけん館シニア（1986）	仙台市こども宇宙館（1990）		恵比寿麦酒記念館（1994）	地球市民かながわプラザ（1998）	
東京ガス　ガスの科学館（1986）	神奈川県立金沢文庫（1990）			メディアアートミュージアム	
浜松科学館（1986）	千葉県文書館（1988）			NTTインターコミュニケーションセンター（1997）	
建築の展示物化 浜岡原子力館				ハンズオンと映像情報との連携	
	ミュージアムのインテリジェント化			ドクターみんぱく	
	高岡市万葉歴史館（1990）			国立民族学博物館（1996）	
	東証プラザ（1988）	展劇の確立		「もののひろばコーナー」	
開発・導入　ミュージアムの博覧会化	ゆうばりロボット大科学館（1988）		ロボットと映像、ジオラマ等のメディアミクス	携帯型マルチメディア・オン・デマンドの開発	
	国立科学博物館サイエンスシアター・雑木林の四季（1989）		鹿児島市維新ふるさと館（1994）	国立民族学博物館（1997～）	
	斎宮歴史博物館				
	浜辺の歌音楽館（1988）	高知市立自由民権記念館（1990）		旧石器遺構展示と古生態展示シアター	
松まつり会館（1985）		新津市石油の世界館（1988）科学技術館—夢のひろがり：		仙台市富沢遺跡保存館（1996）	
父まつり会館（1985）	表現メディアの複合化	石油化学（1990）			
源開発・竹原火力展示館（1985）					
				グリーンツーリズム	
	⃝1990		⃝1995		
				エコツーリズム	
	エコミュージアム	屋内型テーマパーク	エンターテイメント＋		
長崎オランダ村（1985）		グリュック王国（1989）	アカデミックの加速	街角博物館	
おのころ愛ランド公園（1985）			サンリオピューロランド（1990）		
日光江戸村（1986）			スペースワールド（1990）	江戸東京たてもの園（1993）	
千葉県立房総のむら（1986）			東京セサミプレイス（1990）	パルケエスパーニャ（1994）	
			修善寺虹の郷（1990）	（志摩スペイン村）	
国際科学技術		国際花と緑の		浦和くらしの博物館民家園（1995）	
博覧会		博覧会			

環境の系譜の概念図

列・配置にいたるまで、一つのモデルパターンがシステムとして設定されていたのである。この考え方のもとに、統一のとれた整然とした展示が、全体に行きわたった。

"総合展示"には、その構成を規定するモデルパターンがない。展示全体を覆い貫く共有化され、共通化された基準単位（モデュール）も持ちあわせていなかった。メディアの組み合わせと展開は、テーマごとに特色を持たせていいし、それぞれのテーマの中で強調したい個所では、それなりの個性的な彩りが主張を持って構成された。この方法は、担当学芸員ごとにテーマやコーナーをそれぞれ分担する、博物館内部の展示受持ち態勢と連動することで、一層そのバラエティ豊かな表情をつのらせることになった。しかし、この展示の考え方も、後発の国立民族学博物館の"構造展示"の登場によって強い影響を受け、"総合展示"にも全体を通したシステムの系がソフト（情報の系）およびハード（装置の系）の双方に取り込まれるようになる。

こうした展示の流れを展示デザイン（主に形態）の視点から整理・分類すると、以下の四つの系統に集約されよう。

1　空間の系譜

前項でも述べた「環境再現を重視した展示」にあたるもので、"場"や"空間"の持つ独自のスケール感に臨場性、ライブ性などを取り込んだ演出、構成に特色を持つ。

五感を通しての直観的な理解、この"場"でしか味わえない体験、遭遇が、通信メディアの発達した現代においても人々を引きつける魅力のポイントとなっている。

2　装置の系譜

前項でも述べた「実物資料・標本などを中心とした展示」を原型とするもので、資料や標本が本来置かれていた場所、状況から切り離されて、展示室に"装い置かれる"系統のものをいう。テーマやストーリーを持つ近年の博物館展示にあっては、そのテーマ、ストーリーを伝えるためのメディアは実物資料や標本などよりも、むしろパネルや模型、ジオラマ、視聴覚機器などの展示の"装置"が担うことが通例である。これらのメディアと実物・標本などとの組み合わせで、テーマ、ストーリーが物語られ、これらの配列、配置の方法が展

示デザインに委ねられる。テーマとしてのまとまりを崩さず、ストーリーとしての文脈を乱さず、かつデザイン的に収まりよく"装い置く"方法として、システム化されたユニット志向のデザインが多用される。また、これら装い置かれた装置類に参加・体験性が加わり、操作機能が具備され、それら装置類が独立、分離して個々に遊具化していく傾向も顕著に見られた。「参加体験と交流を基本に置いた展示」が、それである。

近年では、利用者の多様化を反映して、個々人の情報ニーズに対応したパーソナルな情報機器（PDA／携帯端末）の開発と導入がはかられつつある。

3　ドラマの系譜

前項でも述べた「視聴覚装置を取り入れた展示」にあたるものだが、実物資料や他の展示装置（たとえばグラフィックパネル、造形物など）に比べ、利用者サイドがこれら視聴覚装置など（ソフトも含む）に向き合う関係に違いが現れる。すなわち、その装置にセットされたソフトが、ひとつづきの流れで構成され、しかもその全体で意味が伝わるものである限り、向き合うものにとっては必然的にその上映時間の間、その場に拘束される。したがって、展示においての視聴覚装置の採用には、この時間的拘束を前提とした「シアター型」展開と、展示ケースやパネル、模型、ジオラマなどの展示装置と組み合わせ、展示情報を補完する形で展開、構成される「展示室型」（この場合、視聴覚装置は「装置の系譜」に入る。）に分けられ、この他に情報提供サービスに対応する「ライブラリ型」があげられる。

ドラマの系譜は「シアター型」がその典型をなし、ここでは大型映像や3D（立体）映像は無論のこと、ロボットや場面転換などの大規模なメカ装置を組み込んだ大型展示物（ジオラマ・パノラマなど）などとの連動でオリジナルなストーリーなどが展開する。

「展示室型」の視聴覚装置は、立ったままでの観覧・視聴という制約条件にあることが多く、ソフトの上映時間も、1プログラムにつき30秒から2, 3分といったものが一般的になっている。

4　環境の系譜

前項で述べた「地域の景観や環境を保存・活用する展示」がこれにあたる。博物館にあっては、遺跡に敷設した博物館（サイトミュージアム、フィールド

ミュージアムなど）や各地の特色ある民家を集合させた民家博物館，民家園などが以前から知られているが，地域の文化や産業，伝統的な家並み，遺跡などをそのまま博物館資料として面的に保存・活用し，回遊散策ルートなどの整備，開発と連動させて，地域の観光および学習資源として育成，持続，発展させていこうとする考え方のもとに「エコミュージアム」や「街角博物館」，「グリーンツーリズム」，「エスニックツーリズム」といった取り組みがなされつつある。

〔高橋信裕〕

2 今後の展示および展示装置の傾向

　一般の市民が自己実現や自己学習，レクリエーションなどの目的で博物館を利用するには，博物館そのものの活動が市民に広く周知されることが望まれる。そうした観点からも博物館の活動・事業内容を博物館の展示で紹介する試みには興味深いものがある。1996年（平成8）にオープンした「滋賀県立琵琶湖博物館」は，この考え方を展示に活かした事例として注目される。

　博物館の基幹的機能の一つである調査・研究の舞台裏を展示化し，そこで行われる研究，分析の手法や解明の過程を一般市民に理解してもらうことは，博物館活動のおもしろさを認識してもらうと同時に，その可能性をも共有してもらうことになり，市民が博物館を利用して，自己実現へと向かう動機や足掛かりを与えるものとなる。市民学芸員制度を設けている博物館もあり，博物館という機関の利用方法を市民が習得することで，博物館の継続的な利用がはかられ，博物館がより市民に近しいものとなる。

　一方，こうした博物館活動に参加する市民による展示も，今後ますます社会性を持ち，その事例が多くなっていくことが予想される。市民と博物館とのコラボレーションは，調査・研究・展示・普及といった一連の過程を通じて行われ，その成果が展示として公開されたり，研究紀要に掲載されたり，展示の場では，調査から展示までかかわった市民自身が，ボランティアとしてその展示を解説するといった，博物館を利用した市民の成長サイクルが形成される方向

に博物館の関心が移っていくことになろう。

　また，展示技術とのかかわりでは，今後展示装置は，多様なニーズにこまめに対応する双方向型の「マルチメディア」の開発と導入に向けて，その歩みを一層加速するとともに，高精細で大量の画像情報を劣化させることなく提供する「デジタル・ミュージアム」，より強く五感や感性に訴えかけ，利用者の好奇心とチャレンジ精神を満足させる「バーチャル・ミュージアム」へと軸足が移っていくものと予想される。

A　博物館展示に普及，浸透していく「マルチメディア」

　文字情報をはじめ静止画や動画，音声などの情報を組み合わせて複合的にコンピュータ上で扱えるマルチメディアは，その双方向機能や，情報に対して多元的な視点・角度からアプローチできるという利点から，一般利用者対応，館内業務対応の両分野で博物館への導入はますます盛んになっていくものと思われる。近年では操作性も容易なものになってきており，一般利用者対象のソフト（プログラム）も多様なメニュー展開がはかられ，装置のパーソナル化も進展してきている。この背景には，利用者の情報ニーズの高水準化とともに利用対象が老齢者，外国人，身障者，児童などと多岐にわたるという博物館の特性があり，その一方で生涯学習時代における博物館の位置づけ，社会的関心が高まってきたことにある。

a　携帯端末の新しい展開

　展示場という限られた空間の中で，大量の情報を文字・静止画・動画・音声といった形でストック，発信でき，個人単位で自由に持ち運びでき，高齢者であれば文字を大きくした情報提供，外国人なら自国語による情報提供，児童なら小学生向きの情報提供などといった利用者の特性，ニーズに応じた情報サービスの提供が可能な個人用の情報装置が開発され，実用化されている。

　国立民族学博物館や東京大学総合研究博物館での「携帯端末」（PDA／パーソナル・デジタル・アシスタント）の開発がそうした事例の一つである。

　博物館における携帯端末の採用に関しては，これまでも音声による情報提供をレシーバータイプなどの装置で行ってきており，とくに目新しいものではないが，文字情報や画像，音声（東京大学総合研究博物館の場合は，静止画像と文字

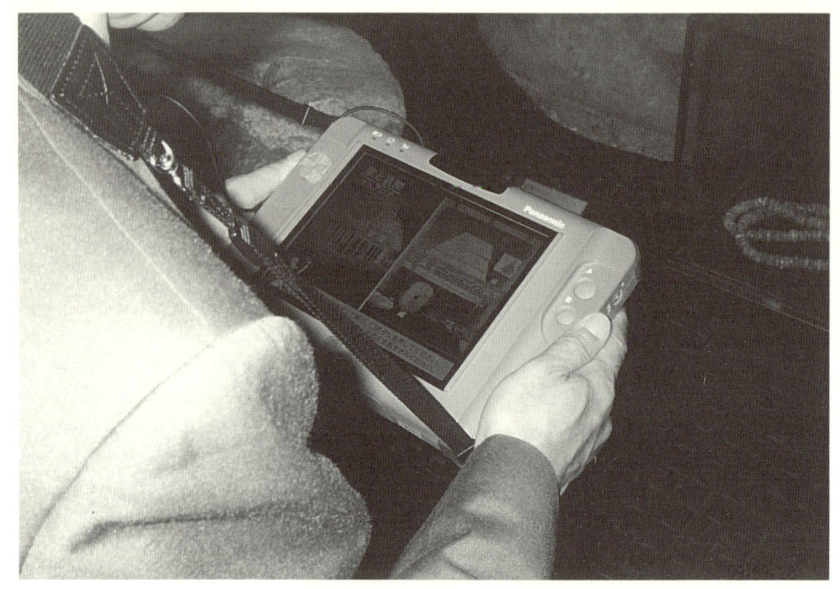

写真3 「みんぱく電子ガイド」 国立民族学博物館で開発,導入され,平成11年（1999）5月13日から実用化されている。

情報を主体としている。国立民族学博物館の場合は動画と音声が得られる）が液晶画面付きの端末モニターから得られる点や,求める情報を検索して選べるという双方向型のシステムに新しさがある。

　国立民族学博物館の携帯端末である「携帯型マルチメディア・オン・デマンド」（みんぱく電子ガイド）について,以下に簡単に紹介しておく[1]。
①解説ソフトの上映モード時間
　　一つのプログラム（情報ソフト）は30秒から1分前後で構成。
②動画の画像品質
　　MPEG1伸張による画質構成。
③伝達方式
　　MPEG1ストリームの転送には,受信エリアの狭い赤外線を採用,文字データや制御データの転送にはPHSを利用している。赤外線受信エリア内の展示現場から携帯端末を操作してプログラム（音声を伴ったデジタル動画情報）をリクエストすると,その信号はPHSを介してビデオサーバなどに届けられ,そ

こに蓄積されたデジタル動画情報が館内 LAN システムからゲートウェイを通って赤外線で携帯端末に送られる。

　赤外線使用については，低コストで実用化が可能であることと受信エリアが限定できるという特性に注目してのことである。

④機器サイズ・仕様

　端末に装備される液晶ディスプレイは 7.8 インチのカラー仕様。端末そのもののサイズは，ほぼ B5 サイズの横 263 ミリ，縦 175 ミリ，厚さ 52 ミリ。重量は 975 グラム。操作には，メニューの選択を行う 1 つの 4 方向キー（十字キー）と 2 つのボタン（選択したメニューの決定をするボタン，決定の取り消しやメニューの中止を指示するボタン）が受け持つ。バッテリーは，民博の平均滞留時間である 2 時間を想定している。音声の受信は，イヤホーンを採用。

b　デジタルテクノロジーと博物館情報管理システム

　ディスプレイ画面上で文字や画像，音声などの形式の異る情報を一括管理でき，しかも情報の中のポインタ（キーワードや図など）から関連情報をジャンプできる構造を利用して，これらの情報の間を自由に行き来できるマルチメディア技術は，博物館が収集，集積してきた資料群を保存，活用し，専門家や一般市民の多様なニーズに対応する上で，このうえない利便性を兼ね備えている。しかも，情報をデジタル化して取り込むことにより，高精細な質の高い画像提供も可能となり，それらが半永久的に劣化することなく保存される。こうした特性に加え大容量，高速処理というコンピュータテクノロジーに支えられた先端システムが，博物館の情報管理分野に浸透していくのは，時代の趨勢といえよう。博物館で整備されたこれらの情報は，展示の場においては収蔵資料と展示資料とのリンク，比較という形などで，利用者と博物館展示との接点が強化される。またインターネットなどを通じて他館や海外の関係機関との情報受発信ラインも確保できる，といった拡張性も注目される。

B　博物館展示のバーチャル化

　コンピュータの中に仮想現実空間を構築し，その世界に立ち入り，さもその世界の人物になりきったように疑似体験できる展示装置も近年，博物館展示が関心を持つ分野である。これまでの模型やジオラマなどの立体的な造形世界に

代わって，コンピュータ・グラフィックス（CG）がつくりだす仮想現実空間は，眼前に巨大な空間の現出も容易にでき，同時にその世界を自在に回遊できるなど，限られた展示空間にあっても，スケール感のある体験を可能とする。こうした体験装置には，スキーのゴーグルのような形態を持つ"ヘッド・マウント・ディスプレイ（HMD）"，実際の手や体の動きが，そのまま仮想現実世界の行為と連動する，光ファイバー・センサーを導入した"データグローブ"，"データスーツ"などのパーソナル対応のものと，多人数でシアター的な空間のもとで体験する方式（映像の動きと座席との連動による仮想現実体験など）のものとがあり，さらにこれらの延長には通信衛星や通信回線などを利用した展開，つまり一つのバーチャルなCG画像の世界を遠隔地の人々と共有し，会話や操作を通じて体験しあえるといった，ハードな施設の存在を超えた情報中心のバーチャル・ミュージアムも考えられるようになってきている。

〈注〉
1) 日本展示学会誌『展示学』第24号（1997年11月刊）に発表された栗田靖之ほか「携帯型マルチメディア・オン・デマンド」の記事と，展示学会などにおける研究発表などを参考にまとめた。

〈参考文献〉
国立民族学博物館編 1984『国立民族学博物館十年史』国立民族学博物館
高橋信裕編著 1992『ミュージアム＆アミューズメント』六燿社
魚成祥一郎監修 1996『ディスプレイデザイン』鹿島出版会
坂村健編 1997『デジタルミュージアム』東京大学総合研究博物館
高橋信裕・渡辺創 1998「博物館における展示の課題」『文環研レポート』11号　文化環境研究所
国立民族学博物館編 1999「あなただけのミュージアム・ティーチャー」『月刊みんぱく』7月号　国立民族学博物館

〔高橋信裕〕

V 展示計画から完成まで

1 展示計画のための基本的な要素

はじめに

　本章では，博物館における常設展示の計画から完成までの具体的な作業内容を，順を追って説明するものである。優れた展示を計画し完成させるためには，どのようなことに留意すべきなのかについて述べるが，どのような展示が優れているのかについては触れていない。

　博物館は多種多様であり，また，社会性，地域性，時代性などに強く影響されつつ存在するものであるから，その展示の良し悪しの評価は一概に定義づけられないし，また展示というのは博物館の活動の一部（とはいってもきわめて重要な）なのであって，博物館を作る側が「展示する」という機能をどのように位置づけているのかによっても，その良し悪しの評価が変わるのである。

　その意味で，ここで述べる展示の計画から完成までのプロセスをよく吟味し，博物館全体の建設の理念を実現するために，いかに高い質の推進体制を保ち続け完成に至るかを，当事者自身が自問し続けることが何よりも大切なことといえよう。

　さて，博物館の展示は，館側が利用者に伝えたいメッセージを託したもっとも総合性と多様性を持った優れたメディアであるとともに，時には館側でも気付かなかったメッセージを利用者自身が発見することも可能なメディアである。したがって展示計画を進めるための基本的姿勢として，こうした展示メディアの持つ特性を最大限に生かすことを，常に念頭に置いておく必要がある。

また，博物館の展示は，最近ではただメッセージを伝えるだけでなく，利用者にひととき知的なエンターテイメント性を持った空間環境に身を置くという楽しみを与える演出装置である，ともいわれる。つまり，一つ一つの展示物が持つ意味性もさることながら，いくつかの展示物やそれらを支える造形物によって構成された空間が，あたかも利用者を演劇の舞台に招き入れたごとくに感じさせ，過去の記憶を呼び覚まし，未来への夢に想いを馳せる演出ツールだというのである。

博物館は本来，物や情報を収集し調査研究した成果を，展示というメディアに構成し直して利用者に提供する施設である。よくできたテーマパークのパビリオンの演出空間と，ジオラマ構成を主体とした博物館の展示空間のどこが違い，どこが同じなのだろうか。

博物館が果たす社会的役割が時代とともに変化することは当然である。1994年にリニューアルオープンしたパリ国立自然史博物館の展示は，その大胆さ，ダイナミックさにおいて専門家にも一般利用者にも大きな驚きと衝撃を与えた。広大な大空間の一階中央に展開している哺乳動物たちの剥製の大行進は，それ

写真1　パリ国立自然史博物館の「動物たちの大行進」展示（写真提供：長谷川栄氏）

を見ているわれわれ人間も哺乳動物の一員ですよ，さあ行進に加わりなさい，とでもいわんとしているように思えるのである。しかも，その展示空間全体の照明が一定時間ごとに変化し，さらに遠雷の音が響くのである。

こうした展示に対し，パリ市民はもちろん多くの専門家はその新鮮さを歓迎している，と聞く。しかし中には，やりすぎだ，との批判もあるらしい。

いずれにしても，現代博物館の展示を作ることは，あたかも芸術家が一つの作品を作り上げるために費やす思索と苦悩と試行錯誤の連続的な活動に似て，優れて創造的な活動を強いられることを銘記しておかなければならない。

さて，そこで本章では，展示を計画する際の基本的な要素としてはどのようなことがあるのか，そしてその計画を一体誰がどのような体制を構築して推進するのか，について述べることとする。

A 基本的要素

一般に博物館の展示は，計画の主体者が意図したメッセージを利用者に伝達しようとするものであるから，まさに現代情報理論の原則にあるとおり，「送り手，送る内容，受け手」の3項目が，情報伝達の機能を成立させるための絶対的条件である。森は，この基本的な条件を基に，展示機能の発生と成立の関

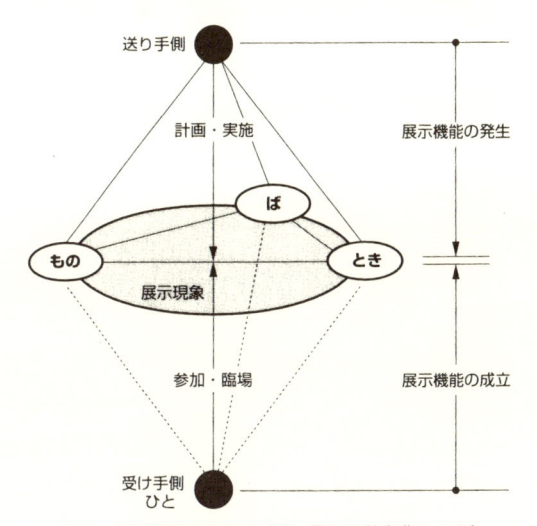

図1 展示機能の発生と成立（『展示学事典』より）

係を図1のように表し,展示による情報伝達の不可欠な要素として展示スペース(場)を加え4要素とし,さらにこれらすべての項目に絶対的,相対的な特性を伴って関与する「時」を加えた基本的要素の関係を明らかにしている[1]。

ここでは,展示学としてのこの図の概念構造を念頭に置きながら,博物館の常設展示の計画にかかわる基本的要素について述べることとする。

1 展示の目的

博物館が,常設展示を通して利用者になにを伝えたいのかを,明らかにすることである。多くの場合,博物館全体の建設の趣旨とほぼ同様な表現で表されることが多いが,展示テーマを設定する際の基本的な考え方を明らかにしておくことが重要である。「地域全体の歴史的な歩みを,実物資料を中心に明らかにしよう」とするのか,それとも「地域の,とくに庶民の生活に焦点を当て歴史的な歩みを明らかにしよう」というのか,によって常設展示の果たす目的の明快さは明らかに異ってくる。今日では,常設展示が10年以上たってもほとんど変化がないところから利用者に飽きられてしまうケースもあり,中には常設展示の半分を毎年更新してゆこうと考えている館もでてきているのである。展示の目的を明文化しておくことは,計画を推進してゆく共通認識を関係するすべての人々に持たせるために重要なことである。

2 想定する主な対象者と数

博物館は,広く市民に開放された文化施設であるから,利用者を特定したり限定したりすることは,基本的にはあまり考えられない。しかし,後述するテーマや展示シナリオを検討したり,解説のレベルを設定したり,外国語の併記を検討したりするためには,予想される利用者の特性をあらかじめ分析しておくことが重要である。青少年科学館のように施設の設置目的があらかじめ対象者を明らかにしている場合はよいが,歴史系,自然史系,民俗系,郷土系などの博物館では年齢層,構成(個人,団体,親子連れ),アクセス可能な地域範囲と人口などをあらかじめ想定しておくことが有効である。このためには自治体の統計資料を活用するほか,類似施設調査などが効果的である。また,利用者数についても展示空間の構成や,動線計画,運営計画などにとって欠くことのできないものであり,基本的要素として十分検討しておくことが望ましい。

3 展示空間の特性

　展示空間の特性条件として森は，位置，規模，形式，設備の四つに分類している[2]。位置的条件とは地域特性（立地，周辺）や部位（屋内，屋外，床，壁，天井，階段，棚，ケース，台，ステージ）を指し，規模的条件として展示内容や量からくる面積，容積，形状などをあげている。さらに形式的条件として常設（仮設），専用（共用），固定（移動）をあげ，設備条件として空調，照明，音響，電力，通信，ガス，給排水などをあげている。ある特性を持った展示空間の設計は，あらかじめ学芸職員などによる展示テーマやシナリオの検討，展示物の特性や形状，ボリュームなどの概要が明らかになって，はじめてその与条件を建築家に示すことができるのであるが，この作業を待たずに建築設計が先行して進められる場合や，既存の空間に展示しなければならないケースもある。展示空間は博物館利用者の大半にとってもっとも重要な「場」であり，博物館機能のもっとも重要な要素であるから，展示テーマや内容の検討と平行して条件設定することが不可欠である。

4 テーマとシナリオ

　ふつう博物館の展示は，複数の展示物によって構成される。この際個々の展示物が持つメッセージ性とともに，展示物相互の関係性，階層性をも明らかにすることによって，よりいっそう展示の意図や高次元の幅の広いメッセージを利用者に伝えることができる。このため現代博物館では，大きなくくりのいくつかの大テーマと，これに続く中項目，小項目，さらに個々の展示資料をあたかも物語（ストーリー）を展開するように構成し，展示の意味や関係性，さらには未だ解明されていない事項などを利用者に伝えてゆく方法をとるようになってきている。このテーマと物語のシナリオ作りこそまさに学芸員のもっとも重要な作業であり，博物館の命ともいえる基本的要素なのである。

5 展示物，展示手法の特性

　科学の原理や現象を実験装置やシミュレーション装置によって再現する科学博物館の展示物は，ものそのものに価値があるのではなく，あくまでそれは道具である，とされてきた。したがって，科学館と呼ばれるものは教育センターなのであって博物館ではない，との主張もかつてされたこともある。現代ではそのような主張は影を潜めている。それはともかく，一般に博物館は自然の生

成物や人工物をある目的に沿って収集し調査研究し，収蔵することが重要な機能であるといわれている。しかし，それだけでは研究所の倉庫であって博物館ではない。収蔵物の中から展示テーマとシナリオに沿って最適な展示物が選ばれ展示され，はじめて博物館なのである。このような物は普通「展示資料」と呼ばれ，博物館にとって基本的な要素といえる物である。また，その展示資料をどのような演出と環境の中で見せることがもっとも効果的であるか，を考えるのが展示手法であり，この手法の巧拙により利用者に対するメッセージの伝わり方が大きく左右されるのである。

6 運営計画

できあがった展示室を，誰がどのように運営し利用者とのコミュニケーションをはかるのかについては，これまで計画の段階ではあまり検討されていないのが現状である。実は，この点が基本的要素から欠けていたところが欧米の博物館の魅力に及ばなかったところだ，とする博物館専門家もいるのである。ある博物館では，計画当初より展示室内の一か所に学芸員を交代で常駐させ，利用者のさまざまな質問や，より新しい，より詳細な解説を試みようともくろみ，これを実現させたところ，大変な反響があったと聞く。これからは，学芸員のみならずボランティアの参加や博物館友の会のメンバーの参加など，展示室の運営に誰がどこまでかかわることにするのかなどについて，計画当初より検討しておくことが求められるであろう。

7 スケジュール

博物館作りの中でもっとも複雑かつ手数のかかるのが，展示の計画と製作業務である。

このための作業内容と必要な時間について，発注者であるクライアントや，学芸職員がよく承知していないケースが多く，しばしば時間切れで一部未完成のままオープンしてしまう例も見られる。展示の設計や製作，現場工事などには多くのさまざまな業種の人間が関与するので，スケジュール管理に対する関係者全体の認識が十分でないと，思わぬ浪費や，品質の低下を招く結果となる。自治体などにおいて年度ごとに議会の承認を得て進める場合や，選挙によって首長が代わる場合などは，とくにスケジュール変更，設計変更，予算変更などが生じ，さまざまなロスが発生するので，これらをよく見通しスケジュール管

理をしなければならない。また，製作段階において学芸員や研究者からの解説原稿が遅れてしまうことはしばしば発生するが，これも時間切れが品質低下の原因を招くので戒めなければならない。

8 コスト

　展示の企画・製作にかかるコストを算定することはもっとも基本的な要素であるが，計画当初でこれを算定することは不可能である。そこで大まかな概算を想定するには，類似施設の調査などにより m^2 単価を割り出し，これにおよその展示想定面積を乗じて算出するのである。展示構想のとりまとめや設計，施工管理にかかる経費は，かかわる専門スタッフの人件費をベースに算定するが，展示の工事総額にある係数を掛けておよそのコストを算定する方法もある。展示工事費は設計が進むにつれてより詳細な積算が可能となり，実施設計終了時点では円単位の設計者積算を得ることができる。また，この時点ではオープン後の運用や保守管理にかかるコストもおよその目安として算定しておかないと，運営に支障をきたすこともある。高価なコンピュータ・システムなどは，年間の保守費が思わぬ高額となることもまれではない。ともかく，計画に参画する職員がよく事例研究をしておくことが，適正なコスト管理を行う基本となる。

9 関係法規など

　展示に関連する法規はきわめて多種多様であり，これらすべてに精通することは不可能であり，またあまり意味のないことである。ただ展示内容を検討する際の著作権法とその関連法規や文化財保護法，展示場を構成する際の建築基準法や消防法，運営する際の公害防止や衛生に関する法律などについては，そのあらましをよく承知しておくことが望ましい。とくに最近では著作権，意匠権に関する法規にかかわるトラブルが多発しており，博物館が情報を利用させる側と，利用する側の両方に関与する機関であるからとくに注意を要する法規となっている。情報機器やソフトの爆発的進歩による巧妙な情報加工技術は，故意に人々の基本的な権利を侵害することがたやすい状況にあり，ばれなければ良しとする風潮さえ助長している。展示を作る際には映像や写真，図面などを多用するので，計画段階でよく調査するとともに，ある程度著作権料を支払うための予算を見込んで確保しておくことが重要である。

B　計画の推進体制

　計画から完成までの推進体制は，大きく三つの段階に分けて考えることができる。つまり，構想段階，設計段階，そして製作・施工段階である。各段階においてかかわるべき人間の資質や専門性，役割が変化するし，設置主体者の考え方によって推進体制の構成が決められてしまうことも多い。ただいずれの段階においても，展示の内容や展示手法を決め込んでゆく学芸職員が，体制の骨格を占めるべきことはいうまでもない。

1　構想段階

　博物館全体の基本構想は，広く学識経験者，地域代表の教育者，博物館専門家，行政の代表者などによって構成される「基本構想検討委員会」が設けられる場合が多い。ただこの段階ではできた博物館を運営する館長や，コアとなる学芸職員が決まっているケースはほとんどなく，したがって要となる展示の基本理念や展示方針，主なテーマやシナリオなどの検討が不十分のままままとめられてしまう。これからは，少なくともいずれ博物館の活動の中心となる学芸職員を選定，雇用し，このスタッフが委員会にかける展示構想案を作成しまとめてゆく体制がのぞましい。

2　設計段階

　遅くともこの段階から学芸職員を中心とする「準備室」を設け，主な展示物や分量，テーマとシナリオを検討，確定してゆく。この際，同時に展示デザイナーや情報システムの専門家などを選定し，チームに加わってもらい，動線や展示物の空間への配置，演出手法や情報提供手法，さらには制作物の仕様などについて専門家としてのアイデアを出してもらい，また図面化してもらいながら，作業を進めてゆく。展示デザイナーが学芸職員の肩代わりをするような体制で進められた展示は，いずれ利用者に飽きられてしまう。あくまで博物館側の学芸職員と展示デザイナーたちの共同作業で推進してゆくのが基本である。

3　製作・施工段階

　この段階は，学芸職員，展示デザイナー，製作施工会社のスタッフの3者の共同作業となる。学芸職員は博物館側から支給する展示物の選定，解説原稿の作成と支給のほか，施工図面や試作品の検収，承認など学芸専門家としての立場とクライアントとしての立場の作業が膨大である。また展示デザイナーは，

1 展示計画のための基本的な要素　109

設計者として学芸職員を専門的な立場からサポートするとともに，製作者が設計仕様どおり製作・施工してゆくよう管理，指導したり，建築・設備設計者や工事会社との調整を行う。このように，この段階はきわめて大勢の専門家や製作関係業者が関与してくるので，「合同会議」，「定例会議」，「個別分科会」などを設置運営し，責任体制を明確にして推進することが大切である。

C　参考事例―滋賀県立琵琶湖博物館

　本章で述べた内容にかかわる事例として，現在新しいタイプの博物館として利用者ばかりでなく博物館関係者からも注目されている「滋賀県立琵琶湖博物館」を取り上げ，計画段階における進め方の特徴を見てみることとする。

　同博物館は滋賀県琵琶湖畔の烏丸半島に建設され，1996年（平成8）10月にオープンした。構想段階からオープンまで，さまざまな関係者や博物館職員の奮闘ぶりがめざましかったせいか，開館1周年目に『琵琶湖博物館　開館までのあゆみ』という253ページに及ぶ記録誌が発行された。内容を一読すると，もしこれから博物館作りを目指す者がいるならば，まずこの冊子を手に入れて，

写真2　滋賀県立琵琶湖博物館の全景

熟読するところからはじめられたらよい、と思えるほど解りやすく、充実したものとなっている。ここでの事例紹介は、すべてこの冊子と、ヒアリングに応じてくれた総括学芸員の布谷知夫氏の言によるものである。

館長　川那部浩哉氏の「はじめに」より抜粋
「滋賀県立琵琶湖博物館は、基金の造成から数えれば11年あまり、「基本構想検討委員会」の設置からは9年、学芸職員の最初の採用から数えて7年、準備室開設からは5年の期間を経て、1996年4月1日に設置されました。
（中略）
琵琶湖博物館は、単に、準備期間が長かっただけでなくて、ごく初期から学芸員自身が中心になって、また、滋賀県民をはじめ多くの〈一般〉の方々とともに、作り上げてきた博物館です。このことによって、展示や野外活動にかなりの独自性を作り上げることが出来たと、いささか自負しております。」
（以下略）

この言葉に見るごとく、本博物館はその構想から開館までかなりの時間をかけて建設されたこと、学芸職員が早くから関与し、一貫して中心的役割を果たし続けたことが大きな特徴である、といえる。

基本構想に見る展示内容
博物館の基本構想は、「基本構想検討委員会」（7名）が、そのもとに設置された「企画小委員会」（8名）の協力を得て15か月に7回の審議を重ね、1989年（平成元）3月に報告書としてまとめられた。図2は、同報告書の中の展示内容のテーマ構成を表したものである。

検討委員会のメンバーはすべて大

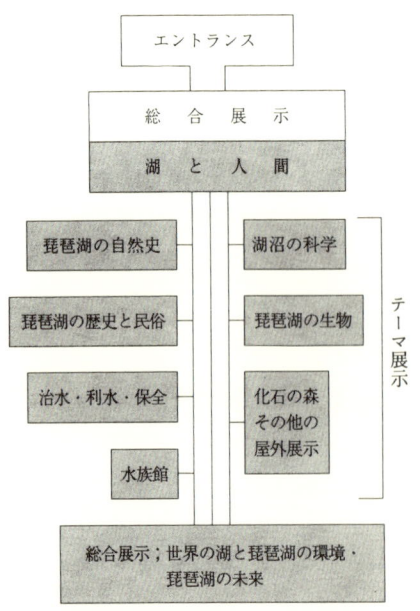

図2　基本構想段階におけるテーマ構成図
（『琵琶湖博物館　開館までのあゆみ』より）

学，あるいは博物館，学会などに所属する一流の学者であり，企画小委員会に一部県の関係者が参画している。展示内容は総合展示とテーマ展示によって構成され，その内容が文章により詳しく述べられているようである。

その後，基本計画，基本設計，実施設計を経て，最終的には「エントランス・第3の空間」，「A　琵琶湖の自然史」，「B　琵琶湖の歴史と民俗」，「C　琵琶湖の環境」（D　水族展示を含む），「E　体験学習室」にまとめられ，常設展示が構成された。現在，案内パンフレットでは「琵琶湖のおいたち」，「人と琵琶湖の歴史」，「湖の環境と人びとのくらし」，「淡水の生き物たち」，「ディスカバリールーム」，「屋外展示」と解りやすい表現となっており，全体のテーマを「湖と人間」とし，テーマ博物館であることを高らかに謳っている。

基本設計段階の推進体制

図3は，基本設計段階における推進体制を表したものである。

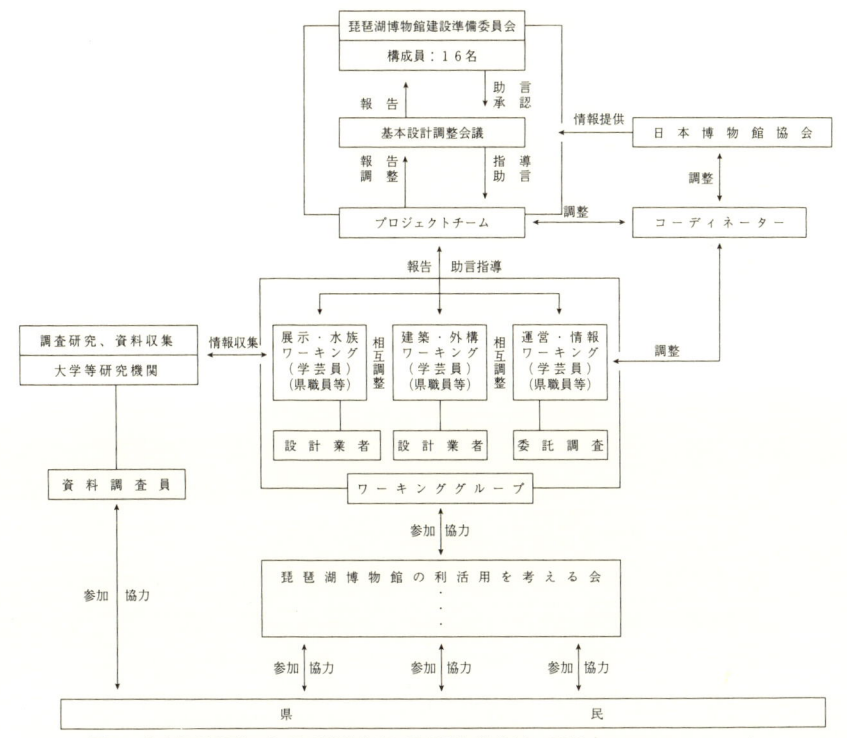

図3　基本設計段階における推進体制（『琵琶湖博物館　開館までのあゆみ』より）

これを見ると，博物館の建設全体に責任を持つ「建設準備委員会」とこれを支援するプロジェクトチームが推進の原動力となり，さらに設計業者とともに具体的な作業を進める学芸職員主体のワーキンググループ，それに「琵琶湖博物館の利活用を考える会」を通じての設計に対する県民参加の関係がきわめてすっきりと表されており，役割分担，責任体制，協力関係などに曖昧なところがない。実際には，この図のとおりに完璧に推進できなかった部分もあったであろうが，実務的な作業を重点に置いた能率の良い体制であったのではあるまいか。

展示シナリオの例

図4と5は，歴史・民俗部門の展示シナリオの構成表と動線表である。用田は，外部の専門家などへの相談で増える一方の展示項目や事項，資料を展示方針の原理の整理のために作成したものである[3]，と述べている。展示方針の原理の整理については，解りやすく次の6項目を紹介している。

・シンプルを第1とする。
・考古・民俗を柱とし，文献は梁や筋交いとする。
・理解の動線は，考古・民俗の共通項を中心に，時間軸と生態軸をシンプルに組み合わせる。
・展示はほどほどの量，ボリューム，色彩豊かなものとする。
・可能なものは考古と民俗を対比させる。
・文字は人を飽きさせ，絵は人を引きつける。

このような考えのもと，展示シナリオを作成し，実施設計と工事に臨んだ，と述べている。多くの博物館で，ともすれば学芸員があれもこれもと欲張り，また専門用語を平気で書き連ねた解説パネルを見せられると，うんざりしてしまう例に事欠かない中，一本筋を通しながらも解りやすく楽しみながら見てもらおうと奮闘した様子がうかがえて，何ともすがすがしい。

以上，『琵琶湖博物館　開館までのあゆみ』から，展示計画の基本事項にかかわるほんの一部の例を参考事例として紹介させていただいた。後に述べる展示計画の手順のところでも一部引用させていただいているが，最後にもう一度，「はじめに」のところで川那部館長が開館式での挨拶の一部を紹介しているの

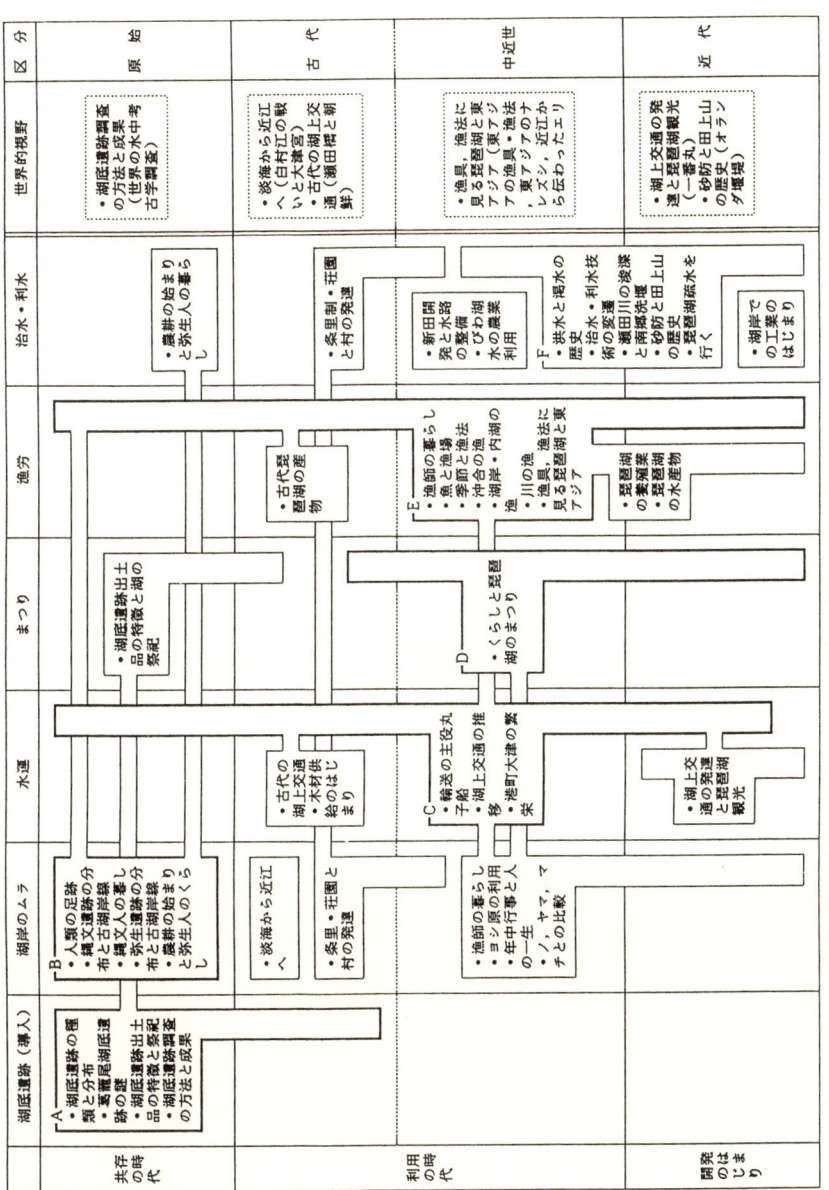

1 展示計画のための基本的な要素　113

区分	湖底遺跡（搬入）	湖岸のムラ	水運	まつり	漁労	治水・利水	世界的視野	
原始	・湖底遺跡の種類と分布 ・曽畑尾湖底遺跡 ・湖底遺跡出土品の特徴と祭祀 ・湖底遺跡調査の方法と成果	A ・湖底遺跡の種類と分布 ・縄文期の湖岸線跡の謎 ・縄文人の暮し ・弥生期の湖岸線 ・農耕の始まりと弥生人のくらし	B ・人類の足跡 ・縄文遺跡の分布と古湖岸線 ・縄文人の暮し ・弥生期の湖岸線の分布と古湖岸線 ・農耕の始まりと弥生人のくらし		・湖底遺跡出土品の特徴と湖の祭祀		・農耕の始まりと弥生人の暮ら	・湖底遺跡調査の方法の水中考古学調査（世界の水中考古学調査）	共存の時代
古代		・淡海から近江へ	・古代の湖上交通 ・木材供給のはじまり		・古代の琵琶湖の産物	・条里制・荘園と村の発達	・淡海から近江へ（白村江の戦いと大津宮） ・古代の湖上交通（瀬田唐と朝鮮）	利用の時代
中近世		・漁師の暮らし ・ヨシ原の利用と人の一生 ・年中行事とマチとの比較	C ・輸送の主役丸子船 ・湖上交通の推移 ・港町大津の繁栄	D ・くらしと琵琶湖 湖のまつり	E ・漁師の暮らし ・魚と漁場 ・季節と漁法 ・沖合の漁 ・湖岸・内湖の 漁川の漁、漁具、漁法に見る琵琶湖と東アジア	・新田開発と水路の整備 ・びわ湖水の利用 ・条里制・荘園水の農業	・漁具、漁法に見る琵琶湖と東アジアの漁具・漁法のナレ ゾン、近江からたエリ	
近代		・湖上交通の発達と琵琶湖観光	・湖上交通の発達と琵琶湖観光		・琵琶湖の養殖業・琵琶湖の水産物	F ・洪水と渇水の歴史 ・治水・利水技術の変遷 ・瀬田川の浚渫と南郷洗堰（一番丸） ・琵琶湖疏水を行く ・湖岸で工業のはじまり	・湖上交通の発達と琵琶湖観光 ・砂防と田上山の歴史（オランダ堰堤）	開発のはじまり

図4　歴史・民俗部門展示シナリオ構成表（『琵琶湖博物館　開館までのあゆみ』より）

(開発のはじまり)

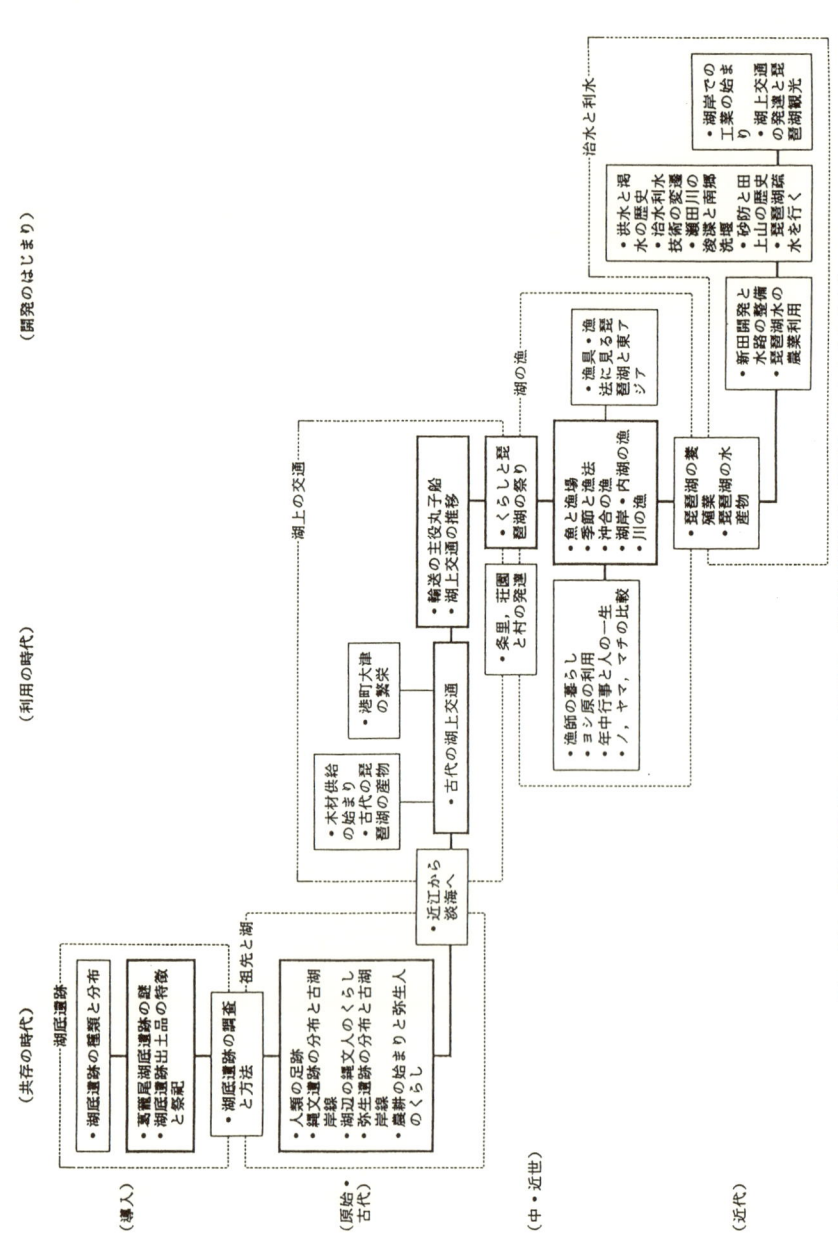

(利用の時代)

(共存の時代)

湖底遺跡
- 湖底遺跡の種類と分布
- 葛籠尾湖底遺跡の謎
- 湖底遺跡出土品の特徴と祭祀

湖底遺跡の調査と方法

(導入)

祖先と湖
- 人類の足跡
- 湖辺の縄文人のくらし
- 弥生遺跡の分布と古湖岸線
- 農耕の始まりと弥生人のくらし

(原始・古代)

・近江から淡海へ

古代の湖上交通
- 木材供給の始まり
- 古代の琵琶湖の産物

・港町大津の繁栄

湖上の交通

輸送の主役丸子船
・湖上交通の推移

条里・荘園と村の発達

くらしと琵琶湖の祭り

湖の漁
・漁具・漁場
・漁法に見る琵琶湖と東アジア

魚と漁場
- 季節と漁法
- 沖合の漁
- 湖岸・内湖の漁
- 川の漁

・漁師の暮らし
・ヨシ原の利用
・年中行事と人の一生
・ノ、ヤマ、マチの比較

琵琶湖の茎
産業
琵琶湖の産物

(中・近世)

新田開発と水路の整備
・琵琶湖水の農業利用

治水と利水

- 洪水と治水の歴史
- 治水利水技術の変遷
- 瀬田川の浚渫・砂防・上山の歴史
- 琵琶湖疏水を行く

- 湖岸での工業の始まり
- 湖上交通の発達と琵琶湖観光

(近代)

図5 歴史・民俗部門展示シナリオ動線表(『琵琶湖博物館 開館までのあゆみ』より)

で，その最後の一節を紹介してこの項を終わる。

「(前略) これまで博物館のスタッフは〈準備室ではあるけれども，これは博物館なのだ〉との精神のもとに，活発な活動を行って参りました。これからは逆に，〈博物館ではあるけれども，これは準備室なのだ〉との精神で，湖と人間との良い関係を，みんなで考え，模索してゆくという，永遠に変わらぬテーマに向かって，皆さまとともに，常に成長し続けていきたいと願っております」。〔山田英徳〕

2 展示計画の手順

　博物館の展示計画は，建設全体の構想の中でその中核をなすものであり，資料や周辺環境調査，類似施設調査などにつづき，立地場所の選定と平行して始められるべきものである。博物館建設の全体の流れは，図6に示すとおりであるが，見てわかるとおり学芸職員が展示資料の選択やシナリオづくりなど計画の中心的役割を果たしており，また建築計画は展示計画を受けて開始されるのが基本的な流れである。ここでは計画の手順について，その流れに沿って詳しく解説する。

A 調査段階

　博物館全体の基本構想の検討に先立って，設置主体者が行っておくべき調査は主に，収集・保存・展示にかかわる資料に関する調査，立地場所とその周辺環境に関する調査，国内外の類似施設に関する調査，そして場合によっては建設に対する地域住民の意向調査などがある。

1 資料調査

　博物館展示の基本となるのは，実物標本資料である。普通，教育委員会や埋蔵文化財センターなどの公的機関がすでに所有している資料のほか，博物館の準備室が調査の成果として手に入れたものなどが調査の対象となるが，個人や団体が所有しているものも貴重なものが多く調査対象となる。さらに，文献な

116　V　展示計画から完成まで

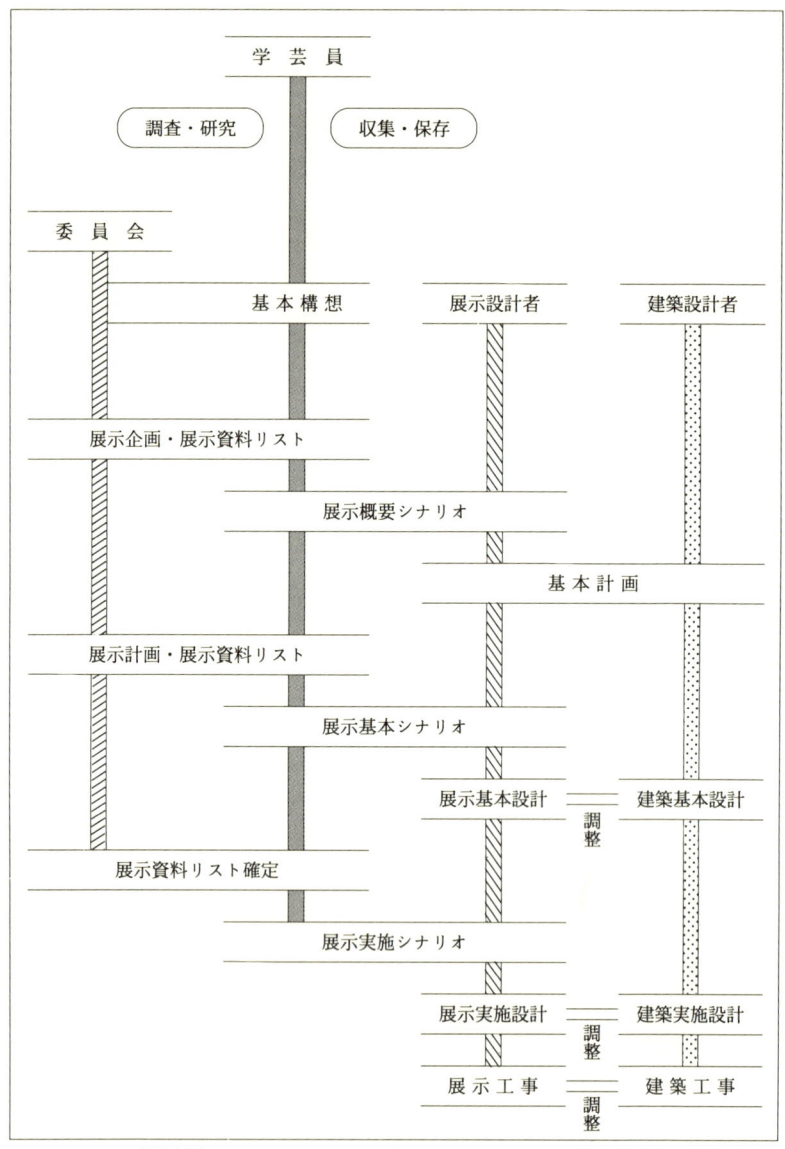

図6　博物館建設のフローチャート（『ミュージアム　デザイニング』より）

どにより存在が示唆されているが，まだ発見されていないものも対象である。いずれも，その対象となる資料がすでに研究の結果，歴史的，文化的，あるいは社会的，芸術的，科学的などの視点から重要な意味を持ち，客観的な価値を持つことが確認されているかどうかが，まず明らかにされなければならない。その上に立って，博物館の展示資料として活用できる可能性を明らかにしながら，資料調査を進めてゆく。資料の価値が明らかでない場合は，関係の深い大学や研究者にゆだねるか，博物館準備室の学芸員が中心となって，その資料の価値を明らかにしておく必要がある。博物館の資料は，ただ展示する目的だけに収集するわけではなく，むしろ，研究し保存してゆく機能がベースとしてあり，その成果を展示に活用する，というのが一般的なあり方である。

調査すべき資料には，古文書，絵図，古地図，書画などの実物もあり，またその複写資料などとともに，それら資料にかかわる文献，写真，図面，模型など二次資料の入手や，所在調査も重要な活動である。

博物館建設に先立つこの資料調査は，博物館の存在価値を決めるものであるから，内部，外部の専門家や地域住民など幅広い分野の人々の協力を得て効率よく進めることが大切である。なお，確認した資料に関する情報は，すべて詳細情報をデータベース化しておき，さまざまな博物館活動に利用できるよう整備しておく。また展示として活用する資料については，別に展示資料カードを作成し，これによって管理を徹底させるほか，補修，移動，撤去，返却などの履歴を記録してゆく。

2 周辺環境調査

博物館が建設される予定地域の周辺環境に関する調査では，主に自然，気象条件，気候風土などの地域特性，遺跡，文化遺産，産業遺産，寺社など地域の歴史にかかわる場所や建物の分布状況，現在の地域の人口と年齢構成，就業人口の分布，教育施設，文化施設，行政施設，主な企業，研究所などの所在や主な機能に関する調査のほか，道路，鉄道，バスなど交通アクセスに関する調査などが主なものである。こうした調査は，県庁や市役所などが持っている統計資料や調査資料が信頼できるものであるから，この中から抽出することができる。もちろん調査時点と，出典は明らかにしておかなければならない。また自然環境や，文化遺産などに関するデータなどは自然保護センターや教育委員会，

あるいは市民の調査研究グループなどが詳しい資料を持っているケースもあるので，趣旨を説明して提供してもらうことも考えられる。こうした調査は単に展示シナリオの内容やレベルを考えたり，運営に活かすなど直接的な活用のためばかりでなく，調査を通じてさまざまな機関とのネットワークが構築され，また幅広い人脈との交流が生まれ，後々の博物館運営に大きな影響を持つことになることを見逃してはならない。

3 類似施設調査

　類似施設の調査は，実踏調査が基本である。まずは，展示資料の種類，展示面積などの規模，設置主体者などの指標について類似している既設の博物館をリストアップし，関係資料を収集する。この中から比較的参考となると思われる館を数館選び，直接館を訪問して展示をはじめ，館のさまざまな施設，設備を見せてもらう。さらに，館長や学芸員に面会し話をうかがう。この際重要なことは，あらかじめ質問事項を整理し，できれば事前に訪問の趣旨とともに主な質問事項を送付し，資料の準備などをお願いしておくことが能率的であるし，また礼儀でもある。海外の博物館の場合はとくにこの点が大切であり，質問内容によって対応するスタッフをきちっと用意しておいてくれる館が多いので，訪問する側も，訪問スケジュールとあわせ要点を明快にした質問を持って訪問することが大切である。なお調査項目の主なものは，施設，設備に関すること（敷地面積，駐車場，建築構造，述べ床面積，展示面積，諸室の種類と面積，空間特性，情報システム，空調システム，電気容量など），展示内容に関すること（テーマとシナリオ，展示点数，演出手法の特徴，照明，音響，映像，マルチメディア，解説パネル，など），運営に関すること（主な利用対象者，年間入館者数，解説員の配置，質問への対応，メンテナンス体制，警備体制，清掃など），さらに可能であれば完成までの実施体制，建築や展示の設計者，施工者，工事総額や展示製作費，完成までの工程表など部外秘の事項についても知ることができれば越したことはない。また，実踏調査では，当該館の許可が得られれば写真やビデオなども撮影しておく。

B 基本構想段階

　本章全体は博物館の常設展示についての計画から完成までを述べるのが目的

であるが，ここでその前提となる博物館全体の建設基本構想についてふれることとする。

博物館建設基本構想は，建設主体者が博物館建設のあらましを広く市民や議会，行政，関係諸機関などに周知し，建設への理解と協力を仰ぐために作成される。もちろんそればかりでなく，その後に続くさまざまな計画作業にとって，拠り所となるバイブルのようなものでもあって，基本構想書の果たす役割はきわめて大きい。

基本構想を検討するためにはさまざまな分野の専門家，学識経験者のほか，行政，市民代表など幅広い人材の参加により進められるが，こうして得られた構想案は膨大なものになる。そこで最終的には，基本構想概要書として，シンプルで読みやすく，また魅力的な冊子としてまとめると良い。基本構想書に盛り込むべき項目の例を以下にあげる。

・上位計画（たとえば県の長期総合計画など）と博物館構想との関係
・博物館の設置目的，理念（なぜ博物館か，なにを目指すのか，など）
・博物館の基本テーマ（総合，歴史，郷土，自然史，航空，環境……）
・事業の種類と内容（調査研究，収集保管，展示，普及教育，情報，交流……）
・主な対象者と年間利用者想定数
・施設計画（立地，施設規模，施設構成，設備の特徴……）
・運営計画（運営主体，組織計画……）
・建設年次計画
・総事業費（概算）
・イメージスケッチ
・参考資料（調査資料，検討経過，委員名簿……）

以上の各項目について，基本構想検討委員会ですべてを慎重にかつ効率よく検討するためには，委員会をサポートするための調査委員会や専門部会，さらには調整会議などを設けて精力的に検討し，その結果を検討委員会の審議にかけることが望ましい。

C 基本計画段階

博物館の全体構想は，長期的な視野に立って，社会のニーズの変化にも対応

できるように，かなり包括的で抽象的な表現となることが多い。しかしながら，構想作りをサポートする各種専門部会（資料収集部会，建築部会，展示部会，運営部会……）においては，かなり具体的な内容を検討し，そのあらましを構想委員会に報告，提示する。この専門部会の検討内容を中心に，計画を推進する体制や，訴求すべきポイント，予算の配分計画などを加えてまとめられる，いわば構想の詳細版的な部分と，具体化の基礎となる内容を決め込んだものが「基本計画」である。ここでは，常設展示の基本計画について述べる。

1 基本計画書としてまとめられる内容

・展示理念

全体構想で謳われる基本理念と重複する部分もあるが，要は，博物館が利用者ひいては市民に対し，展示を通してなにを伝えたいか，なにを考えてほしいか，また，博物館がどのような思想のもとに展示を作ろうとしているか，社会のどのようなことに寄与しようと考えているかなどをいくつかのポイントに整理し，まとめたものである。あまりたくさん掲げてもポイントがぼやけてしまうので，せいぜい5項目以内にまとめるのがよい。

・基本方針

展示作りを進めるときの重視すべきこと，持つべき特徴，視点などのポイントを整理しまとめたものである。とくに展示テーマやシナリオ作りにおいて重視すべき視点や考え方を明快にしておくことが重要であり，これによってあれもこれもと盛り込みすぎて散漫になってしまうことを防ぐことができる。また，空間演出や，展示手法においてとくに考えたい特徴があるならば，これについても掲げたい。たとえばジオラマ展示を多用する，五感を使った体験型展示を盛り込む，などを考えているのであれば，「展示資料を，その環境とともに立体的に表現するなどにより，迫力ある展示構成を目指す」であるとか，「さわったり，動かしたり，組み立てたりなど，参加性の高い楽しい展示を目指す」などと記述する。基本方針は次の設計段階の重要な指針となるので，学芸職員が中心となって十分議論しポイントを抽出することが重要である。

・展示テーマとその概要

基本計画の骨格となる部分であり，十分な議論を重ね展示構成案としてまとめる。

とくに博物館全体の基本テーマのもと，基本理念，基本方針に沿って，大テーマ，中テーマを抽出し，これにいくつかの主な展示物の例をあげてシナリオの流れを構築する。ここではあくまで展示を見る主な対象者を頭にイメージしながら，全体の流れをバランスよく構成することを心がける。テーマの抽出でもっとも大切なことは，複数の学芸職員がそれぞれを分担してテーマを構成しようとしたとき，専門分野のプライドが邪魔をして，テーマの繋がりがぎくしゃくしないよう注意することである。あくまでも利用者にとってなにが最適か，を考える姿勢を基本としなければならない。まして学芸職員が自分の専門分野の展示面積を不当に広くとろうと主張したり，展示内容や手法にいっさい他人の口出しは許さないといった態度は厳に慎むべきで，計画に参加する資格はないといっても過言ではない。

・動線・視線と空間計画

展示テーマやシナリオに沿って利用者がどのように見てゆけば解りやすく，また疲労も少なく楽しめるかを考え，展示配置を決めるのが動線計画である。動線には強制動線，半強制動線，自由動線があり，多くの博物館ではメイン動線とサブ動線を組み合わせた半強制動線を採用している。これは利用者の観覧時間の制約や，興味の深まり方に応じてより詳しい展示情報を提供するなどに有利であり，また展示シナリオも構成しやすいのである。

視線計画については，これまであまり重視されなかった。倉田・矢島は「視線計画とは，動線とその動線上を歩く人が見る視線と展示物の大きさ，高さなどに関する見せ方の計画である。すなわち，見るヒトと見られるモノとの距離，資料の大きさ，高さ，あるいは目の生理と視覚心理に配慮することであり，これを利用する計画である」とし，「展示の動線計画は，同時に視線計画を伴っていなければならない」と述べ，その動線視線計画図を紹介している[4]（図7）。

このように現代博物館の展示計画は，あくまでも利用者に快適に見てもらおうとする姿勢が優先する時代となっていることを，銘記しなければならない。

一方，空間計画は視線計画を立体的に構成し，視ることのバラエティさを計画することであるとともに，展示室全体の環境を特色づけるイメージを計画することでもある。

つまり，見せるための展示場としての演出を，過度になることを避けつつデ

122　V　展示計画から完成まで

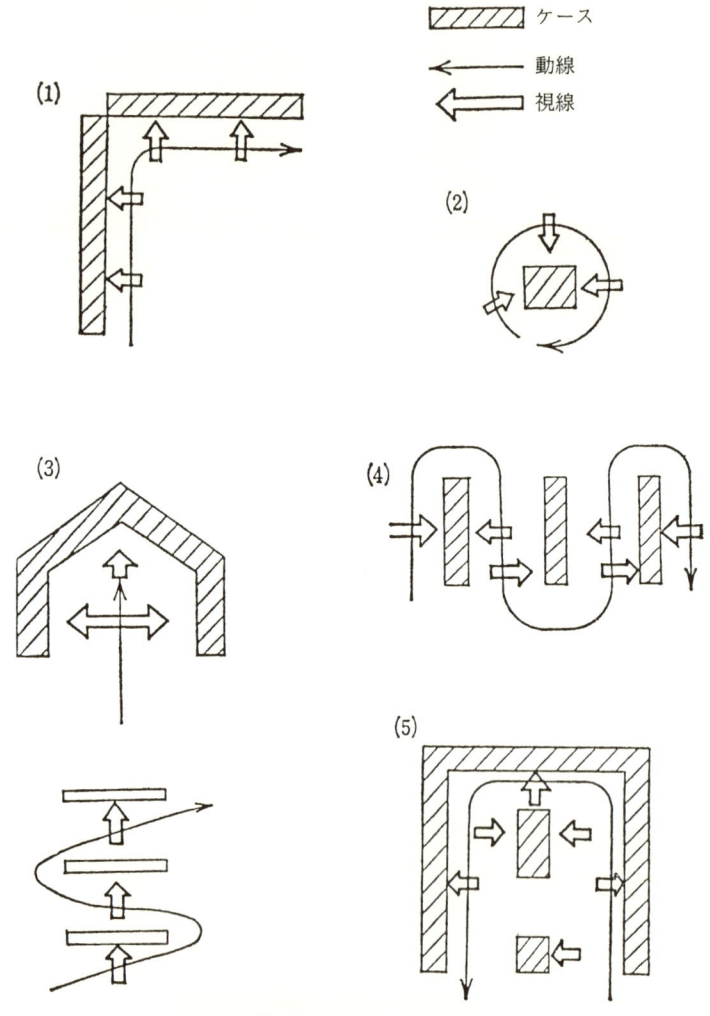

図7　動線視線計画（『新編博物館学』より）

ザインすることは、見る人にとって魅力的なものとなる。この場合、建築構造上、天井高がもっとも影響するので、早めに展示ストーリーと空間計画を建築計画に反映させる手続きを踏む必要がある。

・留意すべき事項
　○身体障害者、高齢者、幼児などに対応する基本方針

建築，設備上の配慮はもちろんであるが，展示への積極参加や，安全で快適な観覧動線の確保，休憩コーナーの設置などについて計画方針を示す。点字による解説版を設けるのか，音声解説をするのかなどの解説計画，段差を設けない観覧動線計画などバリアフリーの具体的な対応方針を決める。

○外国語による展示解説方針

博物館が設置される地域特性や，博物館の性格，展示テーマなどにより，外国人の来館者が比較的多く見込まれることがある。たとえば，九州地区などでは，ハングル語圏や，中国語圏の来館者もかなり見込まれることがあるという。また北海道では，ロシア語の解説版を設置している博物館もある。平和をテーマとした博物館には，外国からの来館者がかなり見込まれるようである。英語の併記表示はタイトルまでとするか，ほかの外国語の表示は必要かなどをよく検討し，基本計画の段階からその方針を決めておく。また，展示で対応できない場合，外国語パンフレットを用意するのか，音声ガイド装置を貸し出すのかなどの計画も盛り込む。

○その他

このほか，展示計画を進める際にとくに配慮，検討すべき事項について取り上げ，その方針を示しておく。

・全体工程表

基本計画に続く作業は，基本設計，実施設計，製作・施工，そして完成・オープンとなる。この段階ではまだ日単位，月単位の工程表を作ることは不可能であり，むしろ，各段階の作業に何か月かかるかを想定し，オープン予定の時期から遡って，年次スケジュールを作成することとなる。またこの全体工程表では，展示計画以外の資料収集調査，開館記念特別展の準備，広報計画，プレ展示会，建築設計，建築工事などの計画スケジュールを盛り込んだ工程表が必要であり，これによって計画全体の流れを関係者全員が把握しておくことが重要である。中でも展示工程と密接な関係のある建築の工程表は，合わせて見られるように一枚に構成した工程表を作成する。

・概算予算計画

基本構想段階で示された総事業費は，土地取得費，造成費，建築工事費，展示工事費，設備費，什器備品費などを含む開館までの必要な経費の総額である。

このうちの展示工事費を展示テーマや展示手法を勘案しつつ，およその単位（百万円）で展示室ごとの配分計画を作り展示概算予算計画とする。学芸職員は展示シナリオと，購入資料，演出手法などを検討し予算の基礎資料を作成し，説明に備える。決定は建設準備委員会などの上位機関にゆだねる。この際，展示の目玉というより，博物館の目玉ともなりうる資料（たとえば，恐竜の実物骨格標本，あるいは，特定の芸術家の作品など）の購入が想定されるときは，十分な調査のもと，その見積もりなり，仕様なりの信頼できる資料を準備しておくことが必要である。

・付属資料

基本計画書に添付する資料としては，調査段階で得られた資料の概要のほか，展示の配置計画を示す配置図面や，展示室内のイメージスケッチなどが作成され添付される。

2 立案体制と承認体制

展示基本計画の立案は，理想的なのは，いずれ博物館を運営することになる学芸職員が中心となって，展示設計の専門家であるデザイナーやプランニングサポーターなどを雇用し，メンバーに加え，ワーキンググループを構成して進める。基本計画段階は，展示のポリシーや，シナリオの骨格を作ってゆく段階であるから，すべての展示コンサルタント会社や，展示施工会社に丸投げすることは，投げられた方も困るので厳に慎む。企業は，いわれれば立派な展示を作った実績があるので大いに協力したいところであろうが，利用者からの評価を受けるのは，企業ではなく博物館の職員なのである。ベテランであるか，新人であるかを問うよりも，自分たちの博物館を作るのだ，という気概を持った学芸職員をこの時点で雇用・参画させ，質の高い基本計画を作成することを心がける。

また，立案された計画を審議，検討し承認するには，基本構想委員会に参画したメンバーのほか，ある程度博物館の展示や活動の実際に詳しいベテランの専門家や，事業主体者の代表，展示テーマにかかわりの深い学者などによる「建設推進委員会」，あるいは「建設準備委員会」などの上位委員会を設け，ここで審議，決定する体制を取る。

3 建築計画への与件作り

　博物館の建築計画は，その設計作業も含めて，高度に専門知識と経験を要する業務であるから，学芸職員の手に負えるものではないことはいうまでもない。建築は，その敷地整備も含めて，総事業費の半分以上をも使うことが多いので，建築家は，一刻も早くその計画，設計に取り組みたいと考えている。そのために建築家は，クライアントに対し基本構想の段階からさまざまな質問を寄せてくる。

- 展示の面積はどの程度必要なのか，ワンルームかそれともいくつかの区切られた部屋か？
- なにを展示するのか？
- 屋外にも展示があるのか？
- 収蔵庫は？，企画展示室は？　事務室は……？
- 天井高は？　床の耐荷重は？　壁は可動式……？
- 情報通信系のための配管計画は？　ソーラーシステムなど，設備の特徴は？

などなど……。もしなにもクライアントから示されないと，建築家はこれまでの経験や概算工事費をもとに，いくつかの案を作って提案してくる。建築家はプライドが高く，また芸術家のように頑固でもある。それがまたユニークな建物を造る原動力にもなっているのだから，決して非難されるべきものではない。ただ，総じていえることは，これまでの日本の建築家は，博物館の機能について十分な研究を重ねている人はきわめて少ない。したがって，提案してくるプランをそのまま鵜呑みにすると，機能よりもデザインが優先されていて，後でとても使いにくい建物となってしまうケースも見受けられる。

　学芸職員は基本計画のあらましが見えてきたところで，できるだけ早く建築側に対する指示，要望事項を具体的にまとめ，展示計画側からの与件として伝達することが重要である。もちろんさまざまな事情から，すべて提示した与件どおりに計画されるわけではない。これまでの多くの博物館建設で指摘されていたことは，建築計画が先に進み，展示がその計画に合わせて設計されるという，あたかも既存の建物の中に展示するのと変わりのない窮屈さを強いられるケースがあまりにも多かったことである。これは建築家の責任ではない。計画を推

進する主体者が，あまりにも博物館の基本的機能について勉強不足であるところからくる問題であるともいえるので，主体者，あるいはそれに代わる行政の担当部局のスタッフなどは，建築計画の先走りだけは避けるように計画しなければならない。

D 基本設計段階

展示基本設計業務は，展示基本計画に基づいて実際に展示するものの量と空間への配置を決め込む具体化作業の第一歩である。したがって，すでに建築側からは，常設展示室の構成やおよその面積，天井高などの空間特性は示されており，よほどのことがない限り，この空間を前提に設計を進めることとなる。ここでは作業の進め方，体制，成果品である基本設計図書の主な内容などについて述べる。

1 準備委員会，部門別委員会，準備室の設置

博物館の建設工事は設計がはじまると，建築部門，展示部門，資料調査部門などにおいてさまざまな分野の外部専門家がかかわってくるし，また，内部部局も調整や許認可，指導・助言などの必要性から一気に関係範囲が広がってくる。そこでこのための準備を専従的に扱う準備室が，どうしても必要である。準備室のスタッフは室長をはじめ，契約，経理，事務処理などを行う事務系スタッフと展示や資料収集にかかわる学芸職員によって構成され，業務の進捗に応じて次第に建築専門職，情報系専門職などが加わってくる。もっとも建築や設備（電気，給排水，空調など）については，通常自治体などにおいては，専門の部局を持っており，ここで設計から工事完了までのすべての業務を推進してくれるので，準備室はこことの関係を密接に持っておくことである。

展示設計を進める学芸職員は，展示デザイナーや，プランニングサポーター，システム設計者などの専門家を委嘱して参画させワーキンググループを構成し，展示物の配置計画の図面化，演出計画，予算執行計画などを進める。また同時に展示シナリオに沿って展示物を確定し，その入手方法（製作，購入，寄贈，借用，寄託……）を検討する。こうした作業は，学芸職員が少ない場合には目が行き届かないこともあるし，また客観的な評価を受けながら進めなければならないこともあるので，外部の学識経験者や，教育関係者，博物館専門家などで

構成する「展示資料委員会」のような専門部会を設け，検討あるいは指導・助言を受ける体制を作ることもある。

さらに建築，展示，資料収集などの総合的な計画や設計案をその予算執行計画，工程計画などとともに審議し，承認する「博物館建設準備委員会」のような上位機関も必要である。なお，基本計画の推進体制の例については，琵琶湖博物館の基本設計推進体制（図3）を参照されたい。

2 展示デザイナーなどの選定

展示シナリオに沿って学芸職員が選定した展示物をどのように配置し，どのような演出のもとに見せるかについては，展示デザイナーなどの専門家の力を借りるのがよい。こうした専門家は，フリーの人，展示設計事務所，展示施工会社の設計部門のスタッフなどがある。いずれの場合でもその人間の経歴，業務実績などの資料を取り寄せ，慎重に判断して契約する。設計事務所や施工会社と契約する場合でも，実際に参画してもらうデザイナーのリストと，経験年数，業務実績や作品例などの提出を求め，これらにより判断することが望ましい。また最近では，クライアント側に学芸職員がいない場合，展示設計会社や，施工会社に設計競技に参加するよう呼びかけ，その提案書を審査して設計者を決めるやり方をとる自治体も見られる。とくに科学館などでは，展示物は実物標本資料などは所有しておらず，ほとんどの展示物を製作することになるので，そのアイデアも含めて，提案させることが手っ取り早い，と考えられなくもない。しかし，提案書を一体誰がどのような視点に立って審査，評価するのかが重要であって，そのための科学館の専門家や，コンサルタントがいないままプレゼンテーションや，スケッチの巧みさに幻惑されて設計者を決めてしまうと，後で不満が噴出するケースも時々見られる。設計作業ではあくまでクライアントや，学芸職員の片腕になって，空間演出や，展示手法などのアイデアを出し，これを図面化し，主な仕様を提案するのが展示デザイナーの仕事であるから，その役割を十分発揮させる共同作業体制を作ることがまず大切なことである。このためには，あらかじめ類似施設の調査の中でこうした推進体制のあり方や問題点をよくヒアリングし，アドバイスを受けることが効果的である。

3 基本設計業務の内容

・基本計画の見直し

基本計画で謳われた展示基本方針に追加すべき事項や，展示シナリオの見直し，空間計画や動線計画のチェックなど，効果や，実現性，予算の制約などの観点から再度見直して基本設計の方針を立てる。

・展示物の確定

確定したシナリオに従って展示物を確定し，展示物リストを作成する。

・展示構成と配置計画の作成

展示物相互の関係を明確にし，解りやすさと情報の階層に沿った配置計画を作成する。

・演出計画と動線・視線計画の作成

展示物そのものの大きさや形状，色，見せたいところなどを考慮し，空間にどう配置するか，あるいはどのような環境を作ってその中に展示を配置するかなど，楽しくまた解りやすく見せる手法について計画する。

・製作物の設計

博物館側から支給する実物やレプリカ資料のほか，展示製作会社に製作を依頼する主な展示物や環境づくりの装置などの平面図，立面図，断面図，基本仕様などを作成する。

この中では，映像や，コンピュータソフトなどのシナリオやプログラム，そのための使用機器についても基本事項を定める。

・運営関係諸装置の設計

貴重な展示物固有の防犯防災，盗難，いたずら防止装置，バリアフリーのための関連諸装置などについて設計する。

・関係諸法規関連調整

建築基準法，消防法，著作権法など，この時点で判明している法規にふれそうな事項に関しチェックし，必要に応じて，関係機関の指導を仰ぐ。

・試作開発

展示や実験装置などでその効果や機能などが不明なもの，あるいはこれまでに製作した経験がどこにもないものなどは，試作実験したり，試作開発することが必要である。

・設計図および基本仕様書，説明書の作成

作業した内容について，基本設計図書としてまとめる。

・概算予算書の作成
　この段階では設計者積算として，およそ千円単位ですべての製作物の積算書を作成するとともに，博物館側で購入する展示物の金額を算定する。
・工程表の作成
　実施設計，展示工事の年度別，月別工程表を作成する。この段階では，ある程度展示工事の種別ごとに工程表を作成することが望ましい。つまり，造作関係，グラフィック関係，レプリカ・模型関係，装置関係，音声・映像ハード関係，ソフト関係，情報システム関係などに分けて工程表を作成する。

4　基本設計図書の内容（参考事例：千葉県立現代産業科学館）

1994年（平成6）にオープンした千葉県立現代産業科学館は，県立の理工系博物館としては産業技術史や体験型の科学展示を扱っている比較的規模の大きい科学産業博物館である。完成の2年前に，千葉県教育委員会によって作成された基本設計の内容を目次によって示す。

　1．基本設計の前提
　　(1)　設置の目的
　　(2)　基本的な性格
　　(3)　館の機能
　　(4)　設置場所および施設規模
　　(5)　立地条件
　　(6)　入館者予測
　2．基本設計の方針
　3．展示基本設計
　　(1) 展示構成とねらい
　　(2)　常設展示
　　　①展示項目一覧
　　　②展示のねらいと展示概要
　　(3)　展示動線計画および配置計画
　　　①全体動線計画
　　　②全体配置計画

③全体動線・配置図
④部門別配置計画
⑤部門別動線計画
(4) 展示全体鳥瞰図および部門別スケッチ
(5) 展示技術諸設計
①展示解説計画
②展示サイン計画
③照明計画
④展示映像・音響計画
(6) 屋外展示計画
①屋外展示の概要
②屋外展示の構成要素
③サイエンスオブジェ構成図
4. 科学情報コーナー
(1) 基本方針
(2) 機能と施設
(3) 情報の構成
(4) 情報の検索方法
(5) システム構成例
5. 映像ホール計画
(1) 基本的な考え方
(2) 演出の構成とねらい
(3) 上映プログラムの提案
6. 建築計画
(1) 部門別建築面積
(2) 建築各部の概要
(3) 建築平面図
7. 管理運営計画
8. 小項目構成票
(これが, 各展示物, あるいは展示小項目の平面図, 立面図, 断面図と展示資

料を表した，いわば展示カードに相当するものである。）
  9. 総合工程表
  10. 設置準備委員名簿

なお，概算予算書は普通別紙にするので，本文の中には含まれていない。

本基本設計図書の内容はあくまで一例にすぎないが，その内容を見ると，人文系，自然系などの博物館の基本設計でも上記項目を含むものが多いと思われるので，参考事例として示したものである。

E 実施設計段階

実施設計業務は，基本設計図書に基づき，詳細なシナリオの作成と決定，展示物の決定，すべての製作物や工事の詳細設計，仕様の確定，設計積算書の作成などを行い，製作施工の発注ができる実施設計図書をまとめる業務といってよい。

展示物はクライアントが支給する実物標本ばかりでなく，レプリカ，模型，ジオラマ，メカ装置，映像装置，映像ソフト，グラフィック，展示ケースや造作，情報システム（ハード，ソフト）などさまざまな形態，仕組みのものが単体あるいは複合されて構成されるきわめて複雑なものである。したがってこの段階では，それぞれの分野を得意とする展示デザイナーや，シナリオライター，メカ装置開発者などが総括ディレクターのもとに結集し，学芸職員とともに設計作業を進めることとなる。

1 実施設計図書に盛り込まれる内容

・展示実施シナリオと展示物リスト

  基本設計で示された大テーマ，中テーマ，小テーマ，展示物をより詳細に決め込み，展示物リストを確定する。展示物リストでは，資料ナンバー，資料名称，取得地，展示形態（実物，模型，写真などの区別），数量，寸法などのほか，調達形態（支給，購入，製作などの区別）をリスト化する。

・共通仕様書

  製作施工を進める場合の憲法のようなもので，疑義や変更などの指示の仰ぎ方，従うべき法令，現場の管理方法，施工図の承認，記録，材料の選定，工事の進め方，検査の仕方などを詳細に指示したものである。

・特記仕様書
　共通仕様書で示すことのできない，各展示物の製作施工上の指示，留意点，材料仕様，製作施工の仕方などを列挙したものである。
・実施設計図面
　　さまざまな図面の種類があるが，主なものは以下のとおりである。
　　全体平面図
　　全体動線図
　　全体鳥瞰図
　　天井伏図
　　仕上げ表
　　意匠図（平面，立面，断面）
　　造作詳細図
　　グラフィック図
　　模型，造形図
　　機器詳細図（メカ装置など）
　　映像機器図
　　演出システム図
　　取り付けパーツ図
　　電気配線図，照明図
　　給排水図
　　消防設備図
　　什器備品リスト
　　映像・音響シナリオ
　　情報システムシナリオ
　いずれの図面も基本は A1 の大きさで作成され，図面ナンバー，展示名称，図面名称，縮尺，さらにキープランといって，この展示が全体平面図のどの位置のものかを図示するのが通例である。

2　展示カード（リスト）の作成

　先に述べたとおり，一つの展示（小テーマ）も展示資料や解説パネル，写真，図表，あるいは映像などによって構成されているので，それぞれが図面集のよ

うにバラバラになってしまうと，実施設計の検討が進めにくい。そこで展示アイテムごとに展示仕様カードを作成し，これに展示のねらい，展示概要，意匠図，付属する展示（解説パネル，音響装置など）をまとめておくと，その履歴により，検討事項，決定事項，変更理由などの共通理解が得やすく，また検討経緯の記録にもなるのでお薦めしたい（図8）。

3 会議録（議事録）の作成

検討のための定例会議や分科会などにおいて，学芸職員と設計者の間で討議された主な内容とその結果は，必ず議事録を作成し相互に確認，承認をしておくことが重要である。後で展示デザイナーが勝手に決めた，などの水掛け論が発生しないよう十分注意する。

4 積算内訳表の作成

設計図や仕様書が作成できたら，これに基づいて製作施工工事費の作成を行う。内訳表は展示名称，摘要（使用する材料，工賃，版権料など），数量，単価，金額などで構成される。これにさらに，製作管理費，共通仮設費，一般管理費，消費税などが加わって，展示製作施工費が円単位で積算される。

5 建築設計との調整

この段階は建築側も実施設計が進み，床，壁，天井，電気，給排水，情報通信設備，消防設備などについて展示計画側からの詳細な与件を求めてくる。とくに材料や，荷重，配管位置，コンセントの位置と電気容量，一般照明（建築側）と演出照明（展示側）の取り合いなど，後で変更がきかない事項については早めに与件を出し，調整しておく必要がある。この結果は与件書として整理し，建築，展示双方で確認しておく。また，建築設計図ができていたら，これを入手して，これによって不明な点，曖昧な点，取り合いの確認を行い，漏れのないようにしておくことも重要である。

6 工程表の作成

この時点では，発注から製作施工，完成までのスケジュールを工種ごとに，月ごとの表として作成する。またこの中には，製作施工者がクライアントや，設計者の承諾をどの時点でもらう予定か，あるいは月ごとの出来高はどのような推移をたどると想定されるか，現場工事にはいつからはいるかなどの内容も含まれる（図9）。

〔山田英徳〕

134　V　展示計画から完成まで

| NO. 4-3-14 | 展示テーマ 知恵との出会い／歴史スタジアム | 展示項目 村々のくらしと風景 |

● 内容及び資料

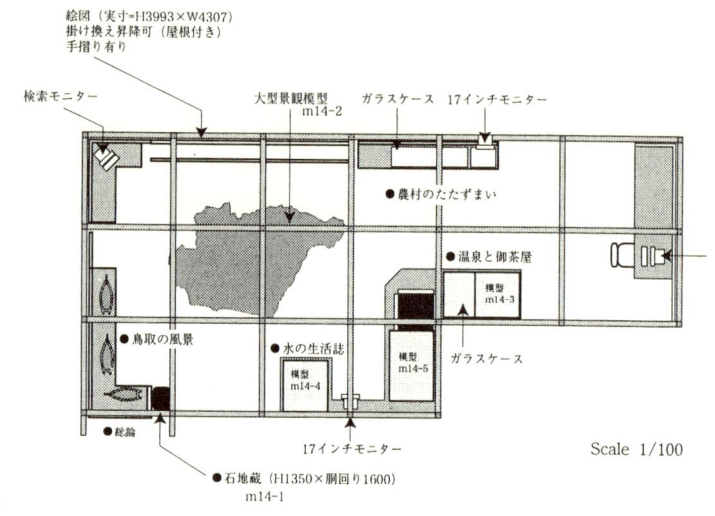

（図：展示レイアウト平面図　Scale 1/100）
- 絵図（実寸=H3993×W4307）掛け換え昇降可（屋根付き）手摺り有り
- 検索モニター
- 大型景観模型 m14-2
- ガラスケース
- 17インチモニター
- ●農村のたたずまい
- ●温泉と御茶屋
- 模型 m14-3
- ●鳥取の風景
- ●水の生活誌
- 模型 m14-4
- 模型 m14-5
- ガラスケース
- ●総論
- 17インチモニター
- 石地蔵（H1350×胴回り1600）m14-1

■■■ 概要

鳥取の景観の変貌、人々の営み、それらを形成する地域性を展示する。また、鳥取の独特の地域性の中で、の生活、吉岡温泉の歴史などのコーナーを設け、鳥取市を型取った近世鳥取の地形モデルを中心にそれら村137村・1町を34のブロック分けし、引き出しに分割収納する。各々村のデータはコンピュータ検索でき、スペースとする。

■■■ 展開内容

- ・スタジアムへの導入
- ・道標地蔵と追分茶屋（石地蔵のモデルと道標地蔵と追分茶屋の解説）
- ・鳥取の風景（鳥取の景観模型、大絵図、寄贈の舟の模型、村々のデータ検索、137ヶ村、1町の情報を収5本の引き出し、閲覧コーナーと資料、書棚）
　g14-3-1：流通のすがた　g14-3-2：因幡八景図　g14-3-3：じげの村をさぐる
- ・農山村のたたずまい（江戸時代の農山村の生業、習慣、年中行事等の紹介／農家の1年間をアニメ化して農村の四季を描いた絵巻、絵画史料や閲覧用複製資料・道具を展示＝ガラスケース、閲覧テーブル）
　g14-4-1：村のシステム　g14-5-2：農村の生活　g14-5-3：ヤマの生業
- ・温泉と御茶屋（吉岡温泉の歴史、池田家の姫君の温泉日記、古海の御茶屋の紹介、御茶屋の模型）
　g14-5-1：吉岡温泉の歴史　g14-5-2：吉岡御茶屋でご入湯　g14-5-3：領内の御茶屋
- ・水の生活誌（鳥取の水上流通、賀露港の模型、石がま漁の模型、賀露港の祭り、石がま漁の映像、絵画史
　g14-6-1：湊と砂丘　g14-6-2：湖山池の石がま漁　g14-6-3：水辺の風景
- ・研究中　特別展示コーナー（壁面黒板仕様）研究中の情報、最新の情報、博物館情報グループ研究発表、幅広く、多目的に使用する。※村の合併の過程を示したパネル展示。学芸員の常駐の場として入力用端末

図8　展示資料仕様カードの例（提供：(財)日本科学技術振興財団）

2　展示計画の手順　*135*

（1／6）　※テーマ変更予定＝村の暮らしと風景（仮題）　　NO. F004
　　　　　　　　　　　　　　　　　　　　　　　　　　　DATE 1999. 03. 01

●目的（ねらい）
近世鳥取の村々の生活を、全体、農山村、温泉、水（海、池、川）4つのゾーンで紹介する。鳥取の景観は、先人達の知恵と地道な労働によって少しずつ変貌をとげた。この大地に刻まれた人々の営みやそれらを形成する地域性を見ることができる。
また、鳥取の独特の地域性の中で、水上流通や水辺の生活、農山村の生活での習慣・年中行事、吉岡温泉の歴史とそのエピソード、当時の御茶屋等など時代を超越した慣習や今に受け継がれてきた生活の知恵を見い出すことができる。

●展示手法

☑①実物
　道具類、古文書（支給）
☑②レプリカ
　鳥取大絵図、温泉絵巻、古文書、農村生活図絵
☑③写真
　パネル中の写真
☑④図表
　パネル内の年表、地図、グラフ
☑⑤イラスト
　各パネル中のイラスト
☑⑥解説文
　各パネル中の解説
☑⑦模型
　景観模型、温泉、石がま、賀露港、舟（支給）
☑⑧検索
　村々データ検索

☐⑨音響
☑⑩映像
　石がま、賀露港の祭り、農業絵日記（アニメ）
☐⑪スライド映像
☐⑫体験映像装置
☐⑬装置＋映像
☐⑭装置
☐⑮その他

備考

水辺の生活、農山村々の世界を紹介する。研究室の顔をも持つ

●模型・造形仕様

全体構成		背景画　（有　／　無）
		人形　（有　／　無）
季節	時間	仕掛け装置（有　／　無）

●写真仕様

カラー／モノクロ	ネガ／ポジ：（支給　／版権　／撮影）
版権所有者または撮影場所	

納した

映像で紹介、

料や複製資料）
特別展のポスター等を配置。

特記事項
●面積
●ケース
●照明方法
●消防法
●地震対策
●身障者対策
●メンテナンス方法（いたずら対策）
●清掃方法
●展示替えに対する考え方
●その他

（財）日本科学技術振興財団

V 展示計画から完成まで

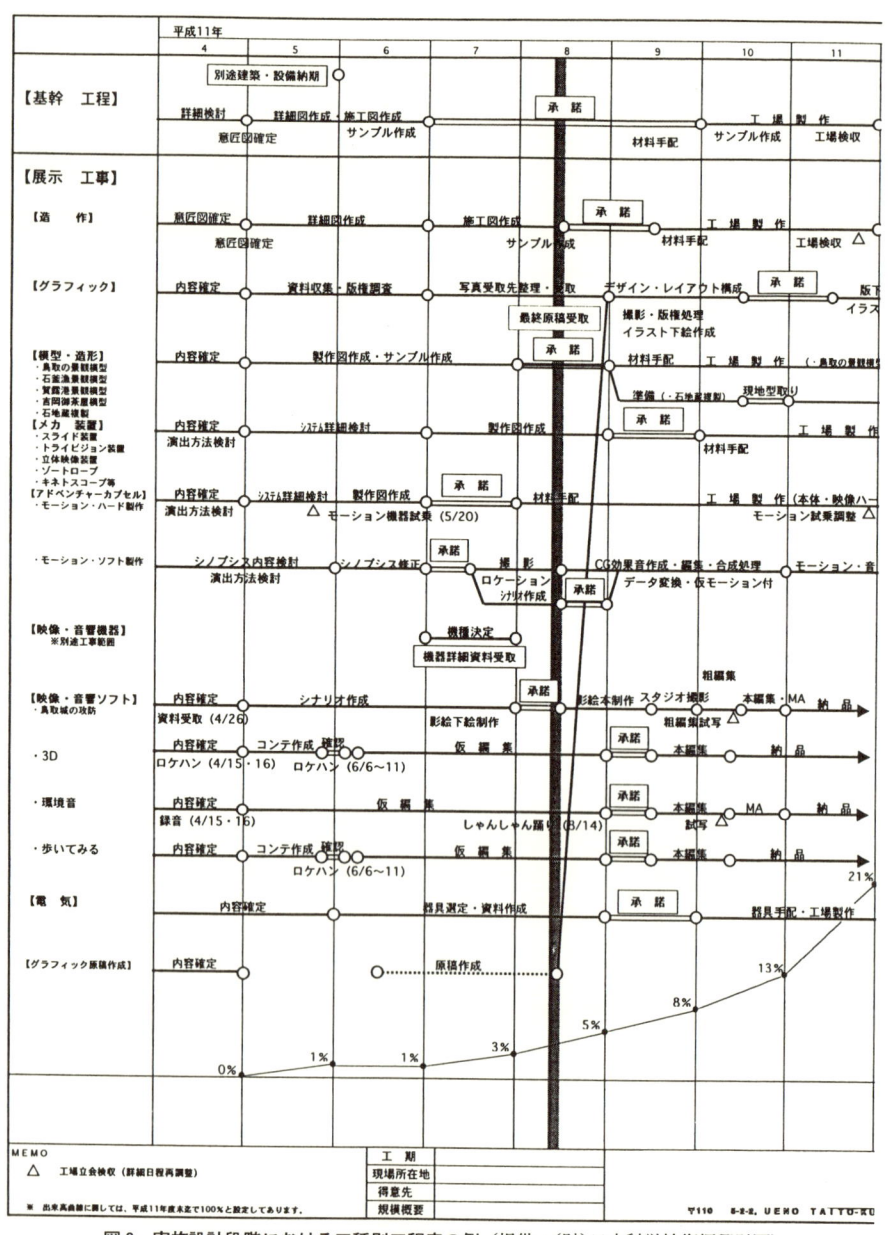

図9 実施設計段階における工種別工程表の例 (提供:(財)日本科学技術振興財団)

2 展示計画の手順　137

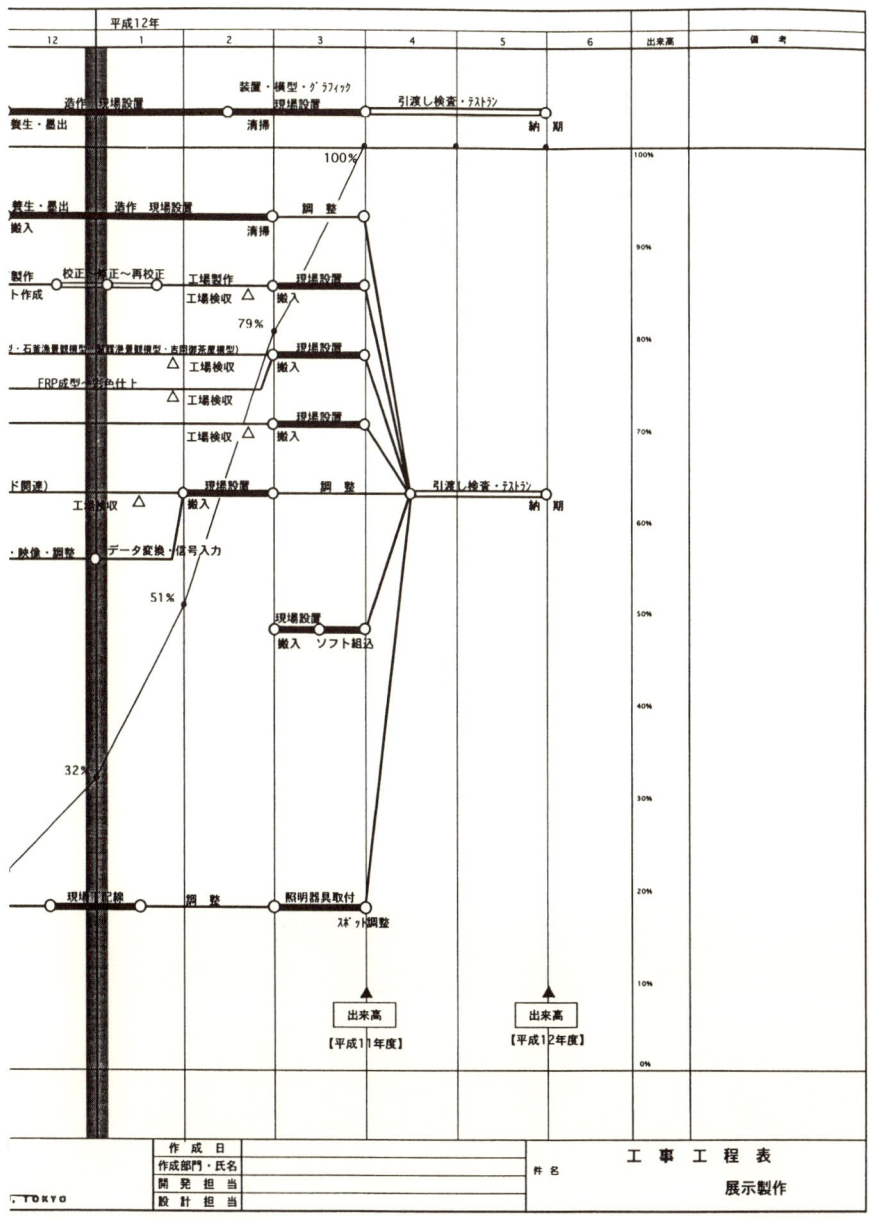

3 製作・施工の手順

設計図ができたからといって，いきなり製作に取りかかるわけではない。入手した展示資料の展示条件（ケース内の温度や湿度，当てる照明の強さなど）を再検討したり，展示ケースや造作を実物大の段ボールで作って，実際に展示室に配置してそのスケール感や観客導線の安全性をチェックしたり，不明なものは試作実験したり，など学芸職員が中心になって進めなければならない作業が山積している。ここでは，そうした作業と平行して外部の製作施工会社に発注するものについて，どのような手順で進めることになるかについて述べる。

A 発注までの手順

1 作業区分表の作成

実施設計図書および積算内訳書をもとに，博物館側から別途支給するもの，図面には書いてあるが工事範囲から除くもの，建築側で工事するものなど展示製作・施工の発注範囲を確定するための区分表である。

写真3 段ボールを使った展示空間のチェック

2 発注区分表の作成

日本の場合,展示ディスプレイ会社が発達していて,博物館などの文化施設の展示物や展示環境づくりを一括して請け負うケースもまれではない。この場合,さまざまな工種をちょうど建築のゼネコンのようにそれぞれの下請け会社に再発注し,製作や工事を総合的に進めてもらうことになる。ただ,展示室が大規模で,1社では工程に無理がある場合や,工種ごとにその専門会社に発注したい場合は,その工区や業種を区分してそれぞれに発注する準備をしなければならない。また,特殊なもので1社しか造っていないものや,特定の芸術家,作者に依頼するもの,試作実験しながら最終品を展示するものなどは特命で随意契約発注することが考えられるので,その作者,製作条件,発注予定金額などを明確にして区分しておかなければならない。

3 製作・施工者の選定

国や自治体が展示工事を発注する場合,まずあらかじめその業種として登録してある会社であることが前提である。展示工事はかなり複雑で,かつ創造的な業種であるから,通常は一般競争入札で受注者を決めるより,その経験や実績を勘案し,指名競争入札による方法の方が理にかなっていると筆者は判断している。ただ,国際競争入札をすべしとする考え方もあるので,工事区分も考えて慎重に選択する必要がある。

製作・施工会社を指名競争入札で決める場合には,入札参加有資格会社に関する情報を収集する。

会社の規模,組織,直近数年間の工事実績などである。もっとも有効なのがすでに工事した類似施設を視察し,その内容と,クライアントの意見を聞くことである。こうして選定した数社に対し,入札説明会への参加を呼びかけ,応じたものを召集して説明会を開催する。

4 発注手続き

発注者は,あらかじめ工事区分ごとに落札予定価格を決めておく。

まず,参加者に図面と仕様書を示し,工事の内容を説明する現場説明会を行う。入札日を指定し,その間を書面かファックスによる質疑の期間とする。

工事の規模にもよるが,普通20日間以内に設定されているようである。

入札作業の進め方は細かくなるので省くが,建築工事入札と同じであるから,

関係部署の助言を受けると良い。予定価格をすべて上回った場合の入札不調や，極端にディスカウントしてきた場合の取り扱いなど，入札前にその対応策を決めておかなければならない。こうして落札者が決まったら，工事契約を取り交わす。

また，入札にかけず，特命で1社（者）に発注する場合は，その理由を明快にし，責任者の承認をとり随意契約を交わす。

B 製作・施工監理

監理業務は，製作・施工者が，設計の意図や仕様のとおりに作業し，製作しているかについて管理し，監督し，指示，承認してゆく業務である。したがって，普通，設計者がこれに当たり，さらに発注者側の監督員の承認を得ながら工事が進められてゆく。監理者は主として指示，伝達，検査，立ち会い，承諾，調整などの行為を行う。主な監理業務は以下のとおりである。

1 製作調整監理業務
- 施工者への設計意図の伝達・指示
- 施工図，工程表，下請け業者リスト，機器リスト，試験成績書などの検査・承諾
- 使用材料見本などの検査・承諾
- 映像シナリオ・動作フローなどの検査・承諾
- グラフィック・サイン・解説原稿などの検査・承諾
- カラー計画，カラー見本の検査・承諾
- 建築工事側との打ち合わせ・調整
- 消防署との打ち合わせ・調整
- クライアントとの打ち合わせ・調整
- 各種文書類（報告書，届け出用紙，工事出来高など）の検査（承諾）
- 竣工図書の検査

2 工場製作監理業務
- 工場製作物の立ち会い，承諾（中間，最終）
- 既製品展示物の品質・機能検査の立ち会い（承諾）
- 映像ソフト，音響ソフトなどの製作立ち会い・承諾

・情報装置の動作確認および製作画像の検査・承諾
3　現場設置工事監理業務
・現場搬入・設置工事の立ち会い
・装置・機器類の試運転立ち会い
・完成検査・承諾
・手直し工事の指示，立ち会い・承諾
・竣工・引き渡しの立ち会い

　監理業務は，あくまでもクライアントに代わって実質的な施工の監督を行うものであるから，施工者にすべてを任せてしまっては意味をなさない。ただ展示の性格やクライアントの都合などによって，設計者と施工者が同一の会社である場合（責任施工という）は，監理業務のみを外部専門コンサルタントに委託する方法もある。

C　完成までの手順

　製作・施工はまず製作図・施工図の作成からはじまる。これらの図面は，監理者ならびに監督員の承認を経て，工場製作を行う。また現場への立ち入りが可能となったら，実際に寸法を当たり，施工図に沿って現場設置工事へと進む。この間の展示製作の流れを琵琶湖博物館の年度別，工種別表で見てみよう（図10）。学芸職員と施工者が，一体となって作業を進めてゆく業務内容の流れが一目瞭然である。また，図11は，ある博物館における，映像情報ソフトの1か月間の日単位工程表である。取材，撮影，仮編集，プログラム作成などが密集していることを読みとることができるであろう。

　こうした工程の中で，すべての展示に対し，工場での中間検収や，出来高チェック，学術監修，考証，最終検収，手直し工事，完成検査，消防検査などをクリアし，いよいよクライアントに対する引き渡しとなるのである。

　引き渡しでは，鍵，竣工図，取扱説明書，検査成績書，保守要領書，予備品，消耗品，予備ソフト，スタディー模型，記録写真集などを引き渡すほか，借用品（関連図書，写真などの原板など）を返却する。　　　　　〔山田英徳〕

V 展示計画から完成まで

	平成4年度 実施設計図面	平成5年度 施工図面完成	平成6年度 製作	平成7年度	平成8年度(6月30日) 設置
実物標本	計画確定→標本所在調査・収集 リスト作成	→標本入手交渉→探集	→標本入手→探集終了	→標本確定	→展示室設置
レプリカ	計画確定→業者打合せ→標本入手・レプリカ作成 リスト作成		→標本入手・レプリカ作成	→レプリカ完成	→設置
ジオラマ	計画確定→業者打合せ・現地ロケ・模型作成・確定 資料提供 写真・図	→レプリカ作成 標本探集 型取り 木材入手交渉・伐採 取材・録音 展示用標本探集	→乾燥加工→レプリカ完成	→組立	→現場工事
模型	計画確定→調査→資料考証	→図面作成→製作開始 施工図面	→調査→検査→組立	→彩色→細部考証→完成	→設置
映像	計画確定→シナリオ製作→業者打合せ	→撮影開始	→版下作成	→撮影終了 編集・ダビング ディスク	→設置
グラフィック	計画確定→写真・図リスト作成 写真撮影 図入手交渉	→施工図面確定	→版下作成 写真購入・借入 著作権クリアー・作図	→製作	→設置
造形	計画確定→調査・表現検討	→施工図面確定	→製作開始	→校正→検査	→設置
キャプション・造作・展示室工事	計画確定→調査・表現検討	→施工図面確定	→仕様確定	→調整→原稿 工事開始	→現場据付け 設置 完成
装置	計画確定→システム検討	→施工図面確定	→製作開始		→設置

図10　5か年間に及ぶ展示製作の流れ(『琵琶湖博物館　開館までのあゆみ』より)

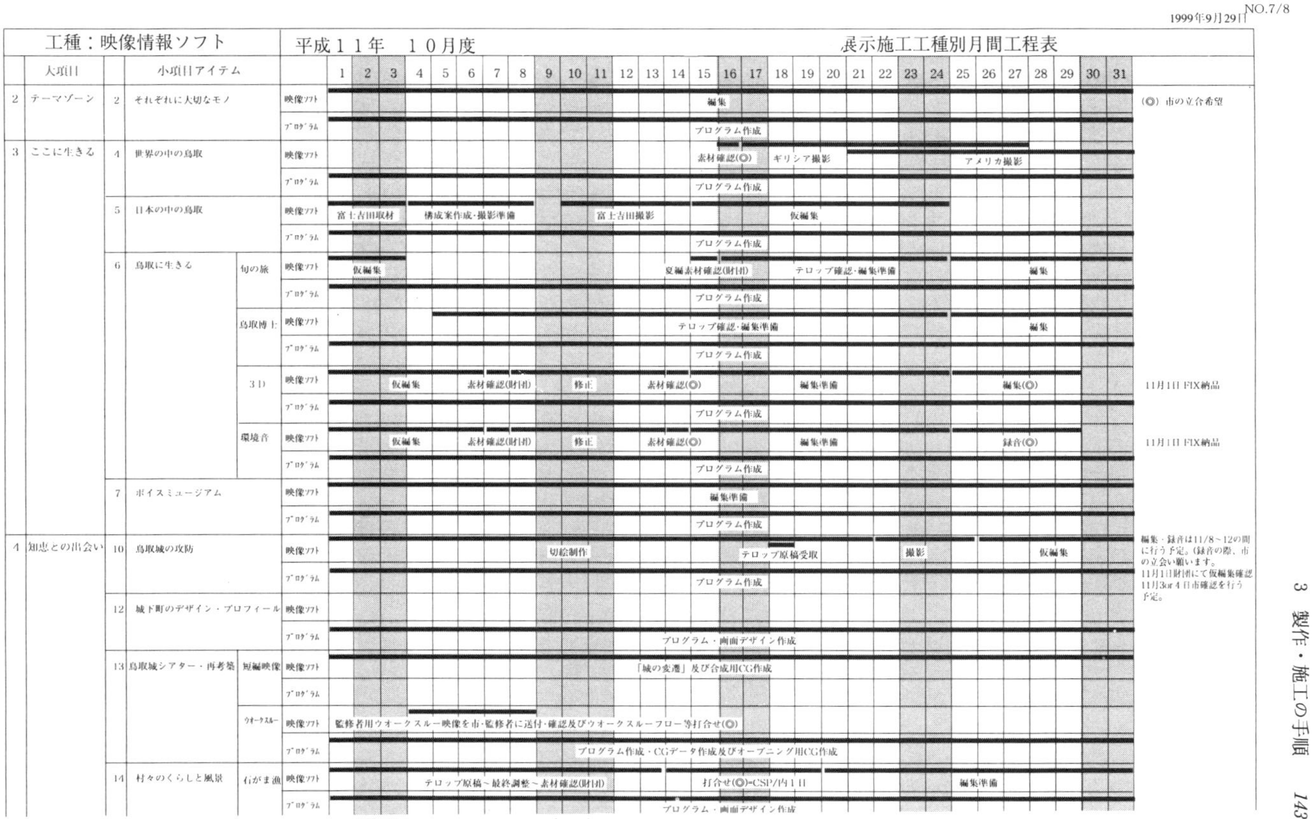

3 製作・施工の手順　143

図11　工種別月間工程表の例　(提供：(財)日本科学技術振興財団)

4　展示のリニューアル

はじめに

　現代博物館の基本的な使命は，常に社会の変化に対応し時代がなにを求めているのか，に敏感に反応した活動を企画し実施してゆくことである。これまで時代は10年ひと昔といわれたが，今や新しい時代は5年ひと昔といわれる急激な変化を遂げつつ進展してゆくだろう。ではいったい博物館を取り巻く社会環境が，この10年程度の間にどのような変化をしてきたのだろうか。

- ・物質の時代　　　　　⟶　心の時代，文化の時代
- ・ピラミッド構造　　　⟶　ネットワーク構造
- ・製造業中心　　　　　⟶　サービス業中心
- ・健康を守る公害防止　⟶　地球を守る環境破壊防止
- ・一方向マスメディア　⟶　双方向パーソナルメディア
- ・学校教育中心　　　　⟶　生涯学習時代
- ・子どもの高学歴化　　⟶　親の高学歴化
- ・あこがれの理工系　　⟶　理工系離れ
- ・高度経済成長　　　　⟶　安定経済成長
- ・学問の分化　　　　　⟶　学問の総合化，融合領域の開拓

　キーワードによってその変化の特徴の例をあげれば，上記のようにいえるのではあるまいか。こうした変化に博物館がどう対応し，時代とともに成長してゆくべきかを考えたとき，博物館活動への市民参加の充実をはかるばかりでなく，常設展示の見直しや，リニューアルについても中期，長期計画を持って着実に改革してゆくことが求められているのである。

A　展示のリニューアルの動機

　すでにある期間，博物館が地域に存在し活動を続けてきたならば，ほとんどの場合，市民はその存在を好意的に受け止めているはずである。あんなものはいらない，ほかにもっと必要なものがあるだろう，といった声はひと昔前には

聞かれた地域もあったが、今日では博物館の存在は地域の誇りとして受け止められ、その活動に注目しているのである。

これまで全国各地の博物館が、大規模、中規模の展示リニューアルを実施し、成功している例はたくさんあるが、その直接的な動機を見てみると、主に次の点があげられる。

- 展示物の劣化の進行
- 入館者数の減少
- 博物館機能の再編成（総合博物館を歴史系と自然史系に分離し、新たに自然史博物館を作る、など）
- 利用者からの新たなテーマの要請（環境、生命、情報など）

中でも、入館者数の減少は全国的に少子化が進む中、あながち博物館側の問題だけに原因を求めるわけにはゆかないが、あまり特別展も開催されず、常設展示はいつ行っても同じで新鮮味がない、といった市民の不満が博物館に足を運ばない原因になっていることも少なくないのである。後者の2点は博物館や利用者の積極的な姿勢から生まれるリニューアルの動機であるが、前者の2点は博物館側の怠慢から生まれる消極的な動機であり、本来ならば、ことが起こる前に対策を講じておかなければならないことである。多くの博物館は、展示物の劣化や入館者数の漸減傾向は宿命といってもよいことがらであるから、新設オープンした直後から常設展示の充実計画、リニューアル計画の立ち上げをすることが望まれるのである。

B　リニューアル実施の要点

1　現有展示の評価と課題の整理

現在ある展示も、開設当初は多額の費用をかけて制作したものである。老朽化して故障がちなものが多くなったのか、それとも時代遅れになってしまったのか、あるいはもともと動線に問題があったのか、リニューアル計画にはいる前に現有展示の評価をきちっとしておかなければならない。

日立市科学館においては、入館者の伸び悩みの原因がどこにあるのかを明らかにするために、地域のさまざまな分野の代表や科学館の専門家などによる「科学館の魅力づくり委員会」を設け検討した結果、展示の老朽化や時代遅れ

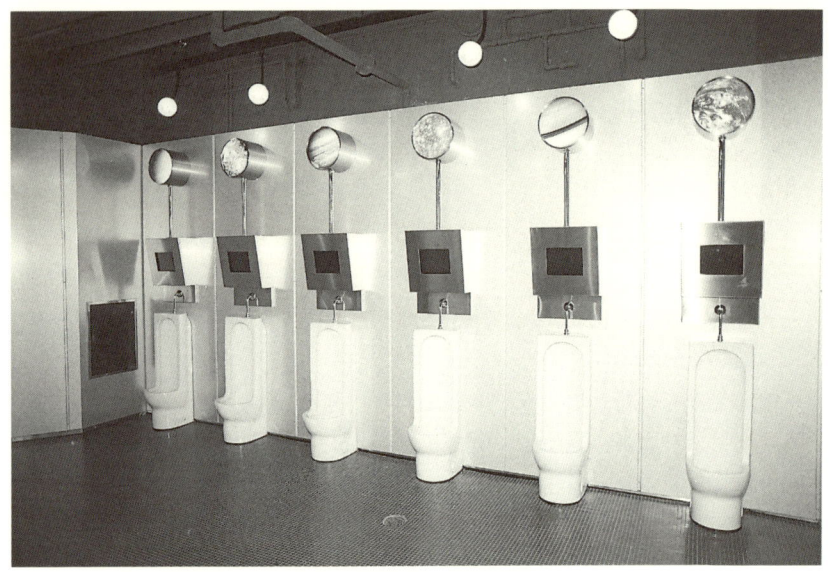

写真4　トイレの中の演出の例（科学技術館「フォレスト」）

というよりも，入り口に至る長い動線や，導入部の魅力度が足りないのではないか，との結論に至り，その部分に手を加え効果をあげたといわれている。また筆者の所属する科学技術館において，1996年（平成8）に実施した全体の4分の1に当たる大幅リニューアルにおいては，「一つ一つの展示に工夫がされていても，展示がおかれている空間全体に人々をワクワクさせるような生理的，心理的工夫がなされていない」[5]との問題意識にたち，一つ一つの展示の楽しさとともに，天井や床，トイレや階段，エスカレータまでも一体の演出空間と考え，さまざまな仕掛けを工夫し，成功したと自負しているところである（写真4）。

さらに，同じ1996年3月に常設展示を全面改装しオープンした兵庫県立歴史博物館における問題意識を，小栗栖は次のように整理し，『博物館研究』で紹介している[6]。（説明は筆者要約による）

・政治史から庶民の歴史へ

　　近年の研究動向と，開館以来の博物館の調査研究の蓄積を反映させ，人々の生活に結びついた視点からの歴史に対する新たな関心に答える必要

がある。(時代の変化と,利用者の要請,博物館の活動の成果利用など)
・常設展示内容・展示設備の固定化
　　細部にいたる展示シナリオの固定化により,研究活動の成果を反映し難いことと,展示システムが構造的に変えにくい。
・館蔵資料の未活用
　　細部の展示シナリオの固定により,調査研究や購入により収蔵された資料を十分活用できない。
・展示補助資料
　　展示解説のための解説パネルや,ビデオなどの利用に対し,新しいメディアを活用した情報提示のあり方を検討する必要がある。

　以上を見ても明らかなように,常設展示のリニューアルにおいては,ある意味で新設する博物館の展示計画よりも繊細で困難な問題をクリアしなければならず,館職員の苦悩と作業量は並大抵のものではないのである。同博物館のリニューアルは,阪神・淡路大震災の影響により当初の予定より3年遅れて実現することになったのであるが,8年の歳月をかけて全面改装にこぎつけた館長をはじめとする博物館職員の情熱と,その予算を確保した県の見識は特筆に値するものではあるまいか。

　展示内容,展示シナリオ,展示環境,サービス設備など,あらゆる角度からなにが一番問題なのかを,職員による分析,外部専門家による意見,利用者の評価や要望などを集積し明確に課題抽出することが,リニューアル計画のもっとも重要な前提になるものである。

2 ねらい,方針の明確化

　リニューアルのねらいについては,南谷が報告する宮崎県総合博物館の例が参考となる[7]。同博物館は1971年(昭和46)に創設された総合博物館であるが,美術館の新設を契機に美術部門を除く自然史,歴史,民俗をテーマとした博物館として大幅なリニューアルに取り組み,1998年(平成10)5月再出発した博物館である。1994年(平成6)に策定された博物館の「再編整備基本構想及び基本計画」の中で,リニューアルのねらいについて以下の項目をあげている。

・新しい展示機器や手法を導入するなど,魅力ある展示が展開できるよう常設展示室を整備する。

・広く県民のニーズに応えるために，多様な講座を解説するなど普及活動を充実させ，時代の要請にあった社会教育施設になるよう普及活動関連設備を整備する。
・資料の収集・保存・研究活動が円滑に進められるよう収蔵庫を整備するとともに情報処理機器の導入をはかる。
・高齢者や身障者に配慮するなど，広く県民に利用される開かれた博物館になるよう各施設設備を整備する。
・これら多様な業務を円滑に進めるために必要な人材を確保する。

南谷はさらに計画に示された常設展示の方針と，実際に完成した展示についてその要点を紹介しているが，「楽しく分かりやすい展示を目指して」の中で，展示を構築する際に配慮した事項を次のように報告している（説明部分は筆者要約による）。

・学びの場に相応しい展示
　実物資料の重視，学習用補助シートの設置，学習内容検索用のコンピュータの導入，淡水魚や水生昆虫など生き物の展示の導入など
・分かりやすい展示
　小学校5年生に読めるグラフィック解説，日本最大級の照葉樹林スーパージオラマなど立体的な表現の多用，ふんだんな動画の採用，古墳時代の人の顔を再現する最新メカの導入など
・楽しめる展示
　嗅ぐ，聴く，触る，組み立てる，覗くなど体験手法を取り入れた展示，親子で楽しめる昔懐かしい展示物のコーナーの設置，大型映像シアターの設置，オリジナルコンピュータゲーム，鳴き声当てクイズなど
・宮崎らしいオリジナリティな展示
　民俗展示として1993年国指定の重要有形民俗文化財「日向の山村生産用具」を中心に構成，歴史関連県外流出資料をレプリカで再現など
・学術的に評価の得られる展示
　学芸職員の専門外事項について「展示構成原案等委託員」（県内外の専門家）に展示内容の作成を委託
・高齢者や身障者に優しい展示

触察や鳴き声発生装置，点字キャプションの設置，動画への字幕スーパーを入れるなど

このように，リニューアルのねらいや展示方針を明確にした中で実施された新しい展示構成は，利用者の反応に即あらわれ，それまで年間2万人弱の入館者数が，リニューアルオープン後50日で3万人を越える予想外の結果となり，その後も順調に伸びている，と聞く。また，アンケート調査によっても子どもから大人まで展示を楽しみ，学習し，安心して観覧している様子がうかがえ，博物館の全体の活動がリニューアルによって飛躍的に活性化したことを物語っていると推察されるのである。

3 その他

博物館展示のリニューアルの要点は，上記2項目がもっとも重要であるが，このほかにあげるとすれば次のことに留意する。

- リニューアルは大規模なほど効果が高い。

  展示を少しずつ充実したり，情報をこまめに更新することは大切であるが，利用者にアピールしないリニューアルは何回やっても同じである。「博物館が変わった！」と感じさせるには，ある程度の規模のリニューアルがなされなければ効果は薄い。

- リニューアルの必要性は市民や外部識者にも語らせる。

  博物館職員など当事者がいくら財政当局に働きかけても，なかなかその必要性を認めてもらえないケースも多いと聞く。市民のアンケートや投書，地元の有力者や識者の一言は強い味方である。常日頃から市民の声を記録し，街のオピニオンリーダーたちと交流を持ち，彼らにリニューアルの必要性を語らせるよう働きかけるのも有効である。

- 時代感覚をよく磨いておく。

  博物館人は時代に迎合しない，などと粋がっている学芸員に時々出会うが，博物館は時代とともに生き，成長するものであることをよく認識し，展示テーマ，展示手法，解説手法などに斬新で大胆な試みを導入することがリニューアルのポイントになることを心得ておくことが必要である。

〔山田英徳〕

5 展示評価

A 展示評価の可能性と限界

　博物館の展示が利用者に満足してもらっているか，どの展示がどの程度満足してもらっているか，問題のある展示はどのようなものか，それは何故か……。
　博物館にとって常に，かつもっとも気になることは利用者が展示をどのように評価してくれているか，であることは疑いのないことである。
　一般に，評価とは「良さについての判断，価値の値踏みである」といわれているが，博物館展示の「良さ」とは，いったいどのような判断基準により決められるものなのであろうか。
　われわれはこれまで，この悩ましい課題に挑戦するため「アンケート調査法」，「面接法」，「観察法」などといった調査手法により，利用者の興味や感想を明らかにしようと試みてきた。これらの調査は，利用者に対しすでに公開されている展示に関する感想を求めるものがほとんどであり，「おもしろかった」，「つまらなかった」，「役に立った」，「難しかった」などを3〜5段階に評価してもらう設問がほとんどであるといってよい。またこれらの結果を属性（年齢，性別……）ごとに集計し，さらにクロス集計するなどにより詳細な統計的分析を試みる博物館も多く見られる。こうした調査の結果は展示のリニューアル計画の参考としたり，博物館の全体的な活動の改善に役立てようとするものがほとんどであるが，さらに博物館の存在意義のアピールや，予算獲得を有利に進めるためのデータとして活用するなど，さまざまな目的のために活用されるものであって，調査を実施していない博物館はほとんどないといってよい。
　しかしながら，利用者ともっともかかわりのある「展示」について，その教育的効果や娯楽的意味などを科学的・分析的に調査し評価した例は，国内にはこれまでにあまり例がなく，評価の重要性についての論評はあるものの，はたして博物館の展示を客観的・総合的に評価する妥当な手法があるのか，展示を計画した側の展示の意図が抽象的で期待値が定量化されていないのに，受け手側の評価を定量的に測定することは困難でありまた矛盾があるのではないか，

といった疑問もあり，この面での研究はなかなか進展していないのが現状である。ただ，谷本・石川が1987年に実施した「展示評価の調査・研究」の報告[谷本・石川1987]によると，科学技術館における事例調査の結果をもとに考察してみると，ある特定の展示の改装前と改装後を同じ測定方法により評価し，そこに進歩があるかどうかを見定める，という目標であれば，展示者側であらかじめ計測して設定した「観覧必要時間」と観察法により測定した「観覧者が実際に観覧した時間」とをそれぞれ比較する，という方法はある程度有意な傾向を示すのではないかとし，観覧者の行動を客観的に計測することのできる指標（ここでは観覧時間）による展示の評価の可能性を示唆している。またこの調査報告書では，国内外の展示評価に関する研究の概要や，重要な文献についても紹介しているので参考となるところが多い。

いずれにしても展示評価に関する研究は，展示というものの持っている多様性，曖昧性，複雑性などにより評価目標の設定，評価手法の選定，データの分析と解釈などが不明確で恣意的になりがちであり，再現性の実証に困難を極めるといわれており，多くの博物館や研究者による事例調査の積み重ねこそが，新たな展示評価の可能性と評価の限界を明らかにしてゆくものと考えられる。

B 各段階の展示評価
1 企画設計段階

博物館の展示を企画設計する段階の検討作業を，展示評価の一部でもあるといってよいかどうかには問題がある。前述したとおり，評価とは「良さについての判断，価値の値踏み」であり，確かに計画当事者がより良き展示に向かってあれこれ比較検討し，その時点での評価を加えながら展示ストーリーや展示物を決め込んでゆくのであるから，この作業を展示評価ととらえることも間違いではないだろう。しかし，むしろこの段階における展示評価とは，計画当事者以外の，想定される利用者の立場，資金を用意する設置者の立場，テーマにかかわる研究者の立場，運営にかかわる行政や職員の立場など幅広い視点から展示計画の評価を受けることが本来の意味ではなかろうか。欧米の博物館においては，展示のリニューアル計画などにおいて博物館スタッフから提案される計画書に対し，経営に当たる理事者側の評価はきわめて厳しいものがあるとい

われている．このため博物館スタッフは理事者との問答をあらかじめ想定し，裏付け資料やデータを準備するばかりでなく，第三者である良き理解者の同行を得て十分な説明を行い，良き評価を受けるべく腐心するのである．わが国においては，そうした仕組みが十分に定着しているとは必ずしもいえず，いったん計画当事者である学芸職員や展示設計会社などに企画設計業務が渡ってしまうと，予算の執行計画や運営組織計画などには口を出すものの，展示計画には門外漢としてあまり関心を持たない例が多く，完成オープン後に陰口をたたくというのが多いのは感心できない．展示というのは，いったん完成するとアンケート調査などにより利用者からの不満や批判が明らかとなったとしても，なかなか手直しすることが困難であり，次のリニューアルの時に手直ししようということになってしまうのである．

　この点で，1節で紹介した滋賀県立琵琶湖博物館の展示計画の進め方は，その時間も十分であったせいもあり，幅広くかつ段階に応じて適切な評価が得られる関係者による組織を編成していることがうかがえる．ここでその概要を紹介しよう．

●基本構想検討段階
　◎基本構想検討委員会
　　設置・任期：1988年（昭和63）1月　2年間
　　人　　数：10名以内（実質9名）
　　専攻分野：植物生態学，漁業民族学，河川・湖沼工学，湖沼学，古生物学，民俗学，利水，生化学，陸水生態学
　◎基本構想検討委員会企画小委員会
　　設置・任期：1988年（昭和63）4月　1年間
　　人　　数：10名以内（実質8名）
　　構　　成：検討委員2名，県庁職員2名（生活環境部，企画部），琵琶湖研究所1名（主任研究員），総合教育センター1名（研修主事），県教育委員会事務局1名（文化部），琵琶湖文化館1名（学芸員）
●企画設計段階

◎建設準備委員会
　設置・任期：1989年3月　2年
　人　　　数：16名以内（交代含め実質18名）
　専攻分野等：有識者3名，県議会4名，教育，河川・湖沼工学，地学，建築，植物生態学，湖沼学，古生物学，民俗学，陸水生態学，博物館，水族館
◎建設準備委員会資料展示専門部会
　人　　　数：9名
　専 攻 分 野：漁労民俗学，陸水物理学，考古学，地質学，水質化学，植物生態学，古生物学，生態系生態学，民俗学
（注）　このほか専門部会として運営専門部会（6名），施設専門部会（5名），水族館専門部会（5名）が設置されたが省略する。
◎建設準備委員会プロジェクトチーム
　設置・任期：1991年4月　1年
　人　　　数：10名
　専 攻 分 野：漁労民俗学，情報理論，植物生態学，植物社会学，生態系生態学，民俗学，淡水魚類，陸水生態学，造形工学，動物生態学
◎展示計画等検討チーム
　設置・任期：1991年8月～1992年3月
　人　　　数：5名
　構　　　成：県庁専門職員（企画部水政室，生活環境部環境室，農林水産部水産課，農林水産部耕地課，土木部河港課）

　こうした外部の有識者や専門家の提言や指導助言，適切な評価を受けながら，準備室スタッフ（1992年16名）は展示設計を進めていったのである。
　また，この博物館の計画段階における県民とのかかわりを見てみると，きわめて特徴的な組織の存在に注目しなければならない。
　その一つは，そもそもこの博物館の建設のきっかけとなったのが，1979年（昭和54年）10月，滋賀県高等学校理科教育研究会が県に対して提出した「び

わ湖自然史博物館設立に関する要望書」であったという。その内容はほのぼのとしながらも，博物館活動のすべてを網羅するきわめて適切な表現のスケッチを伴う格調高いものであり，滋賀県の教育関係者の熱い思いがひしひしと伝わってくるものである。この研究会が準備室スタッフとどのようにかかわりながら博物館作りが進められたかは必ずしもはっきりしないが，おそらくさまざまな場面で提言や要望を出しながら，完成までを見守っていたのではあるまいか。

二つ目は「琵琶湖博物館の利活用を考える会」の存在である。この会は1991年（平成3年）に滋賀県内の5団体（滋賀自然観察指導者連絡会，滋賀県鉱物化石研究会，滋賀県野鳥の会，滋賀むしの会，どんぐりのなる森を子供たちにおくる会）が設立したもので，解散するまでの4年間，県や博物館準備室に対し要望書を出すばかりでなく，スタッフと日常的に意見交換をするなど，完成まで県民の代表の一つとしてきわめて重要な役割を果たしたといわれる。

今日，当初の計画にはなかった幼児，児童生徒対象のハンズ・オン展示室「ディスカバリールーム」を1階エントランス奥に設けるなどにより，幅広い世代の人々が楽しく利用できる「新しいタイプの博物館」として注目されている琵琶湖博物館は，完成後の厳しい評価を受ける前に，事前の評価を重視して謙虚にかつ意欲的に評価を活用してきた結果が功を奏したともいえ，オープン後もどしどし評価し，提言し，参加してほしいと「博物館なれど準備室——成長する博物館」を標榜し実践していることは，展示評価の本質的なあり方を示唆しているものと思えるのである。

2　製作段階

製作段階における展示評価のもっとも重要なことは，企画者あるいは設計者が限られた予算と時間の中，いかに意図したとおりの品質を持った展示物と空間を構成できるかを考えながら，製作者の作業を評価し監理していけるかにある。これまで外部識者や市民から評価を受けながら展示計画を進めてきた立場から，一転して評価する側に回り，適切な評価の目を持ち指示してゆかなければならない。

具体的な評価のチェックポイントは，次のとおりである。

・施工図面のチェック
・映像シナリオのチェックと撮影,編集,録音立ち会い
・試作実験の計画と実施
・製作物の工場検収(中間,最終)
・段ボール構造物などによる現場設置シミュレーション
・一般市民,児童など協力者による展示内容,動線チェック
・安全性,快適性などに関する専門機関の評価と指導(消防署,保健所など)
・解説文,写真,図表などの専門家による評価,監修(表現,著作権など)

　このほかさまざまな評価のチェックポイントをあげることができようが,要は企画者,設計者がいかに利用者の立場に立った視点で展示を構築してゆけるかが,最大のポイントであるといえる。
　この際注意しなければならないのは,なるべく一人ですべてをチェックしようとしないことである。なぜなら学芸職員がデザインのことも,機械構造のことも,情報機器の性能のことも,すべてにオールマイティに評価し指示できるとは限らないからである。自分で評価,判断できる範囲は何かを明確にし,必要に応じて外部専門家に評価をゆだねることも大切である。
　またさらに,計画段階から製作段階において,市民や学識経験者などから要望されたこと,提言されたことなどについて採用できなかったり変更したりした事項については,できるだけ議論の経過や今後の計画などを明快に記録しておき,その理由と対応方針を説明できるようにしておくことも重要である。ある平和資料館では,政党などの圧力により,展示完成後展示物や解説文に偏向が見られるとされ,撤去,差し替えを求められたというケースもあるのである。不当な圧力に負けてはならない。しかし,その指摘していることは何であるかを冷静に分析し対応することも大切である。博物館の学芸職員は,あくまで人間の尊厳と基本的権利をベースにした博物館展示を構成することが義務であることを,忘れてはならないのである。

3　完成後

　展示が完成しオープンした後の展示評価の基本は,利用者に対するアンケート調査や面接調査,観察調査などによる満足度の評価である。しかしアンケー

ト調査や面接調査は、その質問項目の設定や質問技術によって回答のデータが大きく変化するという不安定性も、これまでの研究により指摘されているものであり、前述した「展示評価の調査研究」においても、観察調査によれば見ていない展示を、アンケート調査では「おもしろかった」に丸をつけるなど、観覧者の記憶や疲労度によって回答の信頼度が落ちてしまうケースも多々見られると指摘され、厳密な判断を求めるには限界があるともいわれている。

しかし、こうした調査の結果は決して意味のないものではなく、むしろ時間のない中で直感的に答えてくれる段階的評価、たとえば「とてもおもしろかった」であるか「まあまあおもしろかった」であるかは、何かがその差を表しているのであり、展示物の持つ属性の深遠な部分に関与していると見ることもできるのであるから、分析すべき価値が高いと判断することもできるのである。

前にも触れたように、展示物の持つ価値の評価はそれが知識の伝達を意図したものであるのか、興味の誘発効果を意図したものであるのか、さらには隣の展示への誘い的役割を意図したものであるのか等々、展示者側の意図と利用者側の反応のフィット具合によって決まってくるところがあり、これが意図どおりにフィットしていないからといって、展示の価値を過小評価してしまうこと

写真5　ストップウォッチを持って観察調査するスタッフ　（提供：科学技術館）

にも問題があるのである。谷本・石川が報告しているように，展示がそこでどのように利用されているかを観察することにより，その教育的目標を再確認することができる，とするLinn［1976］の指摘は，教育的効果に限定したものとはいえ今日の博物館人が納得するところが多いのである。つまり，展示を評価するには，まず展示者側が表明した教育目標を明確に分析するところからはじまるとするScreven［1976］に賛同しながらも，目標を確立するために，展示がどのように観覧されているかを観察することがもっとも良い方法である，と主張しているのである。

完成後の展示評価については，国内にも観覧者の観察調査などにより科学的，分析的な調査の事例が報告されているが，いずれもアンケート調査や面接調査などの利用者の感覚に頼る調査結果と，観察調査による数量的な調査結果をクロスして分析することには問題が多い，と指摘しているところが注目される。こうした展示評価の研究は，わが国においてはまだまだ本格的に行われているとはいえず課題が多いが，石川が指摘しているように，展示の教育的効果に着目する展示評価の研究であるならば，わが国の学芸員資格取得者が教育学部出身者の多いことは，かえって幸いなことであるかもしれない。

博物館における展示の多様な価値を，古くて新しい視点から明らかにしてゆく時代は，ひょっとして日本からはじまるのかもしれないと期待しているところである。

〈引用文献〉
1) 森　崇 1996『展示学事典』（株）ぎょうせい
2) 同上
3) 用田正晴 1997『琵琶湖博物館　開館までのあゆみ』滋賀県立琵琶湖博物館
4) 倉田公裕・矢島國雄 1997『新編博物館学』東京堂出版
5) 山田英徳 1998「科学展示に関するいくつかの試み」『明治大学学芸員養成課程紀要』明治大学
6) 小栗栖健治 1996「兵庫県立歴史博物館におけるリニューアルの理念と実践」『博物館研究』Vol. 31 No.7（財）日本博物館協会
7) 南谷忠志 1998「魅力ある開かれた博物館をめざして――経緯と内容」『博物館研究』Vol. 33 No. 7（財）日本博物館協会

〈参考文献〉

大堀哲編著 1997『博物館学教程』東京堂出版
糸魚川淳二 1999『新しい自然史博物館』東京大学出版会
梅棹忠夫 1987『メディアとしての博物館』平凡社
T・アンブローズ著／水嶋英治訳 1997『博物館の設計と管理運営』東京堂出版
加藤有次 1977『博物館学序論』雄山閣
『ミュージアム　デザイニング』1995 総合ユニコム
谷本嗣英・石川明夫 1987『展示評価の調査・研究』(財)日本科学技術振興財団・(株)丹青総合研究所
Linn, M. C., 1976 : Exhibit Evaluation—Informed Decision Making, *Curator*, 19/4
Screven, C. C., 1976 : Exhibit Evaluation —A Goal Refferenced Approach, *Curator*, 19/4

〔山田英徳〕

VI 館種別博物館の展示活動

自然史博物館

1 自然史博物館とは

　日本の博物館の中では，自然を中心的に扱った博物館は自然博物館あるいは自然科学博物館，または設置地域や展示物の名前が付いた博物館名が大多数であった。自然史博物館という館名を持った博物館が誕生したのは，1972年（昭和47年）の大阪市立自然史博物館が最初であり，その後現在までに10館程度の自然史博物館が誕生している。しかし実際には博物館の分類名としては，たとえば日本博物館協会などではごく早い時期から自然史系博物館という名前を使っていた。現在も歴史系博物館に対する自然史系博物館という使い方をしており，自然史系と理工系を合わせて自然科学系という使い方もしている。また自然科学博物館などの場合においても，個別の博物館の英語名は，以前からNatural History Museum としていた博物館も多い。また一方では，最近でも文部省の文章では，自然を扱う博物館に対して自然科学系博物館という分類名が使用されている。このように，自然史博物館という一般名称の使用は混乱をしている。

　最初に自然史博物館という名称を使った大阪市立自然史博物館では，その名称を使用することに対して，　Natural　History の本来の博物学という意味に，「自然と人間とのかかわりあいとその歴史の科学」［千地1972］という意味合いを付け加え，自然史博物館という名を選んだことに対して「自然に関する研究を通じて資料を収集しそれを後世に残すと共に"自然と人間とのかかわりあい

とその歴史の科学"を通じて"人間にとって自然とは何か"という理解を広め，自然そのものを次の世代へと遺すこと」[千地 1972] をめざすということをあげた。一般的な名称として自然史をとらえるのではなく，明確な理念に基づいて，自然史に新しい意味を持たせることを提唱したわけである。

しかし最近の自然史博物館という用語は，大きく三つの意味合いで使われているようである。一つは，一般的に自然を扱う展示がある博物館という意味で，かつての自然系博物館と同じである。二つ目は，地質的年代から近年までの自然の歴史を扱う展示を持った博物館というような意味あいであろうか。そして三つ目が，千地が提唱している自然と人間とのかかわりについて考える展示がある博物館である。

自然史博物館という用語は，最近の大きな流れとしては一番目の「自然についての展示がある博物館」という意味で使われることが多いようであり，本稿でもその意味で使用することになる。しかし，どのような意図で展示を作るかという理念のない展示はありえないわけであり，その意味でも自然史という用語をどのような意図を含めて使用するのかを，明確に意識して使用することが必要である。

2　自然史博物館と人間の活動

自然史博物館の展示においても，地域の自然の紹介や分類学的な展示があるだけでは不十分であろう。なぜならば現在の日本の自然の中には，いわゆる原生林とよばれているような森林までも含めて人間の影響下にない自然はなく，実際にも人間の手を受けていない自然というものは存在しないといってもよい。したがってある自然は，もともとの自然が人間の影響を受けて変化したものであり，あるいは現在の人間の影響のもとで新たな変化を起こそうとしている存在だからである。そのためたとえば，ある地域に特有の植物の分類的な展示を計画する場合にも，その地域になぜ分布しているのかという視点とともに，現在の状態で将来的にも分布しうるのか，という視点が必要であろう。何が見られるか，というだけでは単なる情報提供であり，博物館の展示としては不十分であろう。

自然史博物館は自然の展示だけではなく，その自然にかかわる内容を広く含

んでいる博物館であるべきで，展示を見る側も展示されている自然が自分とどう関係があるのか，ということを知りたいと望んでいる。地史や地域の自然の生物情報だけを知りたいと考えている博物館の利用者はごく一部と考えてよいであろう。千地［1981］は，自然史博物館の展示を構成する要素として三つの基本要素を示した。
1) 自然の歴史性（天文学，地質学，地球物理学，地球化学，進化学，遺伝学，生態学）
2) 自然の多様性（生物地理学，系統分類，進化学，遺伝学，生態学）
3) ヒトの生活との関連性（自然人類学，自然地理学，考古学，文化人類学，人文地理学）

自然の歴史性と自然の多様性については，これまでの自然史博物館の展示で普通に行われてきた展示例があるので，ここではふれない。ヒトの生活との関連については，その展示の一般的テーマとして，ヒトの進化の各段階と地域ごとの自然利用，自然環境による生活の多様性とその歴史的変化，地域的な文化の多様性と自然環境との関連およびその歴史的変化，ヒトの生活によって変えられて来た自然の歴史，現在われわれの周辺あるいは地球規模で起こっている自然破壊など，をあげている。これらの内容は現代の人の暮らしの中で自然というものがどう関係しているのかを示そうという展示内容であり，各地の博物館の展示の中でも，自然の中での食料確保，地場産業，集落の誕生と自然立地，人の利用と自然環境の変化，などの展示として見られることが多い。

博物館の展示は，展示を見る人がその展示を見ることで，展示内容を自分の課題としてとらえ，自分で考えてみる材料となることが望まれる。自然史博物館においては，実際の展示の内容においても自然と人との関連は大きなテーマである。そして現在の社会において，自然と人とのかかわりについて考えるときに，環境課題を抜きにしては考えることができないであろう。

地質学的過去から現在にまで至る自然と人間とのかかわりは，人間による自然の利用と開発に代表されるであろう。そして長い時間をかけて安定的に行われていた自然利用のスタイルが，現在は大きく変ってしまった時代である。いわゆる環境問題はそのような自然利用の急激な，そして大幅な変化によって起こっているものであり，このままでは将来の自然利用はできなくなり，それど

ころか人類の存続すらあやぶまれるという時代である。このような中で，将来にわたる自然利用と自然とのつきあいかたについての方向性を示すことも，自然史博物館の課題の一つである。

3 環境展示の例

前述のような主旨で，環境課題についての展示を行う例を紹介する。

大阪市立自然史博物館は，そのようなテーマ性を持ったストーリー展示を行った。四つある常設展示室の最初の展示室のテーマは「大阪の自然」であり，最初は現在の大阪の自然が展示され，とくに街の中にはいってくる外来生物を中心にして展示し，また街の自然の近年の変化を展示することで，人による自然利用と現在の状態を示している。展示室全体としても時代をさかのぼりながら，時代ごと，地域環境ごとの生物や話題を展示しながら，人の利用とそのことによる自然の変化について考えることができるような展示構成となっている。

千葉県立中央博物館の展示では，「自然と人間のかかわり」というテーマの展示コーナーがある。この博物館では分類学的な展示が中心であるが，最後のコーナーがこの展示であり，農村部と都市部での人の自然利用とくらしの様子を展示し，農村部では自然利用のシステムを，都市部では都市に人が集中することで起こる課題を展示し，「都市化と人間」「都市化と川の変化」では川辺の今昔の比較などを通して，都市のありようを考えようとする展示が作られている。

兵庫県立人と自然の博物館では，「人と自然」「新しい文化」という二つの大きなコーナーで環境にかかわる展示が行われている。日本の風土を生かした暮らしの見直し，都市化によって起こる問題，くらしの中のゴミやエネルギーの問題などをゲーム性を活かし，あるいはかなりの思い切ったスペースをとって展示が行われている。

滋賀県立琵琶湖博物館では，暮らしの中の話題から自分がいいと考える環境について考えてみようという主旨の展示室があり，日本の暮らしぶりが大きく変った昭和30年代と現在とを比較的に見ながら，水利用やエネルギー，周囲の自然，湖の幸などを展示し，また現在のいくつかのテーマで行われている県民参加型の調査やレポーターの調査の展示などとともに，学芸員各自の個人的

な環境に対する意見を展示し，さまざまな意見がある環境について，展示を見た人がその個々の展示に対して，賛成であったり，反対であったりと考えることを誘い込む展示つくりがされている。

4　展示の配列

自然史博物館の展示は，多くの資料を配置し，見てもらうというところからはじまったと思われる。地域あるいは生物の分類群の資料を数多く並べた博物館展示は，現在においても捨てがたい実物の迫力がある。それに対して，伝えたいメッセージを明確に示し，それを伝えることを目的としたストーリー展示が考えられる。展示としては個別のジオラマのシーンであったり，地域の生物資料の展示であっても，その並べ方とテーマの選択の中から，全体的なストーリーを作り，博物館としての理念を伝えようという展示である。

新井重三 [1958, 1970] は，新しい展示配列として二重展示法（Double Arrangement System）を考案して発表した。これは分類展示と総合展示とを分けて行うことで，展示を見る人の目的や意識にあった展示の見方をしてもらうための展示配列である。すなわち，より個別の専門的な情報を求めて展示を利用する人と，より総合的な，多くの場合には初歩的な情報を求める人との両方からの要求を満たすことを目的とした展示配列である。この展示は新井によって，1963年に鳳来寺山自然科学博物館の展示として最初の例が実現した。そしてその後も，各地の博物館の展示配列に応用されている。

それに対して加藤有次 [1972, 1997] は，秋田県立博物館の構想の中から Triple Arrangement という展示配列を提案している。これは，各専門分野の基礎的な展示としての分類展示，専門分野と学際分野での研究の中から生まれるテーマ展示，さらに暮らしや地域（郷土）を理解するための総合展示という三つの展示部門を考え，その展示の特徴をあわせることでより効果を持った展示としようというものである。このうちのテーマ展示は短期間の企画展示をも含み，博物館にとってもっとも活動的，意欲的なもので，その博物館の展示に対する特質を表す，と述べている。そしていずれの展示も，学芸員の研究発表の場であると位置付けている。

この新井と加藤の二人の提案は，どちらも総合博物館の展示を想定して考え

られた展示配列であるということである。しかしながら，新井の提案がまず自然科学博物館で実現したように，これらのプランはむしろ自然史博物館での展示配列にふさわしい案のように思われる。自然史博物館においては，生物群や地域を区分しつつも，どうしても分類展示を避けることはできない。そしてそれに加えて，自然に軸をおいたテーマを持った展示が行われる。その両者を同じコーナーの中で組合わせたり，小さなコーナーごとに区別したり，実際にはさまざまな展示の工夫がされている。自然史博物館では，本質的に分類展示と総合展示の要素を併せ持つであろう。

その意味では，自然史博物館の展示配列は，1) 分類展示，2) 地域と環境展示（地域別あるいは生育環境別の課題紹介展示），3) テーマ展示（個別のメッセージを意図した展示）の三つといえるかもしれない。もちろんこれに加えて企画展示は，自然史博物館にとって非常に大きな展示要素である。

5 展示テーマの選択

自然史博物館の展示においては，まず伝えたいメッセージが何であるのか，ということを決め込むことがもっとも大切である。もちろん博物館であれば，どの種類の博物館でもメッセージが大切ということは同じであろうが，とくに自然史博物館の場合には，テーマの選択と配置によって，すでに述べてきた環境の課題のような，より現代の課題についての具体的な提案が可能であるためである。

たとえば近年によく話題になる環境として，里山があげられる。里山を展示として取り上げる場合には，いくつものアプローチの仕方がある。まず地域に存在するさまざまなタイプの植生の一つのタイプとして取り上げ，どのような種類の植物で構成されているのか，ということを中心にした展示である。植物の標本やレプリカを配置するような展示が考えられる。背景には植物の写真や里山の写真，周囲の環境や航空写真などを使うと効果があがる。これに加えて，里山を生息環境とする菌類や昆虫相などを併せて紹介する展示が考えられる。植物の場合と同じように展示したり，大きなパネルに拡大した林の写真を貼りつけ，その中に展示箱を落とし込んで，植物や昆虫の標本を展示するということもできる。こういう展示で，その数が少なくなっている稀少種を展示し，そ

の意義を訴えることもできるであろう。

　またこれに哺乳動物を加えることで，展示手法としては哺乳動物の剝製を使って，ジオラマを製作するということもできる。ジオラマは非常に経費のかかる展示手法であり，ジオラマを作るだけの展示目的が必要である。さりげなく里山に登場する生物を配置することで，展示としては来館者を引きつける展示として，そのような環境があること，あるいは生物間の植物連鎖やその存在の関連性などの展示も可能である。

　それに対して，なぜ里山という環境ができたのか，という展示が考えられる。人の利用の結果できた林であるため，なぜ人は林の管理をしてきたのか，ということは自然の問題と人の暮らしの問題との両方を展示することになる。この話題も，必要な量の木を伐りだすことで，林は更新して維持されてきた，という視点で展示をすれば自然の側からの展示となり，必要な量だけを繰り返して伐りだすことが，結果として管理につながったという視点で展示を作れば，人のくらしの側からの展示となる。

写真1　「くらしと結びついた自然」の里山のジオラマ（琵琶湖博物館）
　　　　ジオラマの中にパネルや製品などが配置されている。手前は一輪車の上のディスプレイ。

それぞれの展示意図にしたがって，当然展示する資料と展示手法，そして展示パネルの内容はまったく変ってしまう。同じ里山のジオラマを製作したとしても，そこで何を伝えたいのか，ということによって，たとえば林床の作りをどうするのか，哺乳動物を入れるか，人の作業の痕跡を作るか，ほとんど気がつかないような昆虫や他の生物などをはっきり分かるように箱に入れ展示をしてしまうか，ジオラマを背景の景色と割り切って，パネルまでも入れてしまうか，このようにあげだすときりがないが，その選択肢のどこを選ぶのが一番いいかということについての答えはなく，その展示の意図がどこにあるかということによって異るのである。

6 おもしろい展示とは

　展示が来館者に見てもらうものである以上は，興味深く，発見があり，おもしろいものにすることは大切なことである。自然史博物館の展示では，展示資料自体で人を引きつける物はそれほど多くはない。恐竜の骨格や月の石などの前に人が列をなした例はあるが，普通の展示ではそのようなものは少ないであろう。むしろ個々の展示資料にはそれほどのインパクトがないものを展示しながら，展示を見る楽しさを感じてもらうということを考える必要がある。

　展示のおもしろさの基本は，やはり学芸員自身の最新の研究の成果をいかにして分かりやすく展示するか，ということである。現在は情報過多の時代であり，テレビや出版物を通して，自然史科学に関連してもあふれるほどの情報が発信されており，博物館に展示してある程度の話題については，多くの人がすでに知っているのである。美術館や歴史展示であれば，実物を見ることだけでも展示の目的となる。しかし自然史博物館の展示の場合には，それはむつかしい。そうした中では一般的な情報ではなく，特定の場所での具体的な研究成果が示されることで，その展示は興味深いものとなる。

　そのためには，学芸員自身が自分でやりたいことだけを展示として表現するということを考えたい。展示の中に一般的な情報を出しておくことは一部では必要であるが，それだけでは日本中の博物館が同じ展示になってしまう。むしろその博物館だけにしかない展示テーマを使って，人を引きつける展示を作るべきであろう。そしてその展示内容は，自分の研究の成果であり，これだけは

展示を見た人に知ってほしい,という学芸員自身の想いである。テーマが一般的ではないことを恐れる必要はない。むしろ非常に特殊な分野での研究例から,一般的な話題へと広げていくことで興味を引きつけることができる。そしてその部分こそが,学芸員の芸の見せどころであろう。

そしてそれに加えて,博物館が収集している資料の豊富さが必要である。自然史博物館の展示はやはり資料の量と質で勝負するということは,現在においても真理であるだろう。日常的な資料収集と整備が展示の背景に必要である。

また展示が博物館からの一方的な情報発信ではなく,来館者との双方向の情報交換となるような工夫が欲しい。多くの来館者は,展示を見る以上に自分から発言をしたい,自分からも情報発信をしたいと考えている。展示してある内容は当然すべてではないわけであり,展示にはされていない内容を博物館に伝えることで,来館者は大きな満足感を持つことになる。来館者からの情報発信が可能なような展示の手法であったり,展示室でのシステムを考えることが大切であろう。

写真2 「環境とは何だろう」のオピニオンコーナー(琵琶湖博物館)
絵馬の形の上に自由に意見を書込んでもらい,一部を展示,残りを他の場所のディスプレイで表示する。

これらの内容は自然史博物館だけのことではないが、博物館の基本的な活動である研究、資料整備、普及教育、展示ということがうまく結びついたときに、展示もおもしろくなり、他の活動もうまく発展するということである。

〈参考文献〉

新井重三 1958「博物館における展示の基本的な7つの問題点とその解決策—再びDouble Arrengement について」『博物館研究』Vol. 31, No. 3

新井重三 1970「博物館の展示」『博物館研究』Vol. 42, No.4

加藤有次 1972『秋田県立総合博物館設立構想』秋田県

加藤有次 1996『博物館学総論』雄山閣

千地万造 1972「自然史博物館の行方」『大阪市立自然科学博物館館報』No. 5

千地万造 1981「自然史系博物館」『博物館学講座』第7巻 雄山閣

〔布谷知夫〕

理工系博物館

1 はじめに

わが国における理工系博物館の発祥として知られる国立科学博物館は、1877年（明治10）に教育博物館として設立された。展示物は、学校教育などで使われる実験器具や、科学教育教材、自然史関係の標本などであった。椎名[1988]はその著書『日本博物館発達史』の中で、展示の内容を報告しているので参照されたい。その後1902年（明治35）に逓信博物館、1921年（大正10）に交通博物館が開設され、国の近代化を支える科学技術の成果やさまざまな社会システムの整備の様子を国民に知らせるとともに、エポックとなった関連の実物資料をコレクションとして収蔵し、展示するところとなった。

このように、理工系博物館の黎明期は、他の歴史博物館や美術館などと同じく、基本的に実物の資料を収集し展示するコレクション重視型の博物館であった。

一方，青少年の科学技術教育を重視する科学館（サイエンスセンター）は，1960年代に入り全国各地に数多く設置されるところとなり，理工系博物館の一種として第一の隆盛期を迎えることとなる。こうした施設の展示は，物理や化学などの原理や現象を触ったり動かしたりして理解するためのものであり，展示物そのものに歴史的，社会的価値があるものではなく，むしろ概念を理解するための道具としてわざわざ作られたものであった。
　1999年（平成11）現在，自然史を含む科学博物館は全国で300館を越え，博物館全体の約8%を占める，といわれているが，そのうちの約130館が理工系博物館であり，さらにそのうちの80館が「……科学館」「……青少年科学館」などと呼ばれるコレクションを持たない教育重視型の施設なのである。
　ここでは，そうした理工系博物館の種類や性格，展示の特徴などについて，概観することとする。

2　理工系博物館の種類

　理工系博物館を分類するには，他の博物館と同様，分類の観点を整理しなければならない。すなわち，規模別，設置者別，収蔵・展示物の分野別あるいは利用対象者別などの整理が必要である。しかし，ここでは一般に博物館関係者によって使われている現実的な分類により，その例と特徴を紹介する。
　1）　総合館
　規模が大きく，扱っているテーマも多岐にわたり，さらにコレクションを持ちながらも科学館的な教育展示室を持っている博物館である。
　国立科学博物館，科学技術館，名古屋市科学館，千葉現代産業科学館……
　2）　専門館
　取り扱っているテーマがある特定の分野に絞られており，館名もそのテーマに即した名称が使われている博物館である。基本的にはコレクション重視型の博物館が多いが，それ以外の施設もある。
　逓信総合博物館，交通博物館，所沢航空発祥記念館，船の科学館，NHK放送博物館，広島市健康科学館，大町エネルギー博物館……
　3）　青少年科学館，児童館
　主な利用対象者が青少年や幼児，児童であるが，広く一般市民にも開放され

ていて，地域の文化施設の中核的役割を果たしている施設が多い。主に市立であるが，最近では県立の施設も現れている。学校教育の補完的役割も担っているので，教育単元に密着した展示構成を特徴としている館も多い。

札幌市青少年科学館，盛岡市子ども科学館，秋田県立子ども博物館，栃木県立子ども総合科学館，東京都児童館，多摩六都科学館，神奈川県立青少年センター，新潟県立自然科学館，京都市青少年科学センター，愛媛県総合科学博物館，宮崎科学技術館……

4) 企業博物館，PR 館

設立者が企業あるいは私立の団体の博物館で，単に企業のPRのためばかりでなく，産業遺産の保存や，企業が果たすべき社会への役割について紹介する公共的意味を担った施設が増えている。またテーマが特定の分野に絞られているケースも多いので専門館の一部として扱うこともある。

サッポロビール博物館，東芝科学館，東京電力　電力館，トヨタ　産業技術記念館，中部電力　でんきの科学館，博物館明治村，九州電力　九州エネルギー館……

5) 研究施設，学会，大学付属博物館

国・公立の研究機関や大学に付属している理工系博物館は，わが国では比較的少なく，小規模な展示コーナーで研究の成果を紹介しているにとどまっているところが多い。しかし以下にあげる博物館は一部を除きその歴史も古く，またコレクションも充実していて見ごたえのある博物館であり，やはり研究活動に伴って運営される博物館の持つ質の高さは学ぶべきところが多い。

日本金属学会付属金属博物館，秋田大学付属鉱業博物館，金沢大学資料館，国土地理院　地図と測量の科学館，日本工業大学付属工業博物館，労働省産業安全研究所付属産業安全技術館，東京農工大学付属繊維博物館，東海大学海洋科学博物館，人体科学博物館……

3　最近の展示の動向

A　コレクション重視型博物館

① 分類展示からテーマ展示へ

これまでのコレクション重視型博物館展示は，歴史的な変遷を重視するあま

り，時間軸に沿った展示構成が主流であった。確かにこの方法は学術的な面を考えると，学問や技術の進歩を比較対照しながら見ることができ，個々の資料の価値を合理的に位置づける方法として優れた展示方法であった。しかし，こうした時間軸に沿った分類展示は，ある程度の専門家やマニアには理解しやすいものの，詳しい知識を持ち合わせていない一般の人々にとっては無味乾燥で難解なものであり，敬遠してしまう時代となった。そこで最近では，こうした貴重なコレクションに生命を吹き込み，人々の生活とのかかわりを表現する文化的な価値を重視し，あるテーマに沿った展示として位置づける博物館が増えてきた。たとえば埼玉県立所沢航空発祥記念館では，展示場内を現実にある飛行場や関連機能の場に見立て，「出発ロビー」，「滑走路と管制塔」，「大空」，「工場と格納庫」，「データセンター」といった具合にテーマ設定し，そこに実物資料やシミュレーション装置，最近の写真パネルなどを配し，歴史的な意味を持つコレクションであっても，人々がいかに大空を飛ぶ夢を求めて苦心したかが感じられるような，見やすく楽しい展示構成を試みてよろこばれている。

② ジオラマ展示の活用

最近建設された歴史博物館や自然史博物館では，ある生活環境や自然環境の

写真1 「通信と郵便局の歴史ゾーン」ジオラマ（提供：通信総合博物館）

空間を切り取って，実物大あるいは縮尺のジオラマ展示を構成することがよく見られるようになってきた。理工系博物館でもそうしたジオラマ展示は人気があり，交通博物館のミニチュア電車運転パノラマをはじめ，通信総合博物館の「通信と郵便局の歴史ゾーン」（写真 1）など多くの博物館で採用されている。中には，こうしたジオラマの中に貴重な実物資料を取り込んで構成しているところもあるが，利用者の手に触れるような場所では，レプリカによって構成することも考えれば，ジオラマ展示の持つ訴求力を大いに活用すべきではなかろうか。

③ 産業遺産の現場保存

理工系博物館の果たすべきこれからの役割を考えるとき，わが国の産業遺産をどのように保存し，展示すべきか，についてはまだ十分な検討がなされているとはいえない状態である。とくに，建築物や鉱山設備，土木関係の技術遺産，電力や製鉄設備などといった大型の産業遺産はその移設も困難であり，また設置されていた場所の風土や環境も重要な意味を持つことが多いので，これからは博物館だけでなく，国や自治体，企業や地域住民の協力を得て，できるだけ現場保存，現場展示を実現することを試みるべきである。鹿児島市の磯公園内には薩摩藩の反射炉土台遺構が残され自由に観覧できるし，最近では北九州の八幡地区に旧八幡製鉄所が使っていた高炉が修復されて解放され，地区のシンボルとしてもその威容を誇っている。明治以降の近代産業遺産ばかりでなく，古代の製鉄技術に関する遺構，戦国時代や江戸時代の土木遺跡など，先人に学ぶべき優れた科学技術遺産をその風土や環境と合わせて現地保存をすることは，今ようやく本格的な検討機運が盛り上がってきているところである。

④ 動態展示

いま，全国各地で蒸気機関車の運行ブームが続いているが，長野県大町市の大町エネルギー博物館には，かつてその地域で使われていた薪焚きバスが保存されている。このバスは館員や地域の関係者の努力によって，いつでも運行できるよう整備されており，実際に曜日と時間を決めて，希望者を乗せて運行されているのである（写真 2）。

さらに，名古屋のトヨタ自動車が，かつて工場だった建物をリニューアルして建設した「産業技術記念館」は，理工系博物館の動態展示のお手本といって

写真2　動態保存されている薪焚きバス（提供：大町エネルギー博物館）

差し支えない迫力ある展示群が圧巻である。豊田佐吉が発明した織機から現代の最先端織機まで，あるいは自動車部品の鍛造機械まで，さまざまな歴史的機械によって生産される布や部品を見ていると，人間の知恵がいかに無限のものであるかをまざまざと教えられる，生きた博物館だと感じさせられる。理工系博物館の魅力とは，まさにこの動態展示にあるといっても過言ではないだろう。コレクション重視型の博物館では，さまざまな困難は伴うが，こうした魅力作りにもっと積極的に取り組むことが求められている。

B　非コレクション型博物館

　非コレクション型博物館とは，中心となる展示物があくまで科学教育の道具として制作され展示されている科学館などを指し，わが国においては○○青少年科学館や，○○科学センター，○○科学館など，「……博物館」といった名称を使わない施設が多い。こうした科学館群は，カナダのオンタリオ・サイエンスセンター，ボストンのチルドレンズ・ミュージアムなどを先駆者として，わが国にも1960年代に盛んに建設された。その基本は，対象が青少年である

こと，展示物はあくまで原理や現象，プロセスや構造などを示す動的な展示であること，展示は常にリニューアルされることが望ましいこと，展示はいつも楽しくエキサイティングであることなどが求められ，新しい科学技術時代を担う青少年の科学教育を実現する重要な社会システムである，とされた。現在，わが国には80館を越えるこの種の施設が活発な活動を展示しており，これからもますます社会の期待を集める施設に発展するであろうと考えられている。

さてそこで，こうした科学館が今どのような展示の構成を目指しているのか見てみよう。

① 実験，体験の重視

もともと科学館は，青少年を主な対象としている施設であるから，その展示は五感をフルに活用して楽しみながら学べるものであることは当然のこととされてきた。1960年代に開設された多くの科学館は，競って手足を使って動かす展示，たとえば滑車や車軸を使って重いものを持ち上げる実験装置，歯車の役割や種類を学ぶ手回し装置，自転車のペダルをこいで発電する装置などが設置され，子どもたちの人気展示となった。このように，たとえば力学や電気の実験をするための大がかりな実験装置などは，学校ではなかなか用意することができないため，科学館で設置することが求められたものでもあり，学校教育の補完的役割を果たすことが重要であった。

今日では，手足を動かして楽しむばかりでなく，目，耳，鼻，手触り，平衡感覚などをフル動員して体験する科学展示がさまざま工夫され，その多彩さに驚かされるばかりである。

ただ，科学の原理や現象は，基本的に地域差が現れるものではないため，効果の高い展示装置は次第に他の科学館が真似するようになり，独創性に富んだ展示の開発への努力が阻害されている，との反省もある。いずれにしても科学館の展示は，こんにちますます実験や体験を重視する方向が探求される中，幼児対象，低学年対象，高学年対象，中学生対象といったそれぞれのゾーンを設けるなど，より細やかな対応を迫られる時代となってゆくに違いない。

② 電子メディアの多用

科学館が果たすべき役割の一つとして，生活と科学技術あるいは社会と科学技術との関係をテーマとして取り上げ，科学技術がもたらした恩恵と課題を利

用者に明らかにすることがあげられる。

　中でもコンピュータを中心とする情報科学技術の驚異的な進展は，子どもたちはもとより一般の人々にとっても想像を越えるものであり，人間社会を革命的に変えつつある。カード化社会，電子マネー，インターネット社会といったコンピュータ技術に支えられた社会システムは確かに便利ではあるけれど，どうしてそのようなことができるのか，まったく分からず意味もなく不安に駆られる人々も多い。また，壁掛けテレビ，携帯電話，カー・ナビゲーションなど何の予備知識もいらずに生活の中で誰でも使いこなすことができるようになると，この先いったいどんな製品が現れてくるのか，今の自分の商品選択は間違っていないだろうかと，これまた不安に駆られてしまうこととなり，生活自身がきわめてあわただしく落ち着きを失ってしまっているのではなかろうか。

　こうした中，博物館でも電子メディアを使った展示が幅を利かす時代となり，とくに理工系博物館では至る所にコンピュータ Q & A や検索システム，さまざまなシミュレータ，バーチャルシアターなどがお目見えしている館も多くなってきた。こうしたシステムは，その表現力や大量の情報処理能力，自在なシナリオ作り能力などにおいて，これまでの展示にない現代的魅力を備えたものであり，科学館が積極的に利用することは当然の成り行きであるともいえる。

　しかし，本来の理工系博物館は，一方で社会に定着しはじめているさまざまな電子メディアの原理や構造，新しい技術の動向などを分かりやすく伝えることも重要な使命であり，このためにこそ電子メディアが活用されることを期待している，ともいえるのである。博物館が電子メディアを多用する時代の中，理工系博物館にはそれを利用することと，利用している技術そのものを語る使命の両方が存在していることを，改めて認識しておくことが重要である。

③　新しい展示テーマ

　科学技術の世紀といわれた 20 世紀が終わろうとしている今日，時代のキーワードは「環境」「地球」「生命」「情報」であるとされている。高度な物質文明を築き上げた人類社会は，一方でさまざまな後遺症を残し，あらたな世紀に何をなすべきかに悩んでいるかのようである。DNA の解明とその応用技術としての遺伝子操作技術の発達は，難病の治療や遺伝病の克服などに画期的な効果が期待される一方，すでに実用化されている遺伝子組み替え作物などが果た

してすべて安全なものであるかについては議論の余地がある，ともいわれ，さらなる研究の積み重ねが求められている。また，化石燃料の大量消費は資源の枯渇問題だけでなく，炭酸ガスによる地球温暖化や酸性雨被害をもたらし，地球規模での環境悪化への対応が国際社会の緊急課題となっている。環境ホルモンと呼ばれるさまざまな化学物質の中には，本来無害であった物質同士が地球という大きな反応釜の中で偶然出会い，あらたな化学物質に変化し生まれた物もあるという。地球上の生命を長い時間かけて蝕んでゆくこのような物質を，われわれはもはや取り除くことはできないのだろうか。

今，理工系博物館においては，上述した問題も含んだ「環境」「生命」そして「情報」が展示テーマとして注目されはじめている。とくに前者の二つは人々の生活にもっとも密着したテーマであり，年齢や性別を問わず関心が高い。すでに滋賀県立琵琶湖博物館をはじめ，いくつかの博物館で常設展示や特別展を実施しているが，熱心なのは理工系博物館よりも地域に密着した博物館や自然史博物館である。とくに比較的新しく開設した自然史博物館では，「環境」をテーマとしたコーナーを設け，自然保護教育とあわせさまざまな地球環境問題を取り上げている。理工系博物館の展示として，「環境」や「生命」をテーマとしたものが少ないのはどうしたわけであろうか。おそらく，人々の関心の高い「環境ホルモン」や「遺伝子」は今まさにそれらにかかわる研究が真っ盛りであり，はっきりした定説となっていないことが多いこと，最先端科学を十分にかみくだき人々にわかりやすく見せるのが大変難しいこと，などがその原因なのだろう。ただ，今人々は理工系博物館の重要な役割として，是非ともわかっていることだけでも展示してほしいと願っているのである。積極的な取り組みが期待されている。

④ 人気の高いサイエンス・ショー

サイエンス・ショーは，博物館の職員やインストラクターなど生身の人間によって演じられる実験ショーであるから，職員数の少ない博物館では実施が困難であるが，利用者とのダイレクトなコミュニケーションが発生するため，館と利用者相互にやり甲斐，見がいのある手法として人気が高まっている。テーマは各館ともさまざまで，また演示者の個性も発揮され，科学の楽しさを存分に表現できることがショーの特徴である。筆者の所属する科学技術館では

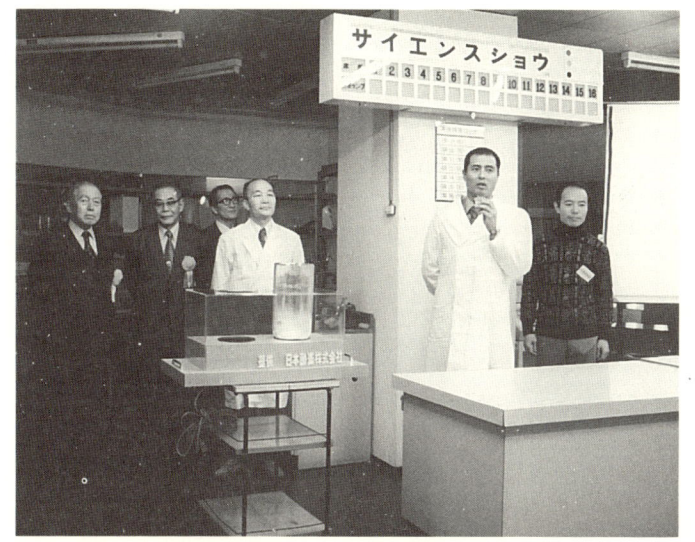

写真3　液体窒素の実験にトライする一日館長・王選手（1975年）
右は当時の筆者。　　　　　　　　　　（提供：科学技術館）

1975年（昭和50），すでに液体窒素を使った超低温の実験をサイエンス・ショーとしてはじめ（写真3），現在でも人気のあるショーとして続けられている。液体窒素の実験は，現在では各地の多くの科学館で実施されるようになり，サイエンス・ショーの一つの目玉になっていることは周知のことであるが，中には千葉県立現代産業科学館のように自前で空気の液化装置を持ち，液体窒素の実験を見せるほか新しい装置によって液体酸素の実験までも可能にしている博物館もあり，ますます実験内容の充実がはかられてゆく気配である。科学館のもっとも重要な展示手法の一つとしてのサイエンス・ショーは，これからさらにより新鮮なテーマの開発に取り組むとともに，観客参加などを含めた演出手法や，演劇の技術を取り入れた洗練され劇的効果を生むシナリオの研究などにも目を向けることにより，一層磨きのかかったものとして発展するに違いない。

4　今後の課題

① 科学史，技術史，産業史資料の保全

1985年（昭和60），茨城県の筑波で科学万博が開催された。このとき日本政

府はパビリオンの一つとして「歴史館」を建設し，日本の科学技術や産業の発達を実物資料や映像などにより，分かりやすくまた楽しい演出により見せることに成功し，日本人ばかりでなく海外の来場者からも高い評価を受けた。

このときの展示物の多くは国立科学博物館や，博物館明治村，和鋼記念館など各博物館からの借用物が多くを占め，会期終了後はすべて各博物館に返却された。筆者はこのとき，「歴史館」の運営責任者として現地に赴いていたのであるが，わが国の代表的な理工系博物館の持っている確かな資料収集，保存活動の力があったからこそ，「歴史館」が質の高いパビリオンとしてあるいは科学万博の良心としての高い評価を受けたものと思っている。

今日，わが国の経済大国としての成功の原因は，戦後の自国の技術開発力にのみ注目されがちであるが，そのような近視眼的発想はまったく説得力を持たず，むしろ，お雇い外人などに学んだ明治期の人々の謙虚さと積極性，当時の日本政府が取り組んだ尺貫法からメートル法への転換や特許制度の確立，教育の近代的などさまざまな制度の整備，あるいはもっとその昔，たたら製鉄や稲作技術を着々と身に染み込ませてきた日本の民衆の力量などを，素直に語りあげたあの「歴史館」のシナリオこそ，現在のわが国の繁栄を支えた原動力が何であったかを，きわめて強い説得力を持って教えてくれたものであったと思うのである。

科学万博の「歴史館」は，当時の理工系博物館などが持つ科学史，技術史，産業史関連の資料をもっとも重要視した識者たちによってシナリオが構成され，またそうした博物館の実物資料の貸し出しによってきわめて質の高いパビリオンを構成できたのであるが，残念ながら6か月の会期終了後解体され現存していない。

わが国の理工系博物館は，これからも広い視野に立ってさまざまな分野の科学史，技術史，産業史の資料を掘り起こし，これを保存してゆくことによって，いずれ国際社会に対し博覧会や移動展示会などを通じて日本の歴史を語る機会が実現したとき，それら資料が大きな役割を果たすことになるに違いない。なかんずく，博物館自身の質の向上をもたらすことはいうまでもない。

② 生涯学習の拠点となる活動の展開

社会全体の高齢化が加速される中，生涯学習に対する人々の関心はますます

高まってきている。ひと時代前は，カルチャーセンターなどの講座参加型のブームがあり，新聞社などの事業としてどの講座も満員状態であったと聞く。現在では，大学などの公開講座や市民大学，自治体などが行う生活講座や学習イベント，生涯学習センターのさまざまなイベントなど多彩なプログラムが諸機関によって用意され，その気になれば学習するチャンスには事欠かない状態である。こうした中で，博物館はどんな特徴を持った学習プログラムを提供できるのだろう。

基本は，やはり収蔵物や展示物を活用した，つまり資料を中心にしたプログラムが博物館らしいプログラムといえるだろう。歴史系，民俗系，美術系などの博物館では，すでに列品解説をはじめ特定テーマの展示ガイドツアー，収蔵物研究講座などが行われ，多くの市民がこれに参加している。また，発掘調査や資料の整理など博物館活動にボランティア参加することが，生きた生涯学習として人気が高いともいわれている。このように，博物館の機能や活動が市民の求めている生涯学習のイメージにかなり適合しているものではないかとする意識が，このところ急速に高まっているのである。

理工系博物館も，こうした市民の要請に積極的に応じようとしている。国立科学博物館ではボランティア制度の充実をはかり，展示解説や学習相談の手伝いを任せる中，ボランティア自身の生き甲斐や学習意欲の向上をはかる仕組みを発展させている。またある航空博物館では，航空機の専門的な解説を現役を退いた専門家グループに任せたところ，お互いに教え教えられる中で得られた学習成果を観覧者に伝えるなど，学ぶこととそれを教えることとが両立できる場として博物館を高く評価している例も現れている。こうしてみると，博物館というのはまさに生涯学習活動の拠点として，もっとも相応しい機能を持った施設であると考えることができる。生涯学習とはただ学ぶだけではなく，その成果を表現できる場と機会が用意されてこそ自己実現の充実感が得られるものと理解したいのである。博物館はまさにその機能を備えている施設である。理工系博物館も他の種類の博物館に学び，生涯学習の拠点施設として，多彩な展示や事業を計画実施することが重要である。

③ ハンズ・オンからマインズ・オンへ

非コレクション型博物館において，実験や体験を重視する展示のあり方につ

写真4 昔の実験機器を使ってみるハンズ・オン特別展の様子（提供：金沢大学資料館）

いては前に述べた。ハンズ・オンとはそうした体験重視の展示を表している言葉である。今や子ども科学館ではそうしたハンズ・オン展示が当たり前であり，とくに欧米ではチルドレンズ・ミュージアムを中心に多彩な体験活動が開発され，成果をあげている。

　コレクション重視型の博物館でも負けてはいない。金沢大学資料館では1999年（平成11），前身の第四高等学校で使われていた実験機器約100点（収蔵品）を使い，「ハンズ・オン―四高物理実験機器のある風景」と銘打ち，昔の実験機器を使ってみる特別展を開催し好評を博したと聞く（写真4）。

　今や，ハンズ・オンは理工系博物館にとって欠くことのできない考え方であるが，さらに現代では自然史博物館，歴史博物館，郷土資料館などにおいてもその考え方や手法が取り入れられ，展示や教育活動の充実がはかられているのである。

　さて，これからその先にはなにがあるのだろうか。筆者は，おそらくマインズ・オンと呼ばれる時代になるものと考えている。それはいったい何であろうか。それは人間を十把ひとからげにとらえるのではなく，一人一人の人間はそれぞれの感性を持ち，感動の仕方も異る，との前提にたった展示のあり方を追

求する時代のことである。つまり，科学館の展示も，あるいは科学イベントも一人一人の感性に応じて参加し，活動し，考えることのできるアイテムとその運用手法を開発することにより，常にその人なりの感動をもたらすことを目標とする考え方である。

そのような展示でもっともポピュラーなのは，「生命の誕生と成長」を目の当たりに見せるものである。かつて科学技術館にもあったが，シカゴ産業科学博物館が永年行っている「ひよこの誕生」は，卵からひよこがかえる瞬間を見せるもので，大人も子どもも，また男の子も女の子も，専門家も非専門家も，等しく一人一人それぞれの感動を持ってじっと見守る展示であり，また何の説明も要しない展示である。今各地で盛んなロボット競技も，自分たちで考え，自分たちで作り，自分たちの仲間のコントロールで競技するところに，やる人にも見る人にも人それぞれの感動を呼び覚ますものとなっているのではなかろうか。

もちろんマインズ・オン展示はこればかりでなく，人と人とのコミュニケーションにより成り立つ展示や，利用者参加によって製作される展示などの中にその真髄が現れる可能性が高い，と想像される。要は，利用者がその人なりの感動を伴って，見たり，参加したり，考えたりすることのできる展示とはどのようなものかを，博物館側が研究し開発することがよりいっそう強く求められてくるものと思われるのである。

〈参考文献〉
椎名仙卓 1988『日本博物館発達史』雄山閣

〔山田英徳〕

動物園

数千年も昔から，人々は動物を展示してきた。古代エジプト，アッシリア，ローマ，中国，アステカなどの王侯貴族は，檻や地面に掘った穴の中で動物を

飼育し，眺めて楽しみとしていた。動物展示の基本は長いこと檻形式によるものであったが，建築技術や材料の進歩，展示についての考え方の変化に伴い大きな発展をとげている。とくにここ100年間に，さまざまな試みがなされるようになってきた。現在，日本の動物園では，動物地理学的展示が主流ではあるが，同じ動物園の中にさまざまな展示手法が混在している。

1 動物展示の流れ

a 動物分類学的展示

　サルの仲間，トラやライオンといったネコの仲間，ワシ・タカ類といったように同じ分類群の動物を集めて展示する方法で，近代動物園の展示法の中ではもっとも歴史が古い。18〜19世紀にかけての博物学の発展を受けて動物園が発展したため，当初，分類学を基礎にした動物の展示が行われた。動物舎は分類群の名前をとってサル舎，クマ舎，猛禽舎などと呼ばれる。ネコ科動物を集めた動物舎は，本来，ネコ類舎とでも呼ぶべきであるが，獲物を襲う猛獣というイメージが強いためか，日本では猛獣舎と呼ばれることが多い。

　動物分類学的展示は，同じ分類群の動物の類似点や相違点を身近に見比べて比較することが容易であるという利点を持つ。

b 動物地理学的展示

　動物分類学的展示に続いて，動物地理学的展示が20世紀初頭から行われるようになった。動物をアフリカ，オーストラリア，北アメリカ，南アメリカ，アジアなど，生息地別に展示する方法である。たとえば「オーストラリア園」として，カンガルーやエミューなどオーストラリア産の動物が集められる。オーストラリア園の入り口には，ブーメランなどオーストラリアを象徴する装飾を行って，観客に外国旅行の気分を味わわせる手法がとられることも多い。

　動物地理学では，地図上の名称ではなく，動物相の特徴によって旧北区，新北区，新熱帯区，エチオピア区，東洋区，オーストラリア区などの名称を使用するが，動物園では便宜上，アジア園やアフリカ園のように，地理的名称で代用することが多い。ここに混乱が生じる。動物の生息地と動物区の概念があいまいにされるからである。たとえば旧北区の動物と東洋区の動物を区別することなく，同じアジアの動物として展示するといった例が見られる。

動物地理学的展示を行うに当たっては，地理的名称と動物区の整理を行い，動物分布の自然史上の推移が理解できる解説を提供する必要がある。

c　バイオーム展示

動物地理学的展示の発展型ともいえる展示である。1980年代からアメリカの動物園を中心に発達してきた。熱帯雨林，砂漠，サバンナなどのバイオーム別に動物を展示する方法である。単に動物を展示するだけでなく，動物とその生息環境を一緒に展示することで，動物が環境にどのように適応して進化してきたかを考えるきっかけを与え，ひいては観客の自然に対する見方や考え方を養おうという意図のもとに，展示に工夫がなされている。

1994年に公開された上野動物園の「ゴリラの住む森」は，日本の植物を使ってアフリカの熱帯雨林を再現しようとした展示である。ゴリラの生息地である熱帯雨林と東京では気候条件が大きく異なるため，植生の再現は困難であるが，雰囲気を伝えることに努力がなされている。

バイオーム展示は，動物が樹木の間に隠れる，動物と観客との距離が離れる，本来の植生ではない，展示にコストがかかるといった欠点がある。しかし，地

写真1　テナガザルのバイオーム展示　屋内に東南アジアの熱帯雨林を再現している。
（ニューヨーク・ブロンクス動物園）

球環境の危機が叫ばれ，われわれの生存のためにも動物と環境を考える重要性が高まっている現在，この展示法は，今後の動物展示の大きな流れになっていくと思われる。

2 展示の技法

動物分類学的展示，動物地理学的展示，バイオーム展示と動物園における展示の考え方の流れを見てきたが，次に技術の進歩に伴う個々の展示技法について概観する。

a パノラマ展示

1907年にドイツ人のカール・ハーゲンベックは，手前の池にフラミンゴが群をなし，その向こうにはシマウマやダチョウがいるアフリカの平原が広がり，奥にはライオンが獲物を虎視たんたんと狙い，最奥の岩山にはレイヨウがたたずんでいるといった展示法を考案した。柵や金網などの障害物を取り去り，空堀を巧みに使ったところがこの展示法のポイントである。

動物本来の生息環境を再現したものではないが，広々した空間にいろいろな動物を見渡せる遠景パノラマを作り出したパノラマ展示は，世界の動物園に大きな影響を与えた。山あり谷ありの自然景観を模した展示を行うために，動物園は広い面積を必要とすることになり，動物園にかわって動物公園という名称が生まれたのも，ハーゲンベックのパノラマ展示の影響が大きい。

b 夜行獣館

ほ乳類は夜行性のものが多い。動物園の開園は日中であるため，動物の行動が活発になる夜間の状態を展示することができない。そこで昼夜を逆転し，夜の状態を演出した夜行獣館が考え出された。コウモリやムササビ，スローロリスといった小型ほ乳類，鳥類ではフクロウの仲間がしばしば展示される。夜行獣館では，暗闇展示以外に，昼間から夕方，黄昏から夜へと時間経過に従って照度を変化させる演出を行う場合もある。

飼育される動物の日光浴不足が，夜行獣館における健康管理上の問題となる。夜行獣といえども，まったく日光にあたらないわけではないため，ローテーションを組んで屋外ケージで飼育する日を設けたり，太陽光と同じ波長の蛍光灯を使うなどの対策がとられる。

c 通り抜け禽舎とサファリ式展示

観客には，障害物にじゃまされず動物を間近で見たいという要求が強い。通り抜け禽舎は，鳥類が飛び回るケージの中に観客通路を設け，金網など目障りな障害物を取り除いて鳥類を展示する施設である。コウノトリのような大型鳥類が飛翔する大規模な施設もあり，臨場感や一体感に優れている。ほ乳類ではワラビーやリスザルなどの小型動物に通り抜け施設が応用されているが，鳥類ほど一般的ではない。動物から観客，あるいは，観客から動物に不測の事故が発生する可能性が高いことが原因であろう。

通り抜け禽舎を大規模に発展させた展示が，サファリ式展示である。サファリ式展示は，歩く代わりに自動車に乗ってライオンやゾウの群の中を見学する。サファリ形式の原型は多摩動物公園のライオン園で，ライオンが放されている1haの放飼場をバスで見学する。世界に先駆けた林寿郎のアイデアで，1964年（昭和39）に公開された。

d ガラス展示

金網や柵といった目障りな工作物の代わりに，ガラスを使う展示がさまざま

写真2 ホッキョクグマのガラス展示　観客は水中の姿を見ることができる。
（シンガポール動物園）

な動物に応用されている。この展示法は鳥類や類人猿に一般的であったが、強化ガラスと濾過装置が発達したおかげで、ホッキョクグマやカバが泳ぐ姿を、ガラス越しに展示できるようになった。ガラス展示により観客の視線も変化し、上から動物を見下ろしていた視線が、水平あるいは見上げる視線となり、展示に臨場感を増す効果が得られるようになった。

3 環境エンリッチメントと展示

観客は動物が生き生きと動き回る姿を期待して動物園にやってくる。単純な環境で飼育される動物は、単純な行動しか示さない。クマやオオカミがケージの中を決まったように行ったり来たりする常動行動は、単純な飼育環境が問題であると指摘されている。森の人と呼ばれるオランウータンを平らな場所で飼育しても、オランウータン本来の行動を展示することはできない。だからといって本来の生息地である熱帯雨林を再現する必要はなく、立体的に活動できる環境を整えればよいのである。このように、ハード面では展示施設に、池、砂山、ロープ、木組みなどを設け、ソフト面ではボールなどの遊具を用意したり、時間をかけて餌を探索させるなど給餌方法を複雑にすることで、飼育環境を豊かなものに改善できる。

環境エンリッチメントを推し進めることで、動物が本来持っている豊かな行動を引き出し、動物の活動性を高めて退屈から救い、精神衛生の面から健康状態を良好に保つことができる。また、興味ある行動を展示できるため、観客の満足度も高くなる。環境エンリッチメントの考えをもとに、動物と観客双方が満足できる展示をいかに実現していくかが、これからの動物園における大きな課題となっている。

〈参考文献〉

ケネス・J・ポラコウスキー／中川志郎監訳 1996 『動物園のデザイン論』 東京動物園協会

中川志郎 1981 『多摩動物公園』 郷学舎

Trevor Poole and Graham Law, 1995 : *Inexpensive ways of improving zoo enclosures for mammals*, Universities Federation for Animal Welfare

〔成島悦雄〕

植物園

1 植物園の資料展示の特色

　植物園が人文系の博物館と著しくちがっていることは，展示する資料が生き物であることで，日々の育成管理を必要とし，生長や増殖するとともに，枯れて失われることもある。同じ生き物を展示する動物園や水族館とも異ることは，資料が土地に植え込まれる形で展示され，容易に移動することができない点である。さらに資料が育って展示品としての存在価値を持つまでに，相当の時間，場合によっては数十年もの年月を必要とする場合もある。植物園関係者の間では，植物園の充実度はまず，10年を単位として評価してほしいという言葉がつぶやかれる。

　この植物園の展示にどのような特色があるかを，人文系の博物館と比べたのが表1である。

a 植物園の展示物は植物そのもの

　植物園が見せようとする資料は，生きた植物そのものであり，生長し，花を咲かせ，果実を成らせ，枯れてゆくことを理解させることが展示の目的でもある。展示の第一歩は，計画した土地に植物を植え込むことだが，これだけではまだ展示が完成しているわけではなく，それから毎日続けられる育成管理によって，花が咲き果実が成熟するようになってはじめて，展示が一応の完成に

表1　植物園展示物（植物）の特性

	植　物　園	人文系博物館
展 示 資 料	生きものである	生命を持たない物品
日 常 管 理	毎日の育成管理が必要	異常の有無の確認のみ
生　　　　長	生長変化，枯死もある	変化はない（劣化はある）
季節的な変化	季節的な条件で変化	変化はない
展 示 の 完 成	展示の完成に時間がかかる	配置，飾りつけが終れば完成
増　　　　殖	増殖ができる	増殖は不可能
展 示 場 所	屋外が主体	屋内が主体
日　　　　照	太陽の光線が必要	直射日光はカットする
水　　　分	生長に必要	湿気をも排除する
利　　用　　者	季節的な増減が大きい	季節的増減の理由はない

到達する。草花であればすぐに到達するが，ミカンなどの樹木では，果実が成るまでには20年以上もかかる場合もある。

植物園には育成を専門にする技術者がついているわけであるが，学芸員もそのことに精通し，技術を修得していなくてはよい展示を行うことはできない。

b 展示品には太陽と水が必要

植物を正常に育てるには，十分な太陽の光線と水が必要で，屋内での植物の展示が永くもたないのは，これが不足するからである。この点が美術品などを展示品とする人文系の博物館とは大きく異る点である。

c 枯れることもあり，増殖もできる

生きものである植物は，突然枯れることもあるが，種子まきや，挿し木，接木，最近は組織培養の技術で，繁殖することができ，再び展示を作り直すこともできる。1年草では種子ができるころには枯れてしまうので，毎年のように種子まきをして育てている。

2 植物園の性格と展示の方法

植物園にはさまざまな目的やタイプがあり，それによって植物の見せ方，展示の方法がちがってくる。また大きな総合的な植物園になると，その中に性格のちがう区域があり，そこでも性格に即した展示方法がとられることになる。

a 自然植物園

自然地をそのまま保存しながら，研究や教育活動の場とする植物園やこのような区域では，自然植生をそのままに残し，人工的なものを加えないのが展示の基本となる。そこでは木が枯れても朽ちるにまかせ，その空間がどのように遷移して復元されてゆくかが重要な展示として生かされることもある。まったく人手を加えないというのも，管理の手法の一つであるが，そこの自然状態を破壊するような樹木や帰化植物の侵入を見たときには，早急に排除しなくてはならない。ハワイの国立公園では，外来の植物の伐採や抜き取りが，現実に行われると聞いている。

b 見本園

植物の種類（種や品種を含む）を見せることを一番の目的とする植物園では，もっとも単純でわかりやすい見本園展示が採用される。どこが似ていてどこが

ちがうかを見せる植物の分類見本園や，サクラ園やツバキ園など同じ仲間を集めたもの，薬用植物園や生垣見本のように用途によってまとめたものなどがある。同面積の四角いマスに植え込んだり，列に植えたり，少し造園的な手法を加えたものでは，地形や園路にそって1本または数本ずつ組み合せて構成される。利用者にとっては端から順に見て行けば，見落とすことのない展示法ではあるが，景観としての美しさとか楽しさを見つけることはできない。

c 庭園的な展示

一般市民の利用のための楽しみながら植物を学ぶことを目的とした多くの植物園では，造園的な手法による庭園的な展示が主流である。英国のキュー植物園をはじめとする，外国の大規模な有名植物園では，学術的な研究が目的であっても，全体のプランから景観の作り方，花壇のあり方まで造園手法を使って，見事な庭園としても構成されている。総合的な大植物園であれば，自然的な広大な森林や池水，さまざまな見本園，熱帯植物を展示する大温室，花壇などが，快適に楽しめるように配置されている。ヨーロッパの植物園は，貴族の庭園から生まれた伝統から発展したからであろう。

庭園的な植物園では，廻遊式の観覧園路に従って，次々と見どころのある景観が展開し，そこに植えられている植物が即展示品でもある。常に1本ずつではなく，1本から数本の群落であったり，それが三々五々と配置されたりする。基本的には前面は小形で背の低いもの，後方へ行くほど大形で高くなり，数も少なくなるような配置，展示方法になっている。さらに大切なことは，その後方にこの植物園全体の基本となる林が存在しなくてはならない。つまりこの部分は展示物ではなくバックに相当し，そのバックの前に見せたい植物が展示されるという形である。このバックの基本の林がどれだけ厚く存在するかが，植物園の値うちでもあるが，日本の都市の中の植物園では，残念ながらそのスペースが十分とれていないのが実状である。南西日本の暖地ではカシ類の常緑広葉樹，北日本や内陸では落葉樹と針葉樹で構成されているはずである。

d 花壇

花壇は植物の種類を見せるものというより，草花の美しさ，ことに組み合せの美しさを見せるための展示で，花壇があることによってその場所の景観をいっそう引き立たす効果があらわれる。したがって花壇だけをいくら美しく

190　VI　館種別博物館の展示活動

写真1　サボテンの見本展示（温室内）
　　　（広島市植物公園）

写真2　庭園的な展示
　　　（沖縄海洋博記念植物園）

写真3　花壇風のバラ園
　　　（神代植物公園）

作っても，そこの景観に合わなければ失敗である。また広ければよいというものではなく，最小の面積で最大の効果があがるように，造る場所や形，面積や草花の種類・色どりを決めなくてはならない。

e 温室と冷室

熱帯植物を見せるための温室や寒地と高山性の植物を植える冷室は，植物園ではぜいたくな施設で，とくに温室はヨーロッパの王侯貴族の庭園からはじまった。熱帯地方には高温で湿潤の熱帯雨林と乾燥地帯の砂漠やサバンナがあり，温室では条件のちがう二つ以上の室を分けて，環境別に植物を展示する。最近の大規模なものは熱帯雨林の植物を集めたものが多いものの，だいたいは廻遊式の庭園式の展示になっている。一口にいえば，世界の熱帯地方から集められた見どころの多い植物で構成した庭園で，どこの熱帯雨林の景観を再現したものでもないものが多い。

大温室での展示栽培上の問題点は，日照量が不足することで，熱帯を代表するような派手な花や珍しい果物が十分育たないことである。大温室のデザインの設計は建築家がやるために，デザインを優先した建築家の作品が造られてしまう。建築家に設備の専門家，植物を育てる専門の技術者が，最初から対等の立場で知恵を出し合って，植物がよく育ち，利用者が快適に観覧できる温室を造り上げなくてはならない。計画造成に当っての条件としては，①まず安全が第一，②次は目的にかなう施設であること，③利用しやすい，④少ない職員でも管理しやすい，⑤これらの条件を満たしたうえで，デザイン的にもすぐれたものでなくてはならない。もしデザインが優先されると，①〜④が無視されて失敗に終るであろう。

f 展示場

植物には季節的に開花する園芸草花などがあり，サクラソウとかアサガオ，キクや盆栽などの鉢植の植物では，開花時に鉢植を展示場に陳列して見せることになる。植物園ではさまざまな植物を展示して見せる義務があるものの，人員不足や技術的にも無理なものがあり，マニアの団体などの協力出展で，展示会という形で見せる場合が多い。この展示会は，動かない植物に動きを与えることとなり，観覧のための入園者が増える効果もある。

団体にとっては，一つのボランティア活動であり，植物園側でもそこを十分

写真4 さくらそうの
　　　展示会
　　　（神代植物公園）

写真5 実物の木のそばに，
　　　果実の模型をそえ
　　　た展示
　　　（沖縄海洋博記念
　　　　植物園）

写真6 企画展示
　　　（特別展示）
　　　（東京都立夢の島
　　　　熱帯植物館）

評価して，役割分担をはっきりして，気持のよい協力関係を持たないと，長く続けてゆくことはむずかしい。

　g　標本や情報の常設展示

　生の植物だけでなく，標本や植物を素材とした製品，半製品，関連する資料，写真や映像，情報などを紹介する展示は，植物園独自のものではなく，すべての博物館に共通したものである。しかし植物園では，常に生きた原植物とセットにして展示する努力が必要である。

　h　特別展示

　特別のテーマを立てて企画する展示は，費用もかかることではあるが，その植物園の学術的な力をアピールする場でもあり，学芸員や専門技術者の日ごろの研究や蓄積がためされる機会でもある。企画にあたっては，その目的と何を訴えるのかという点を明確にして，計画することが大切である。

　i　他の分野との合同展示・交流

　植物園の展示は，ただ種類を知らしめるという展示から，少しでも美しく興味を持たせるように見せようという展示に進み，さらには心地よく美的な感情を呼び起こす芸術的な展示へ展開してゆくこともできる。生け花や庭園そのものもその流れであるが，絵画や造形物などの芸術作品と一体になった展示も試みられている。私が在職した東京都立夢の島熱帯植物館では，東京芸術大学のOB連を中心としたグループの自主的な協力で，植物と芸術作品の一体化を模索した展示を数回行ってきた。作品展示の場所貸しではなく，芸術家たちが植物園で感じた植物からの霊感を作品にして，植物と一体に展示をすることを考えた。観覧者の意見は賛否両論ではあったが，植物の専門家も芸術家も，お互いの分野をもって理解し合えたならば，もっとおもしろい新しい植物園の展示を展開することができるのではないかと思う。植物園の技術者も，芸術はわからないといっていたのでは腑甲斐なく，みずからの考えで創造する力を養うべき時にきている。

　このほかにも展示品の貸し借りなどをめぐって，他の植物園や関係の機関，協力団体や個人との交流は欠くことができない。日ごろの外部との交流の疎密によって，貴重な展示資料を快く借りることができるのは，筆者自身が何度も体験した事実でもある。

3 利用者のための展示

展示の目的は，利用者がよく見て理解してくれることによって達成される。

a 見る気を起こさせる展示

利用者が素通りすることなく，足をとめてよく見てくれるには，どのような展示法をとったらよいのであろうか。屋外に植えた植物では，せいぜい解説板をつけるくらいしか，すぐにできる方法はないであろう。この点で植物は，動きもあり愛嬌もある動物にはかなわない。美術品や工芸品のように，照明を当てるわけにもゆかない。

そこで考えられるのは，1株だけの展示ではなく，何本かの群植によってボリュームを出すことを考える。手入れをよくして，美しい姿でアピールするように演出する。珍しい植物といっても育ちが悪ければ，まったく見る価値はなく，一般の人は珍品よりも立派に育った植物に目をうばわれるものである。ありふれた草花などでも，ボリュームのある大株に育てて見せることができれば，さすがに植物園だ，自分の家のとはちがうわい，という評価を受けることになる。

b 種名ラベルと解説板

植物園では必ず植物名のラベルをつけることは，説明の必要がないはずだが，種名ラベルと解説板ともに，わかりやすく作り，見やすくとりつけることが，いかに大変なことであるかは，経験してみないとわからない。

植物に興味を持ち，自分でも調べる方法を知っている人は，少し見にくくても理解してしまうので問題はないのだが，老人になると視力が低下して小さな字や遠くにある解説板の文字が読めなくなるし，名称のラベルにしても，そこに立っているのがわからない人もいる。

子どもにとっては目の高さが問題で，低い目線に合わて名札を立てないと見えず，興味を持たなくなるのも当然のことである。

〈参考文献〉
新井重三・樋口秀雄・加藤有次他編 1978〜81『博物館学講座』全10巻，雄山閣
倉田公裕・矢島國雄 1997『新編博物館学』東京堂出版

〔鳥居恒夫〕

水族館

1 水族館展示の特徴

a 生きた資料の展示

　水族館の展示の特徴は，動物園や植物園と同様，展示資料が「生命活動を営んでいる生物」すなわち生きた生物ということである。
　水族館で生物を観察していると，写真や映像では経験できない意図しないおもしろさがある。生物の素晴らしさや神秘性に感動し，そこから科学的理解が得られる。

b 作られた環境

　水族館で生物を飼育展示するには，大なり小なりそれらを収容する水槽設備が必要であり，「入れ物」を準備した後で，資料すなわち生物を水槽に収容して飼育展示がはじまる。また健全な状態で生物を展示するには，陸上生物とは異り，飼育水の水質管理が必要である。このように水族館では，人為的環境の下で生物を展示することになる。

2 水族館の展示計画

　水族館の展示が，「金太郎飴」といわれて久しい。水族館で個々の展示を考える前に，その水族館における展示の意義（主張）・目的などの基本方針について確認することが重要である。そして水族館あるいは担当者の独自性を発揮した展示を行うことが大切である。
　展示担当者は，「展示資料である水生生物と入館者の橋渡しを行う通訳」である。
　通訳である担当者の業務の一つは，担当者自身が調査や研究により，その生物について調べたこと，知ったことを見学者に伝えることであり，もう一つは水生生物の生物学についての情報，それも最新の情報を入館者に分かりやすく伝えることである。

3 展示配列の基本

　水族館の展示の配列要素は，「生物学的要素」と「社会学的要素」に大きく分けられる。

　生物が展示の主体となる水族館では，生物学的要素が主体となっているが，近年では環境問題など人間生活とのかかわりも軽視できなくなり，社会学的要素も必要となっている。

　生物学的要素は，さらに自然分類に従って目・科別に配列する「分類学的要素」と，分布地理，生息地，行動などの面から配列した「生態学的要素」に分けられる。

　分類学的要素による配列は古くから用いられており，系統分類学に基づくものである。同じ目・科にあっても形態，大きさ，環境が異ることが多く，飼育・展示管理の上で問題点が多い。また見学者の興味も小さくなり，近年の水族館ではほとんどが見かけることがなくなった。

　生態学的要素は，日本産淡水魚を例にとってみると，北太平洋系，シベリア系，中国系，インドシナ系，日本固有系など生物地理学に基づき区分した分布地理によるものと，川の上流・中流・下流域，止水域（湖沼・池）などに区分した生息地によるものがある。またイソギンチャクとクマノミの共生や巻貝の殻に宿るヤドカリなどの生活形態，水草や根などの繊維質で産卵巣を作るハリョの習性などを配列した行動学的要素からなるものもある。

　社会学的要素は，環境問題，自然保護など人間の営みが活発になり生じたことや，食生活とかかわる水産業などとの関連をもとに配列したものである。近年では，野生水生生物の種保存を取り上げる水族館も増えている。

```
展　示─┬─生物学的要素─┬─分類学的要素
　　　　│　　　　　　　└─生態学的要素─┬─分　布　地　理
　　　　│　　　　　　　　　　　　　　　├─生　息　地
　　　　│　　　　　　　　　　　　　　　└─行　動（生　態）
　　　　└─社会学的要素──────────┬─環　境　問　題
　　　　　　　　　　　　　　　　　　　　├─自　然　保　護
　　　　　　　　　　　　　　　　　　　　└─水　産　業
```

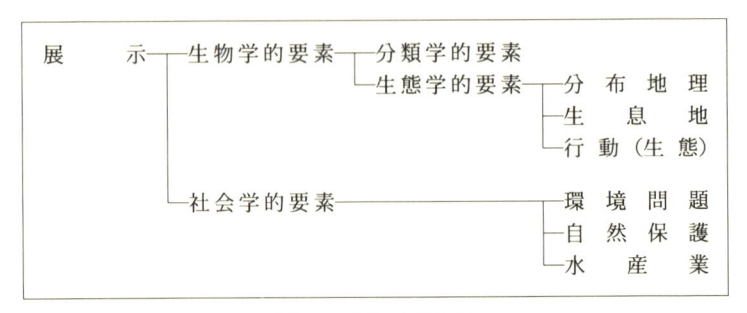

図1　水族館の展示配列

水族館では，これらの各配列要素を複合的に組み合わせて展示が行われている。

4 水槽形態

展示水槽の観察面は，従来のガラスに代わりアクリル樹脂が使われるようになった。アクリル樹脂は，加工しやすさから曲面，球面を容易につくることができ，展示演出上の自由度が大きくなった。

水槽の種類・規模は，メダカ用の小型水槽から，壁面水槽，オープン水槽，タイドプール，そしてシャチ用の大型プールまで大小さまざまである。水槽の規模や形状は，そこに収容する生物は何か，どのような目的で展示するかで定されるものである。

a 卓上水槽

テーブルの上に置かれ周囲から観察できる比較的小規模の水槽である。箱型のものばかりではなく円柱状のものや，多角形，カクテル形状のものもある。水族館の導入部の雰囲気作りや小生物の展示に用いられている。

b 壁面水槽（窓型水槽）

壁面に列車の窓のごとく整然と並んだ水槽であり，以前は「汽車窓水槽」と呼ばれていたこともある。近年では水槽の規模や配置を変化させたり，ガラス面の一部を変形させたりして工夫が凝らされているが，水槽ガラス面が見学者側と飼育側の壁になっており，一方向からの観察しかできない。

c 海洋水槽（オセアナリウム）

アクリル樹脂の開発により，日本では1970年（昭和45）に，東海大学海洋科学博物館に600m^{3}の水量の水槽が設置された。海洋水槽では，大型魚や広い遊泳面積を必要とする海洋生物の展示を行い，ダイナミックな展示が可能となった。

自然の海を再現し，魚の群泳や生態を観察できる。また水槽内にダイバーが入ることで餌付けが行われたり，モントレー水族館の「ケルプの森水槽」では，ダイバーと見学者が対話し，水族館と見学者のコミュニケーションを主題とした展示が行われている。

d 回遊水槽

ドーナツ状をしており，見学者はドーナツの中央部に入り周囲360度の視界で観察できる。従来の箱型水槽に比べ水槽内距離がエンドレスであり，運動不足になりがちな大型魚類や回遊性（遊泳力）のある魚にとって適した水槽である。また，海洋水槽に比べ，小さな規模でそれらの魚を展示することができる。

e トンネル水槽

比較的大型の水槽の底部に，トンネル状の見学通路が設けられた水槽である。海洋水槽では側面からの観察しかできないが，トンネル水槽では，海中から水面を見上げたように観察できるばかりか，底の岩組みに隠れる魚たちも観察できるのが利点である。しかし，円筒状のトンネル水槽では，魚がひずんで見えるという欠点もある。

f オープン水槽（上面開放水槽）

タイドプールや河川・湖沼生物の展示に使われる水槽上部が開放された水槽である。一般に陸上部のディスプレイも施され，環境展示が行われている。

見学者が水槽の中に裸足で入って疑似体験できる大型のタイドプールや，職員が水槽内の生物を手に取りレクチャーする水槽として，応用範囲の広い水槽である。

g 半水位水槽

須磨海浜水族園の森の水槽は，敷地内の木立の中にすっぽり埋め込まれた半地下式の水槽である。水位を床から天井まであるガラス面の半分にして，ピラルクを展示している。水槽ごしには屋外の植栽が見られ，いかにも樹木の茂る川の断面を見ているようである。

これらの水槽を使った展示手法・技法は，繁殖形態や生息環境などを見せる「意図的」なものと，エコシステム水槽やマイクロアクアリウムなどの「システム的」なものに分けられる。

5 展示意図と水槽

a 繁殖展示

水族館で卵生のサメを飼育していると，産卵が見られる。サメの卵も，水槽

内空間を利用し展示することができる。バックライト付きの小型ケースを水槽内に設置し，産まれて間もない卵から孵化直前の卵までの卵を展示すると，卵内のサメの成長の様子が観察できる。

　b　生態展示

　大水槽で見られる何万尾ものマイワシの大群の中を，捕食者であるブリの1尾が突っ切って泳ぐと，マイワシの群はバラバラになり，待ち構えていた他のブリがマイワシを襲う光景が目の前で見られる。生態学でいう「食う一食われる」の関係を展示したものである。

　c　生息環境展示

　水族館では，主として外国から輸入した資料を展示している動物園と異り，国内の資料を多く扱っている。そのため自分たちで採集した生物や把握した生息環境の事実を展示・解説できることが大きな特徴である。

　筆者の勤務する水族館には，上部が開放された『矢作川の魚』という展示水槽がある。そこでは，担当者が現地で採集した魚類を展示し，川底の石や水草，河岸のユキノシタなどの植物も移植して，水中ばかりでなく陸上環境も再現し

写真1　碧南海浜水族館の生息環境展示「矢作川の魚」

た環境展示が行われている。今後の水族館の展示では，水中生物だけではなく，その生物が生息する陸上の周辺環境も併せて理解できる環境展示 (Habitat Display) が求められる。

d 環境保全展示

北米の水族館には，入口に「私たちは，（自然）保護と教育と研究を柱として，この水族館を運営しています。」という水族館のコンセプトを掲示していることがある。

1991年から日本の水族館でも，絶滅に瀕した日本産淡水魚の種保存活動が開始された。稀少種の展示や種保存のための生息調査の様子，繁殖事業，将来計画などについてパネル展示も行われている。

また水族館の水槽の水は透きとおり，汚れのないきれいな水槽ばかりである。水槽内に古タイヤ，錆びた空き缶，テグスの絡まったカニを入れて，身の回りの環境汚染を問いただす展示があってもいいのではないか。

e タッチング・アクアリウム

北米の水族館を回ると，多くの水族館でカウンターの上部に浅い水槽を設け，見学者が直に生物を手に取り観察できるコーナーがある。従来のように一方的なガラス越しの展示ではなく，そこにはレクチャー担当者が常時配置され，その生物の扱い方から，生物に関する解説が行われている。日本でも古くからタッチングプールとして存在したが，多くは担当者も配置されず，見学者が生物を触り放題で，展示生物は無惨にも短期で消耗されていた。1997年に開館した滋賀県立琵琶湖博物館に，解説担当者を常時設置した展示が導入された。

f 演示展示（生物の能力）

魚類では，イシダイなどを調教して玉割り，輪くぐりなど魚の条件反射の展示や，テッポウウオが地上の餌となる小虫を射水で打ち落し捕食する展示，デンキナマズの放電実験などがあげられる。

また，アシカやイルカなどの海洋哺乳類を展示する水族館では，これらの生物が持つ能力を理解してもらう目的で，ジャンプやボールバランスなどのショーを行っている。しかし，その演出次第では見学者に単なるアトラクションと受け取られ，ショーの構成やシナリオの作成にあたっては科学的な配慮を要する。

南知多ビーチランドで行われているイルカのエコロケーションなどを紹介する展示は、今後の海洋哺乳類の展示にあたっての一つの方向といえるだろう。

6 展示システムと水槽

a エコシステム水槽

水域には魚類、甲殻類、貝類、サンゴ、海草、微生物などさまざまな生物が太陽の恵みを受けながら生活している。水中では生物の死骸を食べるカニや、魚たちが排泄するアンモニアを分解するバクテリアなどがおり、自浄作用がある。自然の復元力を利用し、水中の生態系を再現したバランスド・アクアリウムがある。

好気性・嫌気性バクテリアの生息域を水槽内に設け、サンゴ礁を再現した江ノ島水族館のモナコ水槽はその一つである。

b 発光生物展示

水族館ではマツカサウオやヒカリキンメダイなどの発光魚が展示されているが、水槽は明るく照明され発光の様子を見ることはできない。展示室の一部を暗室にして水槽を設けると発光の様子を見ることが可能になる。

c マイクロ・アクアリウム

水族館には、魚やカニなど肉眼で見られるもの以外に1mmにも満たない稚クラゲやプランクトンなどの隠れた微小生物がいる。これらの微小生物を、顕微鏡やモニターテレビを使いクローズアップして展示したものである。

東海大学海洋科学博物館では、見学者がズームカメラのリモコンレバーを操作し、ビーカー内のプランクトンや展示水槽に収容されたミズクラゲのポリプなどを観察できる。

d 波の水槽

展示水槽の大型化に伴い、造波装置を設け人工的に水槽内に波を起こさせ、その波間にいる魚たちを展示している。

e 水流水槽

マグロやカツオなど比較的遊泳力のある魚たちの展示には、ただ単にエンドレスな回遊水槽では飼育が困難なため、強制的に強い水流を与えている水槽である。

また，止水状態では飼育が困難な海藻や水草，サンゴなどの展示にも水槽内に水流を起こさせているものも含まれる。

7　視覚障害者のために

大分生態水族館では，1967年に玄関ホールの一角にポリエステル樹脂で創られたさまざまな魚類，イカ，タコなどのレプリカ41点を展示した「手と耳で見る魚の国コーナー」を設置した。これらのレプリカは自由に触れることができ，解説手段として展示とヘッドホンによる音声が準備され，視覚障害者に配慮した展示である。同様の展示が和歌山県立自然博物館でも行われいてる。

水族館には，展示のための素材はいくらでも転がっている。担当者は，見学者が想像を逞しくできるような展示計画を立て，水族館が「見るところ」から「考えるところ」に変わっていかなければならない。

〈参考文献〉

伊藤健雄 1963「水族館における小型動物展示の試案」『動物園水族館雑誌』5(2)，日本動物園水族館協会

中島東夫・高松史郎・西源二郎 1967「条件づけた魚の行動変化とその水槽管理への応用」『動物園水族館雑誌』9(3)，日本動物園水族館協会

大分生態水族館 1968「盲人のための模型展示とその作成」『動物園水族館雑誌』10(3)，日本動物園水族館協会

日動水教育指導部（編）1976『飼育ハンドブック―収集・運搬・展示―（水族館編）』日本動物園水族館協会

小森　厚 1981「館種別博物館における展示と展示法」『博物館学講座』第7巻，雄山閣

中島東夫 1982「博物館における視覚障害者への対応」『博物館研究』17(11)，日本博物館協会

鈴木克美 1992「小さな世界の大きな不思議　ズームアップ水族館―参加性のある新しい水族館へ向けて―」『博物館研究』27(10)，日本博物館協会

〔長井健生〕

歴史博物館

1 歴史

a 歴史系博物館の役割

　新世紀を目前にして，各方面で新しい時代に対応するさまざまな試みが活発化しているが，博物館の世界でも科学技術の進歩に伴う情報化社会へのすみやかな対応や，世界各地とのグローバルな交流に伴う国際化の時代に向けた国際理解をどう反映させるのか，高齢化社会に対応した生涯学習への取り組みなど，さまざまな課題の中で新たな世紀をどのように迎えるかが今問われている。とくにわが国では，日本の伝統文化を支えてきた多くの固有の伝統的技術や技法の保存がますます困難な状況におかれ，社会生活の変化の中で，さまざまな年中行事や伝統的な芸能，古来から伝わる社寺の神事や仏事などの実施にも微妙な影響があらわれているという現実の中で，地域社会における歴史系博物館の役割は，きわめて重要であると思われる。

　歴史系博物館の主となる役割の一つは，いうまでもなく先史時代から現代に至る地域の歴史を，多くの資料を使った展示という手法に基づいて分かりやすく解説することにある。こうした地域の歴史を広い視野でとらえるためには，地域の歴史の解明はもとより，考古学や民俗学など隣接する学問の研究成果によるところが大きく，また，自然科学などの研究成果も取り込んだ総合的な把握が必要になってくる。自然と人間のかかわりを通して，地域の特色をわかりやすく展示に反映させる努力が求められている。

　地域史研究の視点は，すでに戦後間もない頃からすでにはじまっている。地域限定の歴史研究が，ともすれば郷土偏重に陥りがちになることの反省に立って，郷土史的な研究手法から脱却して，地域に残された文献や文書史料を丹念に読み解きながら，その実証的な研究成果をふまえて，歴史的視野を拡大していったのであり，地域史研究は今や日本史研究の主流となっている。地域史研究の成果が土台となって，わが国の歴史の全体像が見えてくるといっても過言ではない状況にある。異る文化が，異るかたちで生き続ける多様性を尊重する

ことが重要である。

　b　展示

　展示に一般的なルールがあるのだろうか。展示の内容やその手法は限定されるのかという基本的な疑問に立ちながら，歴史系博物館における展示のあり方について検討してみたい。

　歴史系博物館における展示は歴史展示であり，歴史性がもっとも重要視される展示である。そこに展示される資料は歴史資料と呼ばれるが，その資料自体は必ずしも歴史的意義や歴史的価値を十分に備えているとは限らない。それを一つの歴史事情を伝える展示資料として取り上げた博物館側の問題意識や価値判断によって，はじめて資料価値が付加されることもしばしば見られるところである。したがって，その問題意識こそが歴史の見方であり，一つの歴史事象を伝えようとする歴史意識のもとに有効な資料として取り上げられた資料だけが，歴史資料として歴史系博物館の展示を構成していくことになる。資料があって展示が構成されるのではなく，歴史展示に必要な歴史資料を探し求めるのである。どのような見方によって歴史事象を伝えるのかを明確にした上で，展示構成が決まり，必要な資料を揃えることになる。

　しかし，次に問題となるのは，そもそも，歴史的事象や歴史記述を，点としての個々の資料の羅列でどう説明できるのかという点である。歴史的事象の変遷を個々の資料によってとらえようとすることは，非常に困難な問題である。したがって，各館においてさまざまな試みがなされてきた。

（1）　資料自体の持つ特性や価値を重視した個別展示
（2）　個別資料に互関性を持たせた関連展示
（3）　歴史現象の地域性や他地域への影響を通して広がりを持たせた展示
（4）　歴史事象を時間的変化の過程を中心に展示する編年展示

　以上は，歴史系博物館の常設展示における展示ストーリーの展開方法として，一般的にとられてきた手法である。しかし，いかに展示手法が優れていても，いかに魅力的な展示効果をあげたとしても，それは一つの手段でしかない。展示は，それ自体で存在意義を持つものではない。

　また，歴史の解釈は新しい研究によって書き替えられるという鉄則からすれば，歴史展示には結論などありえないともいえる。日々進歩していく地域史の

研究成果の最新情報を把握し，その内容を検討しつつ，地域社会に密着した特色のある展示を心掛けなければならない。歴史系博物館には，地域史研究の拠点としての役割が大きな比重を占めていることは間違いない。その意味からいえば，地域の住民や文化施設，大学や高校などの学校教育機関がネットワークを組んで共同研究を進めていく手法も大切である。こうした地道な研究成果が蓄積されてこそ，歴史系博物館の展示内容は地域の人々に評価されるのだと思う。地域で生活した人々によって築かれてきた日々の暮らしや多様な文化を現代に伝えるとともに，未来の地域社会の発展に寄与するような歴史展示が望まれている。視点を地域に据えた人文と自然を含めた広い意味での歴史研究と，50年～100年後を見据えた資料の収集計画に支えられた展示こそ，理想的な歴史系博物館の展示となるのである。

c 学校対応・情報化対応について

近年，学校教育における博物館施設の活用ということが，しばしばいわれるようになってきた。これは，博物館が研究機関であるとともに教育機関でもあるという認識に基づく見方である。とくに学校5日制の導入に伴う博物館側の対応として，地域社会や学校教育現場との連携を模索しつつある。また，総合的学習プログラムが導入されるのに伴って，博物館側がどのように対応すべきであるかという議論も盛んである。

たとえば，歴史系博物館で小学校教育における社会科の単元学習に合わせた展示を展開すれば，教科書に合わせた教材の一つとして，歴史系博物館をもっと利用しやすくなるという意見をしばしば耳にする。さらには，歴史系博物館の所蔵する貴重な展示資料を，もっと積極的に学校現場に出前して欲しいという考え方もよく聞くことがある。しかし，博物館が学校化したらどうなるのか。学校が博物館化したらどうなるのか。それぞれは独自の生き方があるはずであって，こうなったならば両者の自由な発想を阻害する恐れがでてくることになりはしないのか。また，博物館側には学校対応に応じ切れない諸々の事情がある。資料の搬入と搬出，資料の保存や管理，展示施設の不備，人的事情，その他である。

それでは情報化すればよいという意見がでてくるが，それで良いのか。最近の一般的な傾向として，電子系の情報が高級で優秀であるというイメージがあ

り，それが最先端であるという考え方が強いが，しかし，それはあくまでも方法論の一つでしかない。たとえば実体験型CDロムがあれば，学校で居ながらにして歴史系博物館で行っている地域の歴史展示の内容や，諸々のサービスが受けられると考える人達も多い。しかし，基本的に博物館は実物資料の展示を通して知的サービスを提供する場であり，実物体験があってこそ疑似体験も可能になるのである。言い換えれば，サイバーワールドが先ではだめで，まずリアルワールドが必須なのである。実物資料に接した感動は何にも替えがたいものであって，その体験を持たない人々が実物資料の良さを知らないままに，疑似体験を受けるとどうなるのか。

　幸いにして最近は，歴史系博物館と学校教育現場の先生方との間に，博物館の利用に関するさまざまな交流の場が持たれている。歴史系博物館における地域の歴史を中心とした実物展示を，先生がうまく生かして生徒に学ばせるという方向が，博物館の独自性をもっとも良く生かした利用法ではないかと思われる。要は学校がいかにして博物館を使いこなすかが問題であり，充分に歴史系博物館の展示内容を理解した上で，学校教育に歴史系博物館の実物展示を利用してもらいたい。

　博物館には，その展示目的にそって収集された貴重な収蔵資料がたくさんある。教育活動の実践においても，生涯学習の推進においても，これらの資料を最大限に生かしながら展開して行く努力が必要だと思われる。　〔八幡義信〕

2　考古

a　展示における留意点

　考古学資料[1]，つまり考古学の研究対象となる資料は，「人類が残した物質的資料，つまり遺跡，遺物」[2]で，遺物とともに遺跡を構成する遺構もまたその一つである。博物館では，考古学の研究成果に従ってこれらの資料をいろいろな形で展示し，活用しているわけである。

　遺跡から出土した具体的なものを展示活用できる，という点で，考古学の博物館は歴史一般の博物館にくらべてよりわかりやすい展示や教育活動が展開しやすく，また人々の興味を引きやすいという利点がある。しかしそれだけに，展示や活動にはよりいっそうの工夫が強く求められることにもなる。とくに考

古学の博物館に限ったことでもないだろうが,「資料を展示する」のではなく「資料で展示する」考え方にたつことが必要であろう。美術館では「資料を展示する」ことで人々の鑑賞を満足させることができ,またそれが展示の大きな目的でもある。しかし歴史系の博物館は,「過去における文化の遺産を収集し,調査・研究し,これを展示して,我が国の歴史上に於ける変遷を明らかにし,国民文化の推移を理解せしめ,文化の発達に資する事業を行う」[3]のであるから,展示室では資料によって歴史上のさまざまな様相を示す展示を構成する必要がある。つまり資料自身の持つ魅力や迫力に頼りすぎることなく,展示室を作り上げなければならないのである。

　たとえば,縄紋時代の石斧を例にしてみよう。「資料を展示する」方法では,石斧は展示ケースの中にあって名称と時代など簡単な解説文が添えられている。確かに石斧は縄紋時代を特徴づける資料の一つでもあり,一つ一つを展示することの意味はあるのだろうが,それだけで歴史のひとコマを語らせることにはなるまい。石斧を展示するならば,たとえば「縄紋時代の生業」というようなテーマの中に,石斧の使用法,用途,生業の中での役割を示し,「柄」に取りつけた形で展示する。道具の場合,使用法を示すのは大事なことだろう。「石斧」と呼ぶ石器であっても「斧」としてだけ使われたものではないし,「石皿」という名の石器も用途は「皿」ではない,というように,名称だけを示したのでは説明しきれないものもある。

　b　展示の実際

　考古学資料の展示を,そのままでは大きくて展示室の中に持ち込めないことの多い遺跡・遺構と,修羅のような巨大なものを例外として通常は展示室の中に実物を置くことのできる遺物の展示に分けて見ていこう。

　1)　遺跡・遺構の展示

　①実物の展示

　これは遺構に限られる。墓壙や甕棺墓,配石遺構など遺跡の一部を切り取って展示室内に運び,展示する。墓壙の場合,人骨をともに展示することがよくある。生の迫力も大切だが,骨となっても人は人であるので,人間の尊厳を損なわないように気をつけたい。

　②剥ぎ取りによる土層断面や貝層断面の展示

これも「実物」ではあろうが，土層や貝層の断面に合成樹脂を含浸させ，これに裏打ちをして固め表面を剝ぎ取って転写したものである。実物を持ち込めない遺跡の生の姿を平面的にではあるが伝えることのできる資料で，よく使われるようになってきた。

③ジオラマ・レプリカによる竪穴住居・集落・古墳などの展示

竪穴住居や高床式建物程度のものなら，展示室が広ければ実物大に復元したものによって展示できる。竪穴住居の上屋まで復元して中に人形を配した実物大のジオラマもよく見かけるが，家の床が土器や石器だらけでそこで生活しているはずの人が横になることも難しそうな空間を作ったり，土器には木の実などがあふれんばかりに貯蔵されていたりすることがあるので，非常に有効な展示方法ではあろうが，考証を厳密にしないとかえって誤った印象を与えてしまう危険も大きい。集落や古墳のジオラマは当然のことながら縮小されたものになるが，立体的で視覚に訴える工夫は効果が大きいものがある（写真1・2）。

④映像・写真・図などによる二次元的展示

図や写真は，考古学資料の場合はそれだけで展示を構成するのではなく，実物資料などを説明したり背景を解説したりするのに主に使われるが，映像は解説として利用されるほか，それ自体が展示資料としても活用される。

2）遺物の展示

考古学資料も歴史資料として展示するのであるから，当然その資料の存在していた当時の社会の状況や人々の生活の様子を説明するために用いられるのであるが，まず考古学資料がどのようなかたちで展示されているか，資料個々の扱いに視点を置いて見てみよう。

①同一種類の資料（遺物）を多数一か所に配置する展示

国立歴史民俗博物館の第1展示室に，日本列島各地出土の縄紋時代中期の土器を，レプリカが多いが，立体的に配置した展示がある（写真3）。縄紋時代中期の遺跡に近接する博物館では，多数出土した土器を，見る者を圧倒するばかりに並べたり，大量に出土した石斧を積み上げたり，展示ケースの中にそれだけを並べる展示など，資料の一つ一つでは得られない迫力を示している。

②同時期の各種の遺物を一括して展示

遺物の種類ではなく，時期に重きを置いて展示を構成する。考古学上の一時

歴史博物館　209

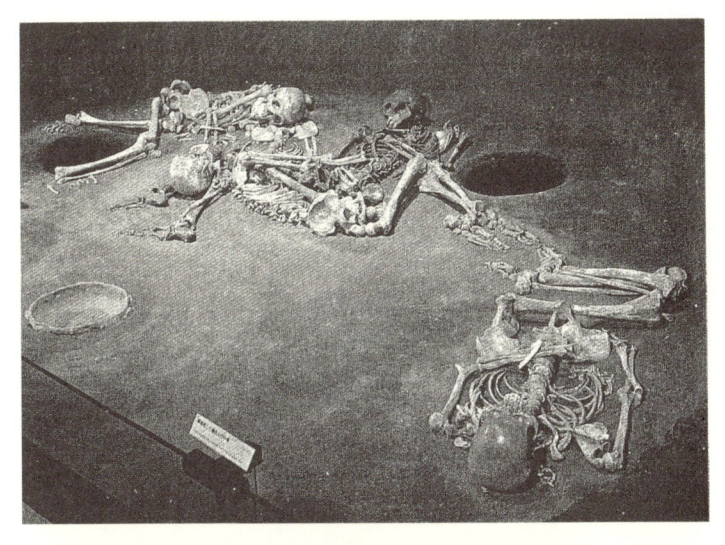

▲写真1　事故死した縄紋人の一家（国立歴史民俗博物館）
◀写真2　奈良県箸墓古墳復元模型（国立歴史民俗博物館）

写真3　各地の縄紋時代中期の土器　前3000年紀（国立歴史民俗博物館）

期（時代）をその時期（時代）を使われていた資料によって説明しようとする，ごく一般的な資料の使い方である。国立歴史民俗博物館には「縄文時代の道具」と題する展示コーナーがあった。

　③同時出土の一括遺物の展示

　一つの遺構，たとえば住居跡や墓壙，古墳の埋葬施設などから一括出土した資料をそのまま展示する。橿原市千塚資料館では，新沢千塚21号噴出土遺物のレプリカを，出土位置の表示とともに一つのケース内に展示している。

　④出土状況の展示

　③と似ているが，展示室にその資料の出土状況のジオラマを作り，そこに資料を置く。古墳の石室内の副葬品の配置などを具体的に示す例はよく見られるし，国立歴史民俗博物館の沖ノ島の展示室は代表的な見事なものである（写真4）。

　⑤出土資料の使用方法の展示

　以上にあげた展示の中でも表現されるであろうが，個々の資料をただならべるのではなく，その資料が生活のいかなる場面で使われ，どのように使用され

写真4 沖ノ島5号遺跡模型（国立歴史民俗博物館）

たのかを具体的に示すことは，考古学資料の展示の際に忘れてはならない視点である。

　小さな資料の場合は，等身大の人形や実物大の手などに持たせたり身につけさせたりして使用状況を示し，鏃や石斧などの場合は当然それに伴う矢柄や弓，柄の復元も必要である。縄紋土器の場合は，大多数の土器の第一義的な役割は食物の煮炊き用であるのだから，復元された住居の中に置くのならば炉にかけておいてもらいたいものだし，土師器の甑の場合も甕と組み合わせて竈にかけて示した方がよい。資料が孤立して置かれるよりも使用されている様子を具体的に示す方が，資料を生かすことになり，また展示の教育的な意味も増加する。①〜③の展示の中でもこの方法を併用するのがよい。

　⑥教育目的の展示

　博物館は社会教育機関であり，したがってすべての展示は教育機能にその目的があるのだが，ここでは資料を直接利用しての教育的展示を考える。つまり資料を手に取ったり使ってみたり，音を出せるものは鳴らしてみたりできるような，参加型の展示の場面である。たくさん出土した土器片など，調査・研究資料として十分に役割を果たし終えたとみなせるものについては，展示室に置いて資料が減っていくことも考慮した上で，手に取ることのできるむき出しの

写真5　指宿市考古博物館の土器展示「鍋の移り変わり」

展示に活用することも考えてよかろう。

　考古学資料は，常に「比較」の視点を持った展示の中で活用することが大切である。「比較」というのは，道具であれば現在われわれが身近に使っている道具との比較，あるいはその後の歴史の中で変化していった道具との比較，また周辺の地域における同種の道具との比較，などが考えられる。指宿市考古博物館の「鍋の移り変わり」と題する土器の展示はその好例であるが（写真5），ただ展示して見せる，のではなく，来館者に見て考えてもらえるような仕掛けをする上で，この視点は有効であると考えられる。

〈注〉
1) 文化財保護法では「考古資料」とされている。博物館においても，「山梨県立考古博物館」のように「考古」という略称が定着している。しかし，「考古の資料」ではなく，「考古学における資料」であるので，あえて「考古学資料」ということにする[4]。
2) 関野　雄 1979「考古学」『世界考古学事典』平凡社
3) 日本博物館協会編 1956『博物館学入門　後編』理想社
4) 鷹野光行 1988「博物館資料としての考古学資料」『人間発達研究』13

〔鷹野光行〕

3 民族・民俗
a 民族・民俗博物館が扱う資料

　民族・民俗博物館における資料は，他の種の博物館に比べ，非常に幅広い。規模的にはほんの小さな物から，家屋といった博物館の展示室に入れることが困難なもの，時間的には現在なお使っているものまでも含む。また，有形文化財は資料として実体があるが，無形文化財に至っては博物館において何をもって資料とするのかという問題が生じる。民族博物館においては，その対象領域が世界規模であるため，空間的広がりも持つことになり，さらに多様な資料を扱うことになるのである。

　生活用具をはじめとした人間活動すべてを領域に含むこれらの資料を，博物館においていかに収集し，研究し，展示していくかは，難しい問題であるといえる。つまり，民族・民俗博物館では，概して多種多様な資料が存在すると同時に，同種の資料が多数あることが多々あるので，すべての資料から，どの資料をピックアップし，展示構成の中に位置づけるかが重要であると考えられる。これは当然他種類の博物館においても重要なことである。しかし，とくにこの民族・民俗博物館での資料の多様性は，確固たる理念に基づいた展示構成が無ければ，ただガラクタの山となる可能性をより多く含んでおり，博物館として存在している以上，「ガラクタの山」を相関性を持った資料の展示として活かす努力が求められる。

　では，実際民族・民俗博物館において，どのような展示手法が有効だろうか。以下，いくつかを提示し述べていくこととする。

b 民具の展示

　民族・民俗博物館において，民具の存在は大きい。民具と一口にいっても衣食住・生産・生業・交通・通信・運輸・交易・社会生活・儀礼・信仰・芸能・娯楽遊戯・玩具など，その領域は広い。これらを展示する際，分類と総合という観点からなされることが肝要である。民具はそれぞれの領域で個々に独立してあるわけではなく，人間の生活において，すべてがかかわりあって存在しているのである。資料と資料の繋がりの提示によって，見学者は連鎖的にそれぞれの資料の理解を深めるはずであり，したがって，資料個々の分類展示と資料が総合された総合展示の存在が必要なのである。

・分類展示

　分類展示は，しばしば収蔵展示となる場合が多いようである。民俗博物館では，収蔵に困るほどの膨大な資料を持て余している感が否めないが，その点収蔵展示は資料保存のスペース確保の問題を解消するのを助けるといえる。しかし先にも述べたが，ただ並べるのではガラクタとなるため，その展示方法は慎重になされなければならない。そして学芸員によって秩序だてられた個々の資料には，できるだけ資料の名前，使用方法などの基礎データを明記することを忘れてはいけない。整理番号のラベルがついているだけでは，見学者は理解の仕様がない。今日，コンピュータによる検索システムが普及しているが，そうした技術を組み込むことは，多くの資料を扱う民族・民俗博物館にとっても有効であろう。

　また，同時に二次資料としての映像資料の展示への導入も，非常に大きな学習効果をあげると考える。百聞は一見にしかず，何に使うのかも想像できないような見慣れぬ資料などは，それが使われている様子を映像で見ることによって，一瞬にして理解できるのである。民族・民俗博物館において，遠く離れた地の様子を知るためには，文字伝達よりも映像による方が，絶対的に理解しや

写真6　民具の展示（佐渡國小木民俗博物館　新潟県佐渡郡）

すいのである。こうした補助資料の活用は、見学者の実物資料への関心を促すものとして評価すべきである。しかし補助資料の過度の多用は、見学者が実物資料に対峙する時間を無くし、補助資料へばかり見学者の注意を引いてしまう恐れがあるため、適度な使用が求められる。

それにしても膨大な量の民具の収蔵展示は壮観である。民具は地味でつまらないものというのが一般的見解であるようだが、膨大な民具の展示は、見学者にある種の衝撃を与える可能性を秘めており、人間の「物質文化」を実感させることができる場となると考える。博物館の裏方的な部分を見せること自体も、博物館が展示室以外にどれだけ多くの資料を扱っているかを認識させることができるし、また博物館という機関に興味を持たせるのに役立つだろう。

・総合展示

民具を総合的に展示する上で、まず特筆すべきことは、資料を時間的・空間的に混同させてはいけないということである。当然、周知のとおり民具に限ったことではないが、一概にはいえないまでも、民具は「昔のもの」という大まかなまとまりとして扱われる傾向がある。しかしながら、たとえば海外の資料を扱う民族博物館において、時間なり、空間なりの混同や誤りがあるとしたら、異文化理解の妨げになることは必至であり、博物館本来の目的理念から大幅に外れることになってしまうのである。外国の民族博物館の日本コーナーにおいて、着物とカツラをつけたマネキンの横に縄文土器のレプリカが配置されて、さらに何の説明もなかったら、それを見た日本について知らない人はそのままを受け入れるにちがいない。

着物と縄文土器は大袈裟にしても、それと同質のことが資料の展示構成次第で起こりうるのである。そうした錯誤がないよう、その資料がいつ・どこで・だれが・なぜ・いかにして作ったか、使用したかということを調査研究した上で、他の資料との関係を辿り、展示に活かしていかなければならない。もちろん学芸員の力量が不可欠である。

民族・民俗博物館での総合展示の手法に、構造展示やジオラマ・時代室などが多々使用される。これらはある特定の時代の、特定の場所を設定し、その中にいくつかの資料を一つにまとめることによって、空間的総合をはかるものである。種々雑多な民具を総合的に展示する上で、これらの手法はもっとも効果

的であり，さらに見学者の目にとまりやすい，注目がされやすいという利点も備えていることから，しばしば博物館の目玉にされている。

c 映像資料の展示

　民族・民俗博物館において資料は実体のあるものだけでなく，民俗芸能など無形文化財といわれているものを収録した映像も重要な資料の一部である。したがって，展示においても映像機器の使用は必要となる。技術発展によって，さまざまな情報伝達手段が存在する今日，博物館においても多様な映像機器が導入され，見学者の注目を浴びているのが現状である。しかし筆者は，最新技術を駆使した映像機器の導入が，必ずしも重要であるとは思わないことを明記する。それらの多くは補助資料であり，博物館の基本は実物資料であると考えるからである。

　こうした中，一次資料としての民俗芸能などの映像展示は，徐々に地味な存在となってきたように思う。より高度な技術による目新しい映像機器に比べ，民俗芸能などの映像資料はビデオやLDなどによる映像と音声のみの単純なものが多いからである。そして，見学者は，映像開始のボタンを手軽に押すことができるのに比例して，簡単に映像から目を反らすことができる。つまらなけ

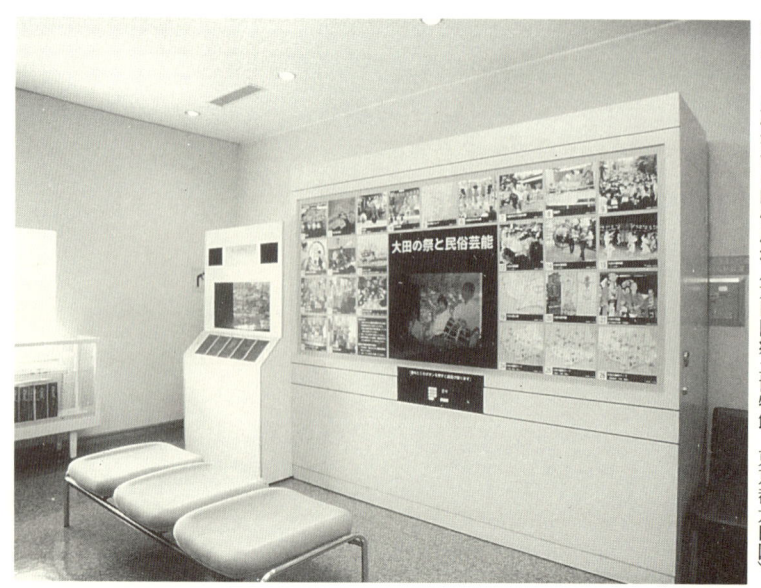

写真7 民俗芸能の映像展示（大田区郷土博物館 東京都大田区）

れば通過していくだけなのである。博物館は，できる限り映像資料を見てもらうためにも，できる限りの映像環境を整えることが必要であると考える。つまり，ソフトの内容・時間・ソフトの本数・設置場所・椅子の有無などの細かな設定が，見学者をどれだけその映像展示に向かわせるかを左右する。人間の心理的な領域までも包括した，そうしたさまざまな要素の存在が映像機器使用を難しくしているのである。

 d 民家の展示

　さて，最後に民家の展示について触れておく。民俗博物館において民家も資料の対象となるが，その多くは野外に展示される。民家を扱った博物館の中でも，ストックホルムにあるスカンセン野外博物館が最古であり有名であるが，筆者は，スウェーデン各地から収集してきた民家に，その建物の内容に合った衣装を着た解説員がいることに注目する。解説員は，それぞれの家の中で，時代背景に沿った仕事（裁縫やソーセージ作りなど）を実際にし，見学者の質問にも答えてくれるのである。その解説員自身がもはや展示物となっていることがおもしろい。見学者は個々の建物自体だけでなく，その内装，風俗を実体験することができる。民家だけを移築し，その中にいくつかの民具を置いただけという閑散とした民家を日本の博物館で見ることが多いのだが，日本のそれに比

写真8　コスチューム・スタッフ（スカンセン野外博物館　スウェーデン・ストックホルム）

べて，スカンセンのそれは実に生活感を感じさせるものである。こうした解説員（コスチューム・スタッフ）の存在は，日本の博物館にも十分活用されるべきであると考える。今後の民族・民俗博物館が楽しみである。

〈参考文献〉
　　加藤有次 1996『博物館学総論』雄山閣

〔加藤有次〕

美術館

1　展示に要求される倫理性

　美術館は，権威を持つ施設とみなされている。設置者や運営者の意図，あるいは，そこに働く館員たちの認識のいかんにかかわらず，多くの一般の市民一公衆にとって，相変わらず美術館は権威を備えた場所として存在しているのである。館員たちや美術館に深いかかわりを持つ専門家たちの中には，それは「滑稽な誤解」に過ぎない，と一笑に付す者もあるに違いない。しかし，公衆の認識に配慮を払わずに，美術館における展示を論ずるわけにはいかない。

　まず私たちは，多くの公衆が，美術館は「審美的基準」をもって展示される作品を選別している，と考えていることを確認しておかねばならない。このような期待は，場合によっては美術館の活動の自由を縛りかねず，贔屓の引き倒しに類するものであるともいえよう。しかし，一般の美術館入館者の多くは，そこに展示されている作品は，館が責任を持って「芸術的価値を有する」と認定したもの，と単純に考えてしまう。

　このような公衆の認識に対して，美術館は，二つの責任を負わねばならない。一つには，「価値判断」を行う機関として自覚的に責任を引き受けることである。多数の公衆の期待するところが，美術作品の「鑑賞」にあることは間違いない。その期待に応えるために最大限に努力することは，美術館および美術館員に求められる職業上の倫理的課題の一つである。常設展に加えるために作品

を新規に購入する場合も，特別展において各方面の所蔵者から作品を借用して展示する場合も，美術館の担当者は，「審美的基準」や「美術史的意義」等々を考慮して，文字通り選別を行わなければならない。公衆は，優れた作品を見たいと真摯に望んでおり，専門施設である美術館に「鑑賞に堪え得るか否か」の審判を委ねているという事実を忘れてはならないのである。

また，作品が，一方では高額の商品として流通しているという現実も認識していなければならない。極端な例をあげれば，作品購入に際して，担当者が「真贋の判定」を誤って美術館に多大の経済的損失を与えることもありうるのである。さらに，たとえば特別展に「贋作」を展示し，その図版などを展覧会図録に掲載すれば，その贋作に対して「美術館の権威」が偽りの商品価値を与えてしまうことにもなりかねない。実際，過去において，そのような例は皆無であった，とはいえないのである。美術館の「審判」には重い責任がある。

もう一つの責任は，とくに，上述のような公衆の「保守的」な期待に応えることをまったく意図しない展示を実施する際に，果たされなければならないものである。たとえば，私たちの同時代に制作されている「現代美術」を展示する場合などには，ある種の「覚悟」が必要となる。

現代美術の作品を，「審美的基準」や「美術史的意義」に基づいて美術館が選別することはきわめて困難である。それらの作品には，美術というメディアを通じて同時代の「状況」を表現しているものも多い。つまり，元来それらは，「保守的」な「審判」を受けることに馴染まないのである。そして，状況を表現する以上，作者と作品は，「社会」や「政治」，あるいは「風俗」などと鋭くかかわらざるをえないのである。

ところが，美術館を訪れる公衆にもさまざまな政治的立場があり，入館者が，展示されている「作品」と対立してしまう可能性がある。また「差別」や「性の表現」などに関しては，公衆にさまざまな考え方があることに加えて，行政や司法が関与してくることもありうる。実際，過去に，これらの問題を巡って，美術館が大きな困難に直面する事態が一度ならず生じた。とくに国や自治体が設置者である場合，美術館にとって，どのようにして，作者にとっては至上の命題である「表現の自由」と「行政の意図」との間の調整をはかっていくのか，それが難しい課題となる。

問題が生じたとき，館や担当者が動揺することによって，混乱が増幅し，表現者としての作者の権利が冒されることにもなりかねない。ここでも，美術館の展示にかかわる高い倫理性が要求されるのである。

2 展示と作品の保護

現在，実際に美術館に働いている館員たち，なかでも学芸員たちが，日々もっとも重要な課題として取り組んでいるのは「作品の保護」に関する事柄ではなかろうか。もちろん，学芸員には，それ以外に多くの大切な課題がある。たとえば，「館所蔵の作品に関する美術史的研究」，「購入候補作品の選定」，「特別展の企画立案」等々，取り組むべき仕事は文字通り山のようにある。しかし，日本の美術館の大半には，欧米の美術館のように作品の「保存・修復」に専門に従事する館員が配置されてはいないから，この微妙かつ複雑な日常的課題が，すべて学芸員の負担となっているのである。

そして，実は，「作品の保護」というのは，「展示」とは対立する概念である。展示には，必ず危険が伴う。「移動・運送」，「照明への被曝」，「空調の不備」，「大気汚染」，「悪戯」，「盗難」，「テロリズム」等々，展示は，さまざまな危険に作品をさらす。非現実的と思われがちな作品に対するテロリズムでさえ，実際の事件として起こっている。つまり，もっとも安全なのは，適切な温湿度管理を施され，空気清浄装置と防犯装置を備えた収蔵庫に作品をしまっておくことなのである。しかし，それでは，美術館として成り立たない。美術館では，展示によって作品に与えられるダメージと危険性を最小限に止める工夫をしつつ，展示を続けるという課題に取り組まなければならないのである。

具体的には，まず，展示作品に物理的なダメージが加えられることを防がなくてはならない。物理的ダメージの最たるものは，「火災」であろう。火災は，作品を全損させる可能性が高い。施設の建設には，なるべく不燃性あるいは難燃性の材料を使わなければならないのはいうまでもないが，館内にできるかぎり火気を持ち込まないことも当然である。たとえば，美術館にレストランや喫茶室を併設する場合，それらを，展示室や収蔵庫から隔離された場所におき，調理には極力火気を使用しない工夫が必要となる。喫煙の制限も，館員と入館者の双方に対して厳しく守らせなければならない。

また，火災は，万が一に発生した場合には，作品に二次的な被害ももたらす。もし，消火のために放水が行われれば，「絵画」などの脆弱な作品は，やはり全損に近い被害を被る。それを防ぐために，美術館を含む多くの博物館においてはハロンガスの消火装置が設けられているのである。さらに，展示室に火災が及んだ場合には，そこに居合わせた入館者の安全を確保することを最優先しながら，作品を損傷から守らなければならない。日頃から，警備・監視の館員を中心に，「入館者の誘導」，「消火装置の操作」，「作品の安全確保」等々について訓練と手順の確認を怠らないようにしなければならない。

　「盗難」と「テロリズム」に対する備えも重要である。前述したように，美術作品は，一方で商品として市場において流通している。それらの中には，きわめて高価なものもあり，そこに，盗難の標的となる危険がひそむ。それらを故買する「裏の市場」が存在することも知っておかねばならない。また，盗難とテロリズムが密接に結びついているのも，最近の傾向である。作品の中には，きわめて高価であるのみならず，民族や国家など，一つの共同体の文化を象徴するようなものも存在する。それらを盗み出し，自分たちの要求を突きつける「作品の誘拐」の危険も指摘されている。また，もちろん，展示室において作品に切りつけたり，塗料を吹きかけるなどの暴力行為も後を絶たない。

　これらの危険を防ぐために，監視と警備の館員を配置し，防犯カメラや夜間の侵入通報システムを設置するなどの対策が取られている。また，欧米の多くの美術館では，入口の近くにクローク―手荷物預かりが設けられており，展示室へのコートや手荷物の持ち込みを制限している。しかし，公衆に広く開かれた施設である美術館において，開館時間中に不審人物の展示室への立ち入りを完全に防ぐことは不可能である。万全を期す余りに，人権の侵害に及んだり，入館者の自由な観覧に支障をきたすようになっては本末転倒というべきであろう。ここに，美術館を含む博物館における「防犯」の難しさがある。

　「作品の保護」に関して以上に述べてきたことは，美術館のみに固有の問題とは言い難い。あらゆる種別の博物館の多くにおいて，展示品（物）を火災や盗難から守るため，ほぼ同様の方法が取られているに違いない。しかし，美術館の展示においては，作品の保護のため，独特の工夫と措置もなされている。さらに，作品の種類によって，取られるべき保存・保護の方法が異ってくる。

一般的に日本の美術館では,「絵画」,「彫刻」,「陶磁器」,「金工品」などが収蔵・展示されている。そして, 絵画という分類には,「日本画」や「油彩画」や「水彩画」の他,「パステル」や「版画」などまでが含まれ, さらに日本画では「絹本」と「紙本」の違いもある。また, 彫刻においても,「ブロンズ」,「木彫」,「石彫」,「テラコッタ」など, さまざまに異る材質が使われている。

そして, たとえば「照明」に関しても, 展示されている作品の材質や絵具や顔料の差異によって, 許容される「照度」や「光源」の種類も違ってくる。たとえば, 絵画の中でももっとも脆弱な日本画では, 照度や光源の発する熱の制限に加えて, 展示期間を限定することも求められる。いわゆる洋画の中でも, 紙を基材とする水彩画や版画などには同様の措置が要求される。また, パステルでは, 照明の制限によって褪色を防ぐとともに, 顔料が粉状になって剥落し易いため, とくに移動や運送には注意を払わなければならない。キャンバスに描かれた油彩画は比較的堅固には違いないが, それらに対しても, 当然に照度や光源の熱に関する制約がある。すべての種類の絵画の展示において, 褪色や変色の原因となる紫外線や熱の放出を最小限に抑制した光源と器具を使用することは当然である。

「空調」は, 展示をしながらも作品を保護するためのもっとも重要な設備の一つである。空調気(空調機によって調整された空気)の温湿度の適正値は, 作品の種類と季節によって微妙に異る。日本画と, 同じように細心の配慮が必要な水彩画やパステルとの間でも, 適正値が違うとされている。いずれにしても, 温湿度の急激な変化によって, 絵の描かれたキャンバスや絹布や紙が繰り返して収縮したり撓んだりしないように, ほぼ一定の値を保ちつつ, 季節の移行に合わせて緩やかに変化するよう空調を設定することが大切である。

しかし, 不特定多数が入館する可能性のある展示室においては, しばしば適正値を保持することが困難な事態が発生する。たとえば, ほとんどの美術館がクロークを備えていない日本では, 雨天の場合, 多数の入館者が濡れたコートを着用したまま展示室に入ってしまう。そのような状態では, 当然のことながら, 急激に湿度が上がる。また, きわめて多くの入館者を迎える大規模な特別展などの場合, 満員となった展示室の温度が上昇して, 空調システムが対応しきれなくなることもある。そのような事態が想定される際には, 予め, 一定時

間あたりの入館者の数を制限する方策を考えて準備しておく必要もあろう。世代を越えて文化財を継承していくためには，現在の公衆にも制約を受容するよう求めなければならない。

また，着彩された木彫を展示する場合には，温湿度と照明に関して，日本画などと同様の細心の注意を払わねばならない。しかし，ブロンズや石彫については，それほどの配慮は必要ない。ただし，近年，大気汚染や酸性雨の影響で，屋外に展示されたブロンズや石彫には深刻な材質の劣化が認められる。より深刻な事態に陥る前に，屋内へ移動させるか，コーティングなどの措置を施すか，いずれにしても適切な対応が求められている。

なお，日本では，彫刻と陶磁器の展示における地震対策は必須である。1995年1月の阪神淡路大震災の折には，多くの展示中の陶磁器が全損を含む甚大な被害を受けた。展示ケースに免震装置を取り付け，さらに陶磁器の固定に工夫を凝らすなどの対策を是非とも進めたい。また，大型の彫刻は，展示室で転倒した場合，入館者にとっては恐ろしい凶器となる。彫刻台にも免震装置を取り付け，かつ確実な固定の方法を，各館の事情に合わせて考案すべきであろう。

3　常設展の役割

「常設展」とは，基本的に，館所蔵の作品による展示である。極端な例を示せば，米国には，ある個人コレクターの遺言に則って，屋敷に飾られたコレクションを生前と寸分違わぬままに公開している美術館もある。つまり，そこでは，展示替えは行われない。いささか奇妙に思われるが，実は，この美術館こそが常設展のオリジナルな姿を示しているのである。美術館とは，もともとは，館が所蔵するコレクションを公衆に公開する場所であった。

もっとも，時代が移り，美術館にも多様な可能性が求められる今日では，館所蔵のコレクションと常設展の性格と役割にも大きな変化が見られる。とくに日本では，新設の美術館の多くは，建設の計画が定まった後に作品の収集の方針を立て，開館後も新規の収蔵を継続するのであるから，元来から存在したコレクションを公開するという性格を持っていない。それらの新設館では，あたかも特別展の企画を立案するようにコレクションの計画を作成するわけで，その地域における公衆の潜在的な要望を汲んだり，他館との差別化をはかるため

のオリジナリティを追求したり，いわば自由に常設展も性格づけられるのである。元来から存在したコレクションには縛られず，たとえば，現代美術の新たな創造を追って発展していくこともできる。

　しかし，常設展の歴史的性格，すなわち既存のコレクションを公開するという役割に意味がなくなったわけではない。各国の大美術館は，かつての王家や富豪などのコレクションを公開して，世界中から膨大な数の入館者を迎えている。結局，新設館にしても，究極的には，それに近い姿に到達することを目指しているのであろう。ただし，近代以後の美術館は，過去の栄光の記念碑ではない。美術館には，王家や富豪に代わって社会の主役となった一般公衆の「代理人」として，公衆のためにコレクションを発展させる責務が与えられているのである。

　予算や人材が制限されている中で，各館にとって本当に価値のある作品を見出し，購入などによってコレクションに加えていく作業は容易なものではない。それには，社会的な支援も必要である。コレクターが公的な美術館に作品を寄贈する際の「優遇税制」の実現など，わが国でも，社会全体で優先的に文化を支えていく姿勢への転換が望まれる。また，個人や企業が創設した美術館を，国や自治体などの行政が支援・発展させていくシステムができあがることも望みたい。新たに公的な美術館を設立するために，建築や作品収集に莫大な予算を注ぎ込むより，既存のコレクションの公開を促し，永続的に発展させていくほうがはるかに効率的である。

　そして，日本各地の美術館で個性的で優れたコレクションが常設展示されるようになることこそ，わが国の文化の成熟を示す一つの指標ともいえよう。地域の公衆のみならず，日本全国あるいは世界各国の人々が，その常設展の存在と内容を熟知し，そこを訪れればいつでも自分たちのためのコレクションが公開されていることに安心と満足を覚えるのである。

4　特別展の意義

　「特別展」とは，美術館が，一定の期間，特定の企画に沿って臨時に作品を収集して開催する展覧会のことである。美術館によっては，館独自の企画の展覧会を「企画展」，規模の小さなものを「特別展示」，そして新聞社や放送局の

事業部や企画部などが企画制作したものを特別展と呼び分けているところもあるが，この分類には意味はない。企画の立案者や主管が誰であれ，展覧会の実態が重要である。

　特別展では，各館の「常設展」ではカバーできない領域の作品群が展示される場合も多い。その際には，内外の各美術館や個人コレクターたちから作品を借用したり，あるコレクション全体を借受けたりして展覧会を開催する。地域の公衆は，遠方へ旅行しない限り，通常では見られない作品を親しく鑑賞する機会を得る。もちろん，他の機関が企画制作する展覧会であっても，美術館は，主体的に，展示される作品の真贋や「クオリティ＝質」について判定を下さなければならないし，その開催がもたらす影響と効果について予め慎重に検討しておく必要がある。

　また，自館のコレクションに含まれる特定の作者や流派の作品を核として，作者の芸術家としてのキャリアを辿る回顧展を企画したり，その流派の歴史的意義などを探る展覧会を開催したりすることもある。この場合には，学芸員が，日常の調査・研究に基づいて，企画の段階から展覧会組織の主役となることが望ましい。しかし，各館独自の予算が限られている現状を考慮すれば，外部の機関との密接な連携をはかりつつ，特別展の企画と組織に館の能力と研究成果が反映されるよう努力する態度も必要である。いずれにしても，特別展では，臨時に収集された作品が展示の多数を占めるのであるから，それらの作品の保存・保護には万全を期し，借用先の美術館やコレクターへの責任を果たさなければならないのはいうまでもない。

　特別展は，学芸員にとっては，日頃の調査・研究の成果を広く社会に示す機会であり，一層の研修を積む好機でもある。また，美術館にとっても，全体のシステムの能力が問われる場である。そして，同時に，それは，美術館を利用する公衆にとっての心踊るイベントでなければならない。特別展において，館員も公衆も，ともに新たな学びと発見の喜びを共有するのである。

〈参考文献〉
　土屋計雄編・阿部信雄他 1994『芸術経営学講座（1）美術編』東海大学出版会

〔阿部信雄〕

総合博物館

1 展示の概念

　博物館において，展示活動はもっとも人の目に触れる，いわばその博物館の顔となる部分である。日頃の「もの」を媒体とする研究が，展示を通して多くの見学者に還元されるわけだが，展示の内容によっては博物館すべてが否定される可能性もある。ここでの展示は，ディスプレイなど単なる技術的側面だけが問題ではない。その下にある博物館が「もの」をどのように扱っているのかという，博物館自体の基礎理念が反映される展示理念の確立がもっとも重要である。

　だからこそ博物館において教育普及機能は，研究機能を前提に展開されなければならないのである。そして，その研究の成果が，人がいかに円滑に，有意義に博物館を見学することができるのかという展示技術の研究と結合して，「展示」に至るのである。

　この理念と技術が結びついた展示が，博物館自らのオリジナリティとなる。理念がなく，単に「もの」が陳列されているだけの展示室は，展示室とはいえず，当然館独自のオリジナリティは生まれない。現在種々雑多な博物館が存在しているが，所有している資料，立地環境がまったく同じという博物館は絶対に存在することはない。オリジナリティは，館で所蔵する資料の特質や館の存在する地域の特質などからの研究から自ずと生まれるものであるが，そうした研究のオリジナリティが展示に活かされてこそ，博物館の存在価値が出てくるのである。したがって，今日，財政的に厳しい博物館が増えているようであるが，少ない資金であっても，展示のオリジナリティは生み出せるのである。その一方，最近，展示においてさまざまな最新の機器が登場しているが，最新機器を用いた展示にオリジナリティを求めるのは間違いであり，あくまで最新機器は展示の手段であるということを忘れてはならない。展示技術にばかり資金を費やし，結果的にオリジナリティがない展示になってしまっている博物館も多々存在している。

このように考えると，調査研究に基づいた教育普及活動にとって，学芸員の存在は大きいといえる。しかし，博物館の特質に答えうる学芸員としての適格な人材が不足している面も否めない。学芸員の専門分野と関係ない博物館の学芸員に就任できるようになっていることも，その理由だろう。小規模博物館になればなるほど，人手不足となり，一人であらゆる分野をこなさねばならなくなり，表面的学芸普及に陥るのも無理のない現状である。ここでは博物館の運営面については論じないが，博物館を運営する側は，博物館の必要不可欠な存在として適格な学芸員が必要であることを認識してもらいたい。研究と展示は，学芸員によって活かされるのであり，結局，博物館は学芸員次第で善くも悪くもなるのである。しかし，注意すべきことがある。学芸員自身の思想が，展示に直接反映されることは危険である。見学者の柔軟な思考を左右しかねず，学芸員はどのような情報をいかなる方法で提供するのかを，慎重に考察していくことが肝要である。

2 総合博物館における展示
a 総合博物館の概念

まずはじめに，総合博物館が何をもって総合とするかを問題にする必要がある。たとえば，ただ単に自然・理工科学と人文科学の資料を対象とし，対象とする資料の分野が広範囲にわたるとして総合としている場合，またそれら資料を総合的な展示のアレンジメントにより総合としている場合などがある。これらは地域社会に根ざした小規模の郷土博物館（郷土館）や，都道府県レベルで作られた「総合博物館」といわれる館にその例を見ることができる。また，自然科学・人文科学ほど多分野にわたらずとも，それぞれの分野内のもっと細かな2科学以上の資料によって構成されているものや，2科学以上からの研究をも総合という場合がある。さらには専門単科博物館であっても，テーマに沿って多方面からのアプローチをしている場合などもある。たとえば人間と交通機関や紙と人の生活といったような交通や紙という限られた専門的な単科博物館が，それに当てはまるだろう。

このように見ていくと，「総合」という語がいかにあいまいに，幅広い意味で使われているかがわかる。それぞれの博物館が，独自の基準に従って，博物

館としての「総合」の意を解釈しており,「総合」のとらえ方次第で博物館の内容が変わっているのが現状である。少なくとも,ただ1科学のみならず,複合科学を統合した研究を基盤に,その成果を提示する展示部門が必ず含まれることが,総合博物館には必要であると考える。

b ダブル・アレンジメントからトリプル・アレンジメントへ

「総合」という語の解釈のあいまいさはあるものの,次に一般論としての総合博物館の展示について述べることとする。とはいえ,総合博物館における展示は,他の博物館のそれと比べて特殊なわけではなく,他の博物館の展示同様,さまざまな展示法の種類や技法をこらしてなされるものである。先にも述べたとおり,総合博物館としての調査研究機能が,展示に反映されることが重要であり,総合的研究成果によってなされる展示部門があるか否かによって,総合博物館のオリジナリティが確立されるかどうかがかかってくるのである。

総合博物館における展示を考える上で,まず,新井によるダブル・アレンジメント(Double Arrangements)についてふれる必要があるだろう [新井1981]。ダブル・アレンジメントとは,端的にいうと,展示物を生態展示(総合的展示)と分類展示の二種類の展示方法によって二重に展示する方法であり,実際に新井は鳳来寺山自然科学博物館において実践している [新井1963]。この博物館は自然史を研究対象としているが,利用者の入館目的は当然同一のものではない。そこで自然の生態を一般の人に理解させるための生態展示と,児童生徒や一般研究者のための学習や研究に必要な資料を提示する分類展示とに,展示室を二分したのである。この展示室における二面性は,専門的になればなるほど分類され,それぞれが孤立していく分類展示と,反対にその境界をなくそうとする総合的展示という相対する展示方法をうまく統合したものであり,総合博物館における展示,総合展示の方法として有効であると考える。

しかし,展示区分の多様性は,館の規模によって限定される。たとえば展示室が一つの小さな郷土博物館において,自然科学・人文科学の資料をともに展示する場合などでは,資料の分類展示がせいぜいである。館の施設規模が増大すれば,展示区分の多様化をはかることができる。先の新井の論理は,少なくとも二つの展示室から構成されているが,博物館学芸員の日常の研究発表の成果の場としての展示室を確保することができるとしたら,三つの展示区分とす

ることが望まれるだろう。

　そこで筆者が提案するのが，トリプル・アレンジメント（Triple Arrangements）である。これは，筆者がかつて秋田県立博物館の設立基本構想の作成に携わった際に提唱したものである［加藤1972］。展示の二重方式に特別展示部門を加えただけのものであるものの，総合博物館における展示という観点から見ると，ダブル・アレンジメントよりもより有効であると考える。

　この展示構成を図式化すると図1のようになる。前述のごとく博物館の研究体制およびその内容が基盤となり，その成果となる各専門分野の基礎的な展示として分類展示部門，次にその学術専門分野別あるいは学問の交差する領域の研究成果を，一つのテーマとして展示する特別展示部門（テーマ展示部門），さらに諸学術専門分野からの総合的なテーマとしての総合展示部門をもって構成される。学芸員の日頃の研究の成果としての特別展示部門の存在によって，総合博物館としての総合性はより強固となる。特別展示部門は，つまり特別展や企画展のことであるが，それが複合科学のみならず，たとえば考古学など単科の研究成果であっても，固定的な分類展示・総合展示に比べ，学芸員のきわめて自由な発想が盛り込まれるという点で，博物館の教育普及活動において非

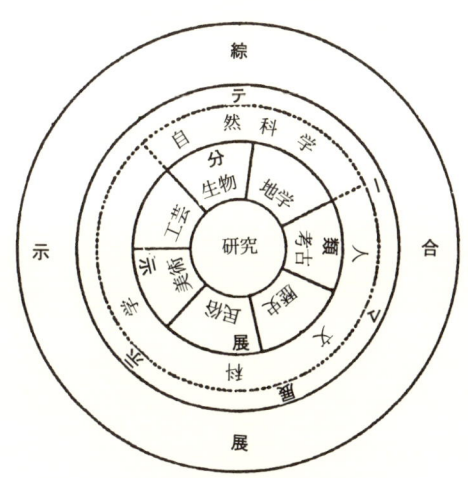

図1　展示に関する基礎構成（その1）
　　　その機構を内から見た場合の展示
　　　（教育）と研究との関係
　　　　　　　　　　（［加藤1972］より）

常に意味を持つものである。しかし，以上の三つの部門が互いに相関性を持たなければ意味はない。三部門の連繋が充実すればするほど，総合博物館としての展示機能が成功しているといえよう。博物館の展示には多種にわたる展示区分が考えられるが，このトリプル・アレンジメントは，総合博物館だけに限らず，いずれの博物館においても十分応用できるものであると考える。

c　トリプル・アレンジメントの実践

さて，次に展示機構としてのトリプル・アレンジメントを博物館の利用者の立場から見ていくことにする。図2は，その構成を図式化したものである。展示内容は，たとえば教育普及性から専門性へというように，当然のことながら

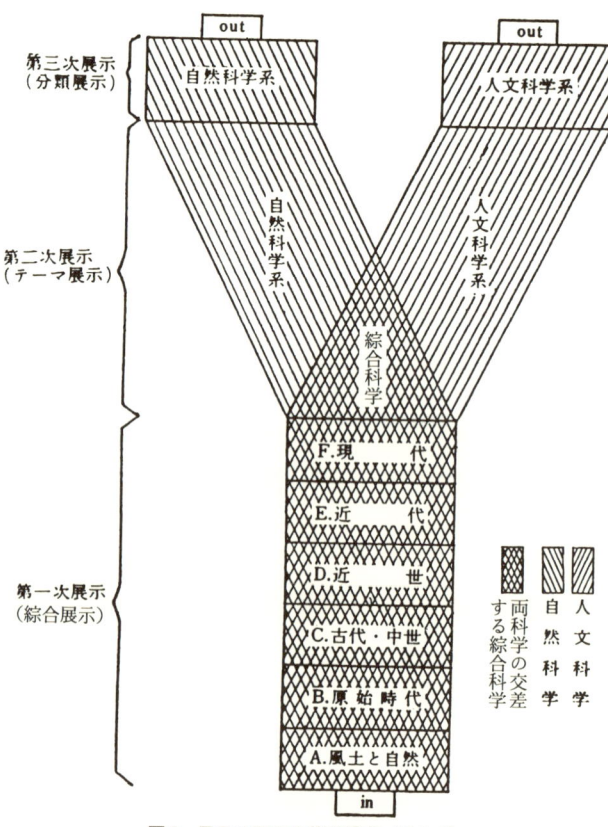

図2　展示に関する基礎構成（その2）
　　　その機構を外から見た場合（［加藤 1972］より）

それぞれ，程度の次元を異にする。したがってこれに段階をつけると，総合展示部門は第一次展示，テーマ展示は第二次展示，分類展示は第三次展示となる。第一次展示・第二次展示は，とくに利用者への配慮をもって，問題意識を高揚させるよう技巧をこらす必要がある。

今日の博物館利用の問題の一つに，見学者のリピーターが少ないという点があるが，博物館は学校や図書館同様，生活に密着し，繰り返し利用してもらうことが望ましい。郷土博物館のような地域性を活かさなければならない総合博物館においては，とくに市民との関係が重要となる。他方，郷土博物館といえども博物館は，地域社会型博物館として創造されることが望ましいと同時に，幅広い層からの利用者をも対象視野に入れるべきである。つまり観光型・研究型博物館として，地域住民・観光客・研究者という三種の利用者の立場からも有効な博物館が，総合博物館としてふさわしいといえるのである。このように考えると，さまざまな立場からの見学者が接する展示部門の構成は慎重になされなければならず，展示部門の機構は，広い博物館利用者層の存在するところの，「博物館地域社会」を考慮して，設定されなければならない。

(1) 総合展示部門（第一次展示） これは一般にいう常設展示であるが，博物館展示の導入となると同時に館全体の総括的展示部門となるため，博物館の基本理念が凝縮しているとも考えられ，その構成次第によって，館の価値が決まるといって過言ではない。固定的な展示は，二度目以降の見学者にとって，興味を減少させかねないが，博物館にとってそれは大きな問題である。むしろ興味をさらに増加させるべく，利用者が何回観覧しても，その都度なんらかの興味を喚起するよう，展示が構成されなければならないのである。

そうした観点から，筆者は博物館の基本である実物資料と，学芸員の研究能力・展示構成が大いに意味をなすと考える。ホンモノが持つ力は無限であると考える。展示という流れの中で，資料は，見学者の観覧の角度あるいは思考の展開によって，その都度新しい課題を投じるはずである。その流れを創るのは学芸員自身であり，学芸員によって展示の中の資料の持つ価値が変わると考える。総合展示において資料の陳列にすぎないのか，それとも展示として工夫されているのかは，学芸員がどれだけその資料について研究しているかということが左右するのである。しかし他方，実物資料だけでなく，二次資料による展

写真1 地中をクローズアップしたジオラマ（アメリカ・ニューヨーク　アメリカ自然史博物館）

示も教育的効果として意味があることも確かである。たとえばジオラマは，見学者の興味をひくものであるとともに，視角的に見せることによって，文字による説明よりもより事物の相関性を理解させやすい。もちろん誤った認識をさせないためにも，十分な配慮をもって構成されなければならない。

　見学者がもっと詳しく知りたいという知的好奇心を持つか，また第二次・第三次展示へどれだけ見学者が意欲を持って足を運ぶかは，この最初の総合展示部門にかかっているのである。

　(2)　テーマ展示部門（第二次展示）　　特別展示もしくは企画展示を指し，博物館展示部門の中でもっとも活動的・意欲的なものであり，とくに学芸員の運営および活動面が直接反映されるものである。その内容は，人文科学および自然科学の両部門から，それぞれ独自の研究あるいは共同研究によってなされた結果でなければならない。この特別展示は，先述のとおり，学芸員の日頃の研究成果の発表の場となるわけだが，大規模な総合博物館などにおいては，異

る分野の学芸員との研究の連繋が必要となり，学芸員の研究の視野を広げていく上でも，非常に有意義なものである。充実した特別展示の展開のためにも，学芸員自身の研究の精進はもちろんのこと，より柔軟な発想を持つことが必要であろう。

また特別展示をする場合，自由な発想から企画されるものゆえ，展示形態や方法も特定の展示室という場によって拘束されてはならず，可動的な展示として操作しうる条件も必要である。この可動性は，他の機関との連繋による移動展にも活用されることができるのである。したがって，博物館という枠にとらわれることのない特別展示は，研究を社会へ還元することができる手段として非常に有益であると考えられる。

（3）分類展示部門（第三次展示）　これまで述べた総合展示およびテーマ展示とは異り，その目的は従来の縦割りの学問分野の中で，資料の分類的展示を指すものである。これは収蔵展示をも意味するものであり，したがって実物資料が主体となるが，複製にかえられるものは，それでも十分な情報を提供す

写真2　分類展示　ガラス製の植物標本
（アメリカ・ケンブリッジ　ハーバード大学自然史博物館）

ることができる。この専門単科別による資料の分類展示は，もっと詳しく知りたいと思う利用者に情報を提供する展示として，展示機能を発揮するものといえる。しかし，利用者は，専門的な研究者だけに限らず，児童・生徒，または一般市民もその範疇に入る。

　第一次展示において問題意識や疑問を抱いた見学者にとって，この第三次展示は，百科事典的な存在となるよう，分類学的なファイル資料を提示する必要があると考える。博物館は，自らの知的欲求を，自ら「もの」を通して検索し，探究することができるものでなくてはならない。そのためにも，第三次展示は，専門単科による資料であっても関係資料を徹底的に集めた「資料の総合」であることが望まれる。そういう意味で，この部門は研究の立場での総合でなく，資料を利用する立場での，すべて集まっているという総合が見られるもので，総合博物館において欠かせない展示部門といえる。

3　郷土学からの総合展示

　総合博物館にとって，その資料の中核となるのは資料の総合性であるが，資料の総合的な収集・展示は当然のこと，またその総合的研究の見地に立脚した面も重要である。では，総合的研究の見地とはいかなるものなのだろうか。ここでは，郷土博物館からの視点で，総合的研究について論じる。郷土博物館としての，博物館の姿勢は，その館が存在する郷土（地域社会）に包括される人間活動が，いかなる自然的風土・歴史的風土を培ってきたのか，そしてこれから培っていくのかということを総体テーマとしていく必要がある。つまり郷土学こそ，郷土博物館において必須の課題である。筆者はこの郷土学を，かつてのドイツに生まれた Heimat Kund 思想から提示する。Heimat Kund 思想とは，その郷土を社会化し，過去から現在へ，そして未来へと指向するため，科学を総合化することによって郷土社会を探究する一つの方法論であるが，大正期にわが国に導入され郷土思想の扇動を促したのである。結局地方誌編纂ブームを呼び，ドイツでは Heimat Museum（郷土博物館）が多く建設された。郷土を総合的に社会化するという理念は，現在の郷土博物館の理念に十分対応しうると考える。

　さらに，筆者が注目したいのが，上山春平による照葉樹林文化論である〔上

山 1969］。原始社会の究明において，柳田学や単科の考古学のみに依存するのではなく，栽培植物学・遺伝育種学・植物生態学・文化人類学・人文地理学・気象諸科学，そして考古学・哲学などの総合的立場から，各々学問成果を持ち寄って問題を追究していくという姿勢は，博物館における総合学的な研究に通じ，その方法論の発想に傾倒する。またこの方法論思考は博物館でだけでなく，さまざまな分野の研究においても適応する。それぞれ個々の分野での詳細な研究はもちろんのこと，幅広い視野で総合的見地で問題を究明することは必要であるし，その成果が大衆に還元されなくてはならない。筆者はこれを博物館学的発想論と呼ぶ。この博物館学的発想論により，博物館において「もの」はさまざまな面を見せるだろう。その「もの」が持つ情報が，大衆に還元されることがなによりも大切である。郷土博物館において，とくにこの発想は重要であると考える。人が永い歴史の中で，どのように生活してきたかという多角的な人間史のテーマは，その地域の将来の糧となるはずである。

〈参考文献〉

新井重三 1963「Double Arrangements System の採用―鳳来寺山自然科学博物館の完成―」『博物館研究』第 36 巻第 23 号

新井重三 1981「展示の形態と分類」『博物館学講座』第 7 巻　雄山閣

上山春平 1969『照葉樹林文化（日本文化の深層）』（中公新書 201）中央公論社

上山春平・佐々木高明・中尾佐助 1976『続・照葉樹林文化』（中公新書 438）中央公論社

加藤有次他 1972『秋田県立綜合博物館設立構想』　秋田県

加藤有次 1996『博物館学総論』　雄山閣

〔加藤有次〕

野外博物館

はじめに

野外博物館，ここではとくに建造物の展示を中心とする野外博物館について

考察する。当然対象となる資料は建造物を主とし、これに石造物など若干の野外展示資料の加わるのが一般的な例であろう。

建造物には、その使途機能に伴うさまざまな関係資料が付属する。たとえば民家建築の場合ならば、民俗資料や歴史資料であり、社寺建築ならば信仰資料、近代の公共施設や産業遺産などであれば、またそれぞれに関連する資料が保有され、多くの場合、それらは建造物とあわせて博物館へ納められることとなる。

当然「野外博物館の展示活動」といえば、これらの関係資料を博物館学的手法で登録し、分類整理による資料化のうえ、それぞれの当該施設において展示することが、主な活動となる。

たとえば民家における衣・食・生業などの関係民俗資料の展示や、当該民家に伝わった高札、棟札、村絵図、家相図、生業や役職に伴う古文書類、普請関係文書などの歴史資料の展示である。

また博物館に移築されることによって失われる、建造物の置かれた当初の環境をいかに再現するか、たとえば民家の場合ならば、その屋敷廻りや地形、植生、あるいは付属の建造物群など、これらは本来的には可能な限り再現すべきで、それにより説得力のある展示空間が構成されるはずであるが、現実的にはきわめて困難であり、平面図や写真など二次資料を使っての補助展示が必要となる。

さらに当該建造物の博物館への移築に伴って、館園がその全体計画の中で設定していくであろう建物へのアプローチ空間や庭園なども展示の一部をなすと考えられるし、広い意味では建造物の背後にある植栽や池泉、丘陵など、館園の管理下にある敷地そのものを展示として受けとめる広い視野での理解が必要であろう。

さて、各建造物そのものの展示と共に、その内部空間を利用した関係資料の展示が平行するが、これら両者は共に、個別各論展示としての性格が強い。

そこで建造物の社会的・風土的背景や、技術や構造、あるいは様式や平面計画などについては、これを広い歴史的・建築史的な展望の中で比較検討した総論展示が必要であろう。建築の普請造営に関する資料展示、建築の技術・様式・土木関係などの展示もこれに該当しよう。

こうして総論展示・各論展示というシナリオ設定が検討されるならば、さら

には企画展示やテーマ展示へと課題は展開されることとなる。
　そこでそれら諸展示活動の前提として，まず野外博物館における展示上に共通するいくつかの問題点を確認しておきたい。

1　建造物の解体・移築・再建と維持管理

　建造物系野外博物館の場合，建造物そのものが展示資料であり，展示の中核である。建造物には通常の博物館資料と大きく異る資料の特殊性がある。
　その第1は，建物の移築・展示に莫大な経費を要することである。たとえ収集そのものが無償で行われたとしても，解体作業に多くの場合，創建当初の姿に復元するという視点のもとに，細心の注意を払って慎重に行われ，後補（改造）の有無や部材の腐食状況などが正確に記録されて，再建作業へのデータを集積せねばならない。
　こうして解体された建物は現地から博物館へ輸送され，ここで建物にふさわしい地盤整備を待って再建作業に入る。当初材を残すことを原則としつつも腐食の激しい部材はとりかえ，入館者の導線や展示活動，さらには消防法規に定められた安全の確保などが考慮され，時には二方向避難などによる多少の改造も伴う再建となる。
　また水廻りや電気回線などは博物館施設としての機能面に配慮した検討が加えられ，さらに火災感知器や消火栓・ドレンチャーなどの防災設備工事を行い，内部における若干の展示や解説板の設置などを終えて資料化作業は終了することとなる。
　当然移築工事費は，通常の新築工事以上の経費を要することとなる。
　こうして資料化された移築建造物は，従来の姿で再利用されるのではなく，入館者の見学資料となったのであるから，当然空き屋である。空き屋となって人が住せず，あるいは展示目的以外の使用は不可となると，建物の劣化は予想以上に進行が早い。そこで完成後の恒常的な維持管理体制の確立は必須のことであるが，さらに経年による建物全体の劣化や台風や地震などの災害による破損は避けられず，茅葺屋根の全面葺替，長期の使用に耐えられるとみられがちな瓦屋根の場合でも，その破損や全面葺替の時期は以外に早く廻ってきて，その都度，多額の経費が必要となる。

たとえば高額な美術作品などの場合は，その購入に相当の予算が必要であっても，その後は特別な出費を伴わないが，建造物資料の場合は，そのメンテナンスに多額な予算を計上せねばならないのである。

そしてこれら建造物の移築や修理は，学芸員の扱う資料対象外であって，建築系技術職員が必要となる。この点は野外建築系博物館特有の条件であるが，この問題については，本講座の第12巻「博物館経営論」に触れたので，ここでは割愛する。

2 景観の資料性

野外博物館には，それ相応の敷地が必要である。

建造物は敷地内に転々と配され，これを樹木や池泉，丘陵，そしてアプローチの空間などが取り囲むこととなる。

入館園者はこの景観を楽しみながら建物と対峙し，対話し，思索する。

建物と景観が相呼応して一つの表現空間をつくり，それが次々と展開する，そのようなロケーションが設定されるならば，敷地内はすばらしい散策の場となろう。

ここでは歴史的景観の保存や，発掘された庭園遺構の再現といった狭い意味での景観ではなく，それが人工的に修景されたものであれ，建物に相応しい景観が形成されたとき，その景観自体が野外博物館における魅力的な資料としてとらえられるという認識である。

人々はこの景観の中を逍遥する。それは時に「癒し」の空間であり，時に四季の風情に色どられた「風土」の発見という可能性を秘めているといえよう。

そして景観イコール資料ないし展示と考えるとき，景観の保持（維持管理），修景計画はそれ相応の重みを持ってくるのであり，館園職員の姿勢が即かたちとなって表れるといっていいのであるから，その管理には十分意を注がねばならないところであろう。

3 建築と資料展示とのバランス

歴史的な建造物はその規模や形態，歴史の蓄積が織り成す重厚な味わいなど，それが存在するだけで強い説得力を持ち，入館園者を納得させるものがある。

その点で本物指向を求める人々を満足させる。

建築の持つ幾何学的な美しさや内部空間の静謐さを鑑賞しよう，あるいは建築学的に構造や技法を考察しようという者にとって，建造内部に置かれる関連資料の展示は，必ずしも必要なものではなく，ときには邪魔にさえも見える。

一方で建物の持つ機能や，歴史的・社会的背景をふまえた当該建造物の総合的な理解のためには，関係資料の展示や解説板の設置は必須のものである。

ときには外国人のために外国語による解説板も望まれるし，音声やイヤホンを利用した解説ということも考えられる。

結局，建築系職員と学芸職員との十分な議論が必要であって，室内空間をシンプルな状態で見せる一方で，多少資料展示にウエイトを置いたスペースもあるなど，見どころの力点を変えた弾力的な展示が必要であろう。

4 総論展示

上記3項の点を考えるとき，建造物における展示には，展示ケースを設置するのが良いのかどうか，室内の照度はどうあるべきか，見学者の導線計画をどう進めるべきかなど，展示や管理上で種々な問題ないし制約が伴う。

当該建造物が使用されていたときに用いられていた諸資料が一括寄贈されたとしても，それをそっくり展示として再現することは事実上不可能であり，展示はごく限定される。

そこで各建造物を利用した個別展示とは別に展示棟を設けて，ここに総論展示を展開するのは一つの理想的な方法であろう。

建造物系博物館の場合，その収集の対象となる建物は，おのずからある理念に基づき，共通の基盤に立った方向性を持っていよう。たとえば歴史的に貴重な社寺建築を収集する。明治期を中心とした洋風建築を収集する。各地の古民家を収集するなどである。となれば，それらの共通基盤についての基礎的な理解に資する総論展示が望まれる。

たとえば社寺建築であれば，その構造や様式，平面の種類や特徴，柱間装置，組物，中備などの違いや見どころが分り易く学習できる場である。この場合，建造物の模型や部分的複製の活用，古材や廃材の展示，さらに映像の利用など博物館学的展示手法が種々考えられる。

そして次には具体的に各社寺から収集された資料の分類展示，たとえば仏像，仏画，神符，縁起や血脈などの古文書，絵馬などの展示である。

古民家系の場合，収集される民俗資料は膨大であって，上述のように民家内に展示できるのはごく限られる。そこで総論展示室における活用は大いに歓迎すべきであろう。

以上のように，独立した展示棟による体系的な展示は建造物への理解を深め，あるいはその導入的役割りを担い，たいへん有意義であると考えられる。それは同時に関係保有資料の保存や活用の面からみても有効な方法といえよう。

ただし独立棟の建設は，それだけで小規模な博物館に該当し，多額の予算を必要とする。このため当該館園の施設づくりに対する総合的な建設計画が立案され，その理念と構想に基づいた進捗がはかられるべきであろう。

5 企画展およびイベント

独立した展示棟でのシナリオは，何も総合展示に限るものではない。各個別建造物内での展示を各論展示と位置づけるならば，展示館における展示は上述した総合展示と共にテーマ展示や企画展も考えられる。

川崎市立日本民家園の場合，独立の展示館は残念ながらスペースが限られており，総論展示に終始せざるをえない。そこで園内所在の民家から特定の建物を指定して，年中行事に関するテーマ展示を実施し，月ごとないし行事の時期ごとに展示替を行っている。また園内へ移築された小規模な神社では，旧所在地で行われていた例祭日にあわせ，当日は幟を立て，本殿を飾って祝祭の様子を再現している。このようなテーマ展示は民家系野外博物館では一般的に見られるところであろう。

企画展となると，さらにまとまったスペースが必要となり，まずは博物館活動の充実という点で，企画展示可能な空間の確保が事前の課題となる。それが可能となれば，あとは学芸員の日常的な調査活動の蓄積により，多様な企画展が展開されるはずである。

展示される建造物の活用という点では，建物内部における資料の展示にとどまらず，今日では建物の内外を利用した種々のイベントの実施が，集客要因の一つとして注目されている。

野外博物館　241

川崎市立日本民家園
の展示・イベント

写真1　本館展示室

写真2　民家の土間に着物を展示

写真3　旧工藤家住宅での人形浄瑠璃の公演

写真4　年中行事展示「七夕」

写真5　体験学習　丸太から柱まで
　　　　―大工技術入門

クラシックのミニコンサート，人形浄瑠璃，津軽三味線，越後ごぜ歌などは近年，日本民家園が実施し盛況を呈した例であるが，この他，歌舞伎舞台を利用した農村歌舞伎や民俗芸能の公演などを定期的に実施している。なお民俗芸能は，その内容により必ずしも歌舞伎舞台を用いず，園内の広場を利用することで，より親しみ易い効果も生まれている。

また園内民家の茅屋根の葺替時に，その見学会や解説会を実施しているが，これなども広い意味で展示活動の一環と見ることができよう。

以上，野外博物館の展示について，若干日本民家園の例を引きながら，2・3の問題について検討を加えたところである。　　　　　　〔三輪修三〕

子どもの博物館

はじめに

子どもの博物館で成功を収めている展示の事例を見ると，次のような特徴が見られる。すなわち，からだ全体を動かせる，五感のいずれかを使う，子どもの観点で興味が持続する，ごっこ遊びが誘発される，組み立てと解体，美術と工作，単純なもの，動物や恐竜，使い勝手の簡単な展示，展示の中で自分の意見による選択が可能で多様性がある，などがあげられる。逆に不人気な展示には，インタラクティブ性に欠け情報過多，混乱を招く，子どもの経験に関連がない，複雑，時間がかかる，などがある。

こうした事実からいえることは，子どもの博物館の展示にとって子どもについての理解度がいかに重要な鍵となっているか，ということである。わかりきっているようでいて案外難しい課題を克服して展示を成功させ，さらに発展させるための条件を考える。展示開発，展示のエバリュエーション，そしてハンズ・オンの効果的な採用の3点を中心に述べたい。

子どもの博物館　243

1 基本構想から展示開発に向けて
A 展示開発チームの構成
a 専門家を加える

展示開発にかかわるスタッフのほかに，博物館での子どもの教育について関心の深いさまざまな分野の専門家を，基本構想当初の段階から是非チームに加えたい。それが無理なら，せめて専門家の意見をつねに求めることのできる環境を用意して，参考にしたい。地元の学校教員は学校教育の現状や地域に住む子どもたちの特徴を知り，準備期間から開館後も息長く連携を持ちたい相手であるが，ただし博物館での学習と学校教育が根本的に違っていることを理解する教員を探す必要がある。こうした専門家は，後に述べるエバリュエーションにおいても，欠かせない存在となる。

b 企画開発会社の協力について

一つの展示の構想段階から実際の制作に至るまでの過程で，外部の協力をあおぐことは欠くことができない。企画やコンサルタントは遠隔地の会社であっても，展示物の制作発注は地元の業者を採用したい。子どもの博物館の展示は消耗度が激しい。素材の選択も含めて，常にメンテナンスをしつづける体制を組んでおきたい。

B 展示のテーマの選択
a 子どもの成長に必要なテーマを扱う

館のコレクションを中心にして展示開発をする場合も，コレクションがなく新たに設定した内容で展示を組み立てていく場合であっても，館の理念に沿って子どもの成長の糧となるテーマが前面に出てくることになるが，その必然性は一般博物館よりも強い。子どもたちに伝えたいテーマの明快さが，展示のできばえにも影響してくる。

b 博物館ならではの展示を

テーマと目的については，十分に検討を重ねたい。たとえば学校での学習への配慮は無視できない要素であるが，学校教育における学習単元をあまり意識させないという工夫も考えたい。博物館を利用する子どもに教室での学習を強く意識させることになれば，なかには敬遠したり，尻込みする子どももいるか

もしれない。扱う主題によってさまざまな良い点，悪い点，博物館でしかできないこと，博物館ならではの展示のあり方を想定して話し合うようにしたい。

c 地域性

まったく経験のない知らないことを題材に展示が展開されても，子どもたちには理解のいとぐちがなくて，展示テーマの伝わりようがない。とくに年齢の低い子どもは，書物や情報などで知識を増やす段階ではなく，自分自身の今までの経験をもとに何事にも取り組む。そこで必ず念頭に置きたいのは地域性である。子どもたちの住む地域で日常的に見聞きすることがらなどを題材として利用し，テーマを立てたり，きっかけを作ることが望ましい。何か知っていることを展示の中に見いだすことによって，積極的に向き合ってくれるいとぐちを作ることになる。子どもたちが知っていることの親しみやすさを利用しよう。

d 対象年齢の設定

子どもとひとくちでいっても，その年齢層の微妙な落差は，展示開発を進める上で大きなポイントとなる。年齢によって興味を示すものや心の動き方，体の発達段階などがまったく異り，そのため理解度は相応の落差が生じてくる。子どもの年齢によって博物館展示にどう対峙するかの事例に，細心の注意をはらおう。また，館が対象として想定している子どもと，実際に来館する子どもの年齢のギャップを客観的なデータなどでふまえ，現実を直視し充分に検討しなければならない。一つのテーマの中でも，たとえば3歳，6歳，9歳の子どもがアクセスできる展示物を用意したり，展示室ごとにテーマにそった年齢の設定をし，館内全体を見渡したときに，それぞれの年齢を網羅しているようにしたい。とくに入場の多い幼児を対象とした展示室も，十分に設ける必要がある。開館後に，予想よりはるかに若年層が来館者であったという事例がたいへん多い。子どもの生活パターンをよく調査し，この種の施設には学校からの団体利用のほかは，幼児から小学校低学年の親子が多いという現実に配慮しておきたい。

e 保護者も対象にする

子どもが博物館に来るときには，親や祖父母など大人が同伴する場合が多い。純粋に子どもだけを対象とした展示作りをすると，同伴の大人は展示に関心を示さないばかりか，興味が持てないがための疲労を起こしたり，飽きて離れた

場所で休息する，先を急がせるなど，子どもの積極的な気持ちを萎えさせる結果を招きかねない。子ども向けとはいいながら，大人にとっても興味深いと思わせることで，対話を生み，ファシリテータとして子どもの理解を促進させる役割を担ってもらうことができる。

保護者向けの解説文を，子どもの邪魔にならないよう目立たないところに用意したり，大人の興味も喚起させる展示作りをすることで，子どもとの対話を弾ませることになり，教育効果はたいへん高くなる。帰宅後に話題にのぼる可能性を生み，学びが持続するうえに，充足した博物館体験はリピーターを生むことにも直結する。

f 展示更新

人気のある展示は，長期の常設化もやぶさかでない。何度来館しても以前に遊んだ展示があることは，自身の知っているものに安堵感を覚える子どもにとっては有効である。一方で新しい時代や子ども社会の動き，考え方を積極的に取入れて，そのときを生きる子どもたちとその保護者に提供するため，展示更新は確実に計画的に行いたい。展示技術の進歩も取り入れたい。

2　エバリュエーションがたいせつ

展示開発の関係者はいずれも大人であり，会議室の机上での論理は実際とは合致しない場合が多い。とくに，子どもの理解の方法や力は，年齢や個人によって大きく違うため，対象とする年齢に受け入れられやすいかどうかを，その年齢の子ども集団に試す必要がある。模型で試行したり，個別に話をしながら探ることをぜひプロセスに入れたい。解説文を実際に子どもにあらかじめ読んでもらい，反応を確かめるなどは良い例である。発達心理学や幼児教育などの理論に学んだり，専門家の最新の研究成果や意見を聞くことも参考になる。

展示のデザインにおいても，デザイナーの提案を個人的嗜好で判断するのではなく，実際にその形状は子どもの体格や姿勢，動作に合っていて快適に利用できるか，色彩は子どもの利用に適当か，必要な情報を有効に伝達できるか，安全か，などをエバリュエーションなどで確かめて決定する。デザインとはコミュニケーションそのものであるという観点から，充分な洞察が必要である。

エバリュエーションとは，実際の展示開発に生かすために行うものである。

246　Ⅵ　館種別博物館の展示活動

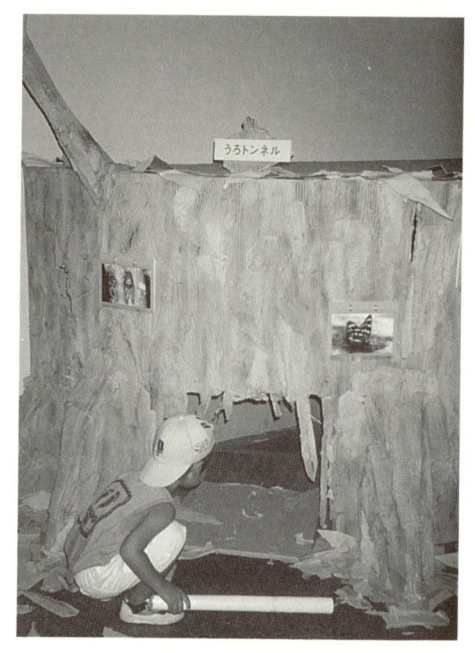

◀写真1　兵庫県伊丹市昆虫館　'99夏の特別展「ワクワクくぬぎ林！」展

　館内スタッフと共に外部スタッフやアーティストが会議をくり返し，子ども向けの展示を考えた例。
　木のうろに見たてたトンネルを抜けると，真暗な夜のくぬぎ林が再現されており，懐中電灯で木に群がる虫などを見るようになっている。少し恐そうに，入ろうかどうしようか迷う男の子。子どもの充分な関心をひきつけている様子がうかがえる。

▼写真2　アメリカ　デンバー子どもの博物館　野菜や食べものはどこから来るの？

　にんじん，チーズなどと書かれた生産品の入れられた箱を開けながら，上部に描かれたイラストの農村風景から元の姿を探し出す。
　真剣な顔をして，二人で相談しながら延々と続けていた。

その結果を公表して，自館のみならず他館の展示開発にも役立たせたい。とくに，失敗の具体例にこそ学ぶことは多く，同じ失敗を各地で繰り返すような進歩のない展示開発は避けられるはずだ。

3 ハンズ・オンの採用について

ハンズ・オンと子どもの博物館の関係は，いかにも一心同体のようではあるが，ハンズ・オンが子どもの博物館のすべてであるわけではない。ハンズ・オンとは一つの手法にすぎない。しかし，これほど子どもの博物館にとって有効な手法はほかにはないことも事実である。

ハンズ・オン展示は，展示の意図を子どもがからだ全体を通して感じ取ることができ，一度経験したら飽きてしまうものではなく，何度でも新しい発見や参加する喜びを子どもに与えてくれる。博物館が用意した展示との相互作用が誘発されることになる。単純にボタンを押すなどの展示では，一方的に情報が発信されたり，一連の動作が起こるだけ，つまり電動装置のスイッチを入れる働きにすぎない。

よく考えられたハンズ・オンは，発見の喜びが子どもの心に残り，充足感を伴うものである。誤った使用や濫用を避けるためにも，手法としてのハンズ・オンの必然性を追究したうえで，導入したい。

4 一般博物館での子ども対象の展示

a 体験学習室（ディスカバリールーム）

一般博物館では，体験学習室などの名称で子どもを中心的な対象として，一般展示室とは形態の違う展示を別置しているところがある。それぞれの館における位置づけによって，テーマの設定や展示形態は変わってくるが，子どもの博物館とは関連の深い展示として注目される。展示物を子どもがどう利用しているかを定期的に観察して，進化しつづけて欲しい。そして，人を常時配置したい。

b 企画展

日本の一般博物館では，夏休みなどに子どもを対象とした企画展を開催するところがある。限定された期間中に集中した利用が見込めるため，子どもたち

が展示室でどのような時間のすごし方をしているか，追跡調査や観察を実行することが容易である。その結果，不十分な展示に手を加えるなど改良を続けることを，基本構想の段階から企画展の一連の作業として位置づけておくことも良い方法である。エバリエーションして改良され，蓄積されていくという条件さえ揃えば，常設の子どもの博物館における展示のあるべき姿を浮かび上がらせることにもつながる。

〈参考文献〉
Mary Maher ed., 1997: *Collective Vision — Starting and Sustaining a Children's Museum,* Association of Youth Museums
Tim Caulton, 1998: *Hands-on exhibitions — managing interactive museums and science centres,* Routledge

〔染川香澄〕

学校博物館

はじめに

　学校博物館は，小学校から大学までの学校教育の場において主として活用される，学校に付属されている博物館の総称であるが，棚橋源太郎が指摘しているように[1]，初等教育の段階におけるものと中等あるいは高等教育の段階でのそれらとは，展示資料や展示の目的，構成などを含む博物館としての活動の全体において当然異るところがある。
　本稿では，学校博物館の必要度あるいは有効性の点から，大学と小学校における学校博物館の展示活動について見ることとする。

1　大学博物館

　大学博物館に収蔵される資料は，「学術研究の所産として生成され」[2]た学術資料，とまとめられるが，資料が収蔵されるにいたるには，篤志家からの寄贈

によるものが主体であったり³⁾，大学での「研究課題に沿って体系的に収集され」⁴⁾，研究の進展に従って蓄積されていったものであったり，大学教育の教材として活用されるために収集されたものがあり，また大学の歴史に関連する資料も忘れてはなるまい。

　これらの資料の展示の方法は，その大学博物館の主たる目的によって異るところがあるだろう。大学が博物館をどのような場として考え設置したのか，とくに大学博物館に限ったことではないが，博物館の機能・活動のどこに重点を置くかによって展示のあり方も異る。

　西野嘉章は「大学博物館における展示・公開事業は，『常設展示』の開催を

写真1　明治大学考古学博物館の展示室―弥生時代のコーナー

写真2　國學院大學考古学資料館の展示室

基本とし，その合間を縫って『特別展示』の開催されるのが理想」とし，これに学外での「巡回展示」をあわせて展示のあり方を述べている。仮に大学博物館の役割を，①大学における研究の拠点としておくか，②大学公開の一環として位置づけるか，③大学内での教育のための有効な場としておくか，と分けてみると，いずれの場合も西野が指摘するように「常設展示の開催を基本」とすることには代わりはあるまいが，①の場合は，常に新しい新鮮な研究成果を示す意味で特別展や企画展などの臨時的な展示もあわせて強く期待され，②であれば，大学の研究成果の社会・地域への還元という立場からの展示が構成されて，したがって常設展示であっても学術的な意味合いを強く示す展示よりもわかりやすい明快な展示が期待される。③のときは，展示資料を厳選した展示であるよりもより収蔵展示的な展示室のあり方が望ましいだろう。考古学の資料を扱った明治大学考古学博物館（写真1）は②の例，國學院大學考古学資料館（写真2）は③の好例である。

〈注〉
1) 棚橋源太郎 1950『博物館学綱要』理想社
   なお本講座第3巻の学校博物館の項を参照。
2) 学術審議会学術情報資料分科会学術資料部会報告 1995「ユニバーシティ・ミュージアムの設置について（中間報告）」
3) オックスフォード大学のアシュモレアン博物館など。
4) 2) に同じ。
5) 西野嘉章 1996『大学博物館』東京大学出版会

〔鷹野光行〕

2 小学校の学校博物館

　学校博物館の展示において特徴的なことは，授業での活用が最大の目的とされていることである。授業内容に関連する実物資料の展示により，児童にいかに深い理解を与えることができるかである。児童は，展示された実物資料を見，手で触れ，動かし，匂いを嗅ぎ，音を聞くなどによって感動を受けるとともに，想像力が養われ，知識が深められるのである。

a 展示資料と展示環境

　学校博物館の展示資料にはさまざまなものがある。比較的多いものは，社会科の「むかしさがし」学習に関して集められた児童の祖父母の年代に使われていた釜，桶，行火(あんか)などの生活用具類である。ついで，社会科の「地域」学習に関連して，小学校の立地する地域の生業に関するもの，すなわち，農業地域であれば鍬や犁(すき)，脱穀機や唐箕(とうみ)などの農機具類，漁業地域であれば漁船や魚網や万祝(まいわい)などの漁業関係資料である。商業地域では，算盤(そろばん)や手動式計算機などの商いに関する道具類も見られる。また，海や川の近くに立地する小学校では，水槽に飼育されている水族資料，近隣に芸術家が在住する地域の小学校では，寄贈された美術作品を中心に児童・職員の作品などが展示資料となっている。その他，学校の博物館であるところから，開校当初からの教科書や教材，児童の成績簿・賞状，写真類など学校関係資料が展示されているところも多く見られる。

　このように，学校博物館の展示資料にはさまざまなものがあるが，それらを展示する展示環境もまた多様である。廊下利用や（写真3），児童の机を展示台として利用しているだけの簡素なものから，卒業生や近隣の人々の協力で展示室内に民家の一部が復元展示されているもの（写真4），展示室が別棟になっているもの，潤沢な予算により無窓式の展示室に全面改装されているものまであり，環境の較差は大きい。しかし，ほとんどが元教室という制約の中で，それぞれ展示室づくりへの工夫がなされ，展示のあり方に大きな差はない。

b 授業での活用と効果

　学校博物館を活用している教科および学年は，頻度に関係なく活用事例をすべてあげるならば，社会，生活，国語，理科，音楽，図画工作，体育などほとんどの教科に，そして第1学年から第6学年まですべての学年に及んでいる。しかし，多くの小学校で活用されているのは，第3，4学年の社会科の「むかしさがし」と「地域」に関する単元においてである。ところで活用事例には，復元家屋での民話の読み聞かせや邦楽鑑賞時における活用も複数例含まれている。これは，背景や雰囲気づくりとしての利用であって，展示資料の直接的な活用ではないかもしれないが，むしろ体験学習的活用ととらえ，今後このような活用のあり方と展示資料の提供の仕方が検討されてよいのかもしれない。

学校博物館は，より多くの教科・学年で活用されるのが望ましいが，現状では，活用度は高いとはいえない。しかしながら，活用の効果については，いずれの小学校においてもよく認められており，学校博物館を活用した授業を実践してきた小学校の『研究収録』[6]でも，［児童の反応］および［活用の成果］の項に，次のように記されている。

［児童の反応］では，「驚きの声が発せられた」「目が輝いた」「楽器にさわらせてもらい，感動した」などである。

［活用の成果］では，「本物の古い道具を見せることにより，暮らしの変化に注意を向けさせることが出来た」「現物を見たり，触れたりすることで，農具の発達，当時の人の苦労や工夫についてより深い理解が出来た」などとなっている。

この記録によっても，実物資料を見たときの驚きや感動が，深い理解につながることが明らかである。

　c　展示に際しての留意点

展示に際しては，対象となる児童の知的・身体的発達段階への配慮が必要であろう。資料が高い位置に置かれていたり，資料に付された名称や解説文の文字が小さ過ぎたり，難しい文字が使われたりしている例が少なからず見られる。また，学校博物館では，実物を見せることが主眼であるから，文字学習の延長にならないような注意も必要であろう。どの資料にもというわけにはいかないが，道具の使い方などは「絵」で表すようにしてはどうであろうか。農機具の展示に際して，鍬で土を耕している「絵」が鍬に付されている例（写真5），農作業の様子が一目で理解できるような「絵」が掲示されている例も見られるが，このような「絵」による説明は展示室を魅力的にしてもいる。

展示室の採光・遮光・色調などへの配慮も必要である。とくに，古い生産機具や生活用具は，展示室を陰気にしがちであり，色彩と明るさへの気配りが望まれる。ある学校博物館では，展示台を青や黄色などで淡く着色し，解説用紙も展示台と同色を用いることにより，地味な資料の並ぶ展示室を明るく美しいものとしている（写真6）。

　d　今後の課題

多くの学年・教科での活用を目指すには，活用しようとする教科の授業内容

学校博物館　253

学校博物館の展示

写真3　広い廊下を利用した美術展示

写真5　農具の使い方が「絵」で表されている

写真4　展示室内に復元展示された民家の一部

写真6　彩色された手作りの展示台と解説台

写真7　多数の資料の間でノートする児童達

に即した展示構成も必要となろう。しかし，大方の学校博物館では，特別な展示を行うためのスペースも，収蔵部分さえも確保されていない。したがって，資料を選択的に展示することは難しく，また，展示構成上で不要な資料も，新収の資料も，すべて展示室に収納展示されることとなる。そのため，当初の優れた展示構成が損なわれてしまったり，見学空間が狭められたり（写真7），極端な場合は物置状になってしまったりしている。

　同じ種類のものがいくつも並べられていたり，授業内容にはまったく関係のないものまで展示されたりしている例も少ないとはいえない。このような状況を少しでも改善し，学校博物館としての理念の下に，目的にそった望ましい展示を行うためには，加藤有次も「学校博物館学芸員の配属が望ましい」[7]と述べているように，博物館学を修得した専門家つまり学芸員がかかわることが必要である。しかしながら，当面，小学校に学芸員の配属を望める状況にはない。せめて近在の学芸員の資格を持つ者の協力を得たり，近隣の博物館の協力を得るなどにより，少しでも望ましい学校博物館のあり方に近づくことが望まれる。

〈注〉
6) 逗子市立池子小学校 1996『研究集録』
7) 加藤有次 1998『博物館学総論』雄山閣

〈参考文献〉
加藤有次 1990『博物館学序論』雄山閣
倉田公裕・矢島國雄 1997『博物館学』東京堂出版
下津谷達男 1989「郷土博物館」『博物館学講座』第8巻　雄山閣
村上義彦 1995『新しい地域博物館活動』雄山閣
塩川友弥子 1998「望ましい学校博物館―小学校の場合―」『博物館学雑誌』Vol. 23 No. 2, 全日本博物館学会

〔塩川友弥子〕

編集者紹介　（＊は，当巻の責任編集者）

加藤　有次（かとう　ゆうじ）
　1932 年生まれ。
　現職：國學院大學教授，（財）川崎市市民ミュージアム館長，博士（歴史学）
　著作・論文：『東京おもしろ博物館』（新潮文庫），『博物館ハンドブック』（編共著，雄山閣），『博物館学総論』（雄山閣）他
　現住所：（〒187-0004）小平市天神町 1-38-1

鷹野　光行（たかの　みつゆき）
　1949 年生まれ。
　現職：お茶の水女子大学教授
　著作・論文：「遺跡の整備・活用について―タイにおける事例を中心に―」（『お茶の水女子大学人文科学紀要』第 45 巻），「博物館の機能再考」（お茶の水女子大学社会教育研究会編『人間の発達と社会教育学の課題』）他
　現住所：（〒133-0056）江戸川区南小岩 6-9-13

西　源二郎（にし　げんじろう）
　1943 年生まれ。
　現職：東海大学教授，東海大学海洋科学博物館副館長，博士（農学）
　著作・論文：『静岡県の海』（共著，静岡新聞社），「ベラ科魚類 4 種の運動活動リズム」（『魚類雑誌』37-2），「博物館における HDTV を利用した立体映像」（共著，『3D 映像』6-2）他
　現住所：（〒424-0912）清水市殿沢 1-8-10

＊山田　英徳（やまだ　ひでのり）
　1942 年生まれ。
　現職：日本科学技術振興財団振興部部長，科学技術館学芸員
　著作・論文：「博物館と解説パネル―研究課題への一つの提言」（『サイエンスミュージアム』No. 1，全国科学博物館協議会），「生涯学習の施設づくり」（『公共建築』公共建築協会）他
　現住所：（〒330-0032）大宮市今羽町 547-12

米田　耕司（よねだ　こうじ）
　1945 年生まれ。
　現職：千葉県立美術館副館長，千葉大学非常勤講師
　著作・論文：『不破章』（日本の水彩画第 20 巻，第一法規），「横山大観と千葉県」（『横山大観記念館報』No. 13），「学芸員であること」（『千葉経済大学学芸員課程紀要』創刊号），『博物館学講座』第 9 巻（共著，雄山閣）他
　現住所：（〒299-0117）市原市青葉台 7-4-14

執筆者紹介 (執筆順)

青木　豊（あおき　ゆたか）
　1951年生まれ。
　現職：國學院大學文学部講師・同考古学資料館学芸員
　著作・論文：『博物館技術学』,『博物館映像展示論』(以上, 雄山閣),『和鏡の文化史』(刀水書房) 他
　現住所：(〒227-0065) 横浜市青葉区恩田町 1165-221

高橋　信裕（たかはし　のぶひろ）
　1948年生まれ。
　現職：(株)文化環境研究所所長
　著作・論文：『ミュージアム＆アミューズメント』(編著, 六耀社),『ディスプレイデザイン』(共著, 鹿島出版会),『展示学事典』(共編著, ぎょうせい),「博物館における展示の課題」(『文環研レポート』'98)
　現住所：(〒346-0016) 久喜市東 2-39-8

山田　英徳（やまだ　ひでのり）　編集者紹介を参照。

布谷　知夫（ぬのたに　ともお）
　1948年生まれ。
　現職：琵琶湖博物館総括学芸員
　著作・論文：「博物館を活動の場とするボランティアの位置づけ」(『博物館学雑誌』24-2),「参加型博物館に関する考察」(『博物館学雑誌』23-2),「利用者による情報発信の場としての博物館」(『Museologist』14),「琵琶湖博物館における参加型の実践」(『Cultivate』9) 他
　現住所：(〒524-0081) 守山市梅田町 4-30-402

成島　悦雄（なるしま　えつお）
　1949年生まれ。
　現職：東京都恩賜上野動物園飼育課長補佐兼動物病院係長
　著作・論文：『ナルシマおじさんの動物園のはなし』(誠文堂新光社),『ゾウも飼いたいワニも飼いたい』(旺文社),『新飼育ハンドブック　動物園編』(共著, 日本動物園水族館協会) 他
　現住所：(〒164-0003) 中野区東中野 4-27-12

鳥居　恒夫（とりい　つねお）
　1938年生まれ。
　現職：植物・園芸研究家, 元東京都立夢の島熱帯植物館勤務

著作・論文:『植物園へ行きたくなる本』(共著, リバティ書房),『さくらそう』(日本テレビ出版部),『園芸 12 ケ月』(主婦と生活社) 他
現住所:(〒187-0034) 小平市栄町 3-14-2

長井　健生(ながい　けんしょう)
1951 年生まれ。
現職:碧南海浜水族館・碧南市青少年海の科学館館長
著作・論文:「絶滅危惧種ウシモツゴ集団に見られた mtDNA D ループ領域の著しい単型性」(共著,『日本水産学会誌』65-6), CONSERVATION OF ENDANGERED JAPANESE FRESH WATER FISH IN AQUARIUM (共著,『第 4 回世界水族館会議発表要旨集』),「黒潮の仲間たち」(連載 90 編) (『朝日新聞』高知版) 他
現住所:(〒470-2102) 愛知県知多郡東浦町緒川字東仙台 23-7

鷹野　光行(たかの　みつゆき)　　編集者紹介を参照。

八幡　義信(やはた　よしのぶ)
1939 年生まれ。
現職:神奈川県立歴史博物館学芸部長
著作・論文:『神奈川の東海道 (上)—時空を越えた道への旅—』(監修・執筆, 神奈川東海道ルネッサンス推進協議会)
現住所:(〒249-0008) 逗子市小坪 1-10-9

加藤　有次(かとう　ゆうじ)　　編集者紹介を参照。

阿部　信雄(あべ　のぶお)
1948 年生まれ。
現職:美術評論家, フリーランス・キュレイター
著作・論文:『ムンク』,『ピカソ』(以上, 平凡社「世界の名画」),『ルドン』,『ルオー』(以上, 集英社「現代世界の美術」),『青木繁』(第一法規「日本の水彩画」),『モネ』(朝日新聞社「アサヒグラフ別冊」),『青木繁』(新潮社「新潮美術文庫」) 他
現住所:(〒154-0022) 世田谷区梅岡 2-33-19

三輪　修三(みわ　しゅうぞう)
1939 年生まれ。
現職:川崎市立日本民家園嘱託
著作・論文:『多摩川—境界の風景』(有隣新書),『東海道川崎宿とその周辺』(文献出版),『大善寺』(八雲書房),『日本民家園ノート』 他
現住所:(〒244-0815) 横浜市戸塚区下倉田 250-1-301

染川　香澄（そめかわ　かすみ）
　1958年生まれ。
　現職：ミュージアム・コンサルタント，ハンズ・オン・プランニング代表
　著作・論文：『ハンズ・オンは楽しい―見て，さわって，遊べるこどもの博物館』（共著，工作舎），『こどものための博物館―世界の実例を見る』（岩波書店），『子ども博物館から広がる世界』（共著，たかの書房）
　現住所：（〒603-8113）京都市北区小山西元町2

塩川　友弥子（しおかわ　ゆみこ）
　1933年生まれ。
　現職：前(財)地図情報センター
　著作・論文：「望ましい学校博物館―小学校の場合―」（『博物館学雑誌』Vol. 23 No. 2），「学校教育と博物館」（『博物館学雑誌』Vol. 15 No. 1・2），「学校教育と博物館　II」（『博物館学雑誌』Vol. 18 No. 1・2）
　現住所：（〒248-0014）鎌倉市由比が浜2-13-4-304

新版・博物館学講座　第9巻
博物館展示法　　　　ISBN4-639-01612-3〈全〉

平成12年2月 5 日印刷
平成12年2月20日発行

編者	加藤有次／鷹野光行／西源二郎 山田英徳／米田耕司
発行者	長坂慶子

発行所　雄山閣出版株式会社
102-0071　東京都千代田区富士見 2-6-9
Tel 03(3262)3231　振替 00130-5-1685
雄山閣出版ホームページ
http://www.nepto.co.jp/yuzankaku

検印省略	装　幀	姜　尚仁
	印　刷	株式会社熊谷印刷 株式会社大竹美術
	製　本	協栄製本株式会社

乱丁・落丁本は本社にてお取替いたします。　　Ⓒ雄山閣出版 2000
ISBN4-639-01673-5 C3337　　　　　　　　　　　Ⓒprinted in Japan

新版 博物館学講座　全15巻

1 博物館学概論
2 博物館史
3 現代博物館論―現状と課題―
4 博物館機能論
5 博物館資料論*
6 博物館調査研究法
7 博物館資料収集法
8 博物館資料整理保管法
9 博物館展示法
10 生涯学習と博物館活動*
11 博物館情報論*
12 博物館経営論*
13 博物館建設・施設・設備論
14 博物館参考資料集
15 総索引―事項・人名・館名―

＊印既刊